本书获河南省高校科技创新人才支持计划（人文社科类）项目（2021-cx-055）资助

A Study of the Monetary Issues
in Medieval England

中世纪英国货币问题研究

崔洪健 / 著

图书在版编目(CIP)数据

中世纪英国货币问题研究/崔洪健著.—北京：中国社会科学出版社，2023.7

ISBN 978-7-5227-1947-4

Ⅰ.①中⋯ Ⅱ.①崔⋯ Ⅲ.①货币史—研究—英国—中世纪 Ⅳ.①F825.619

中国国家版本馆 CIP 数据核字(2023)第 096199 号

出 版 人	赵剑英
责任编辑	耿晓明
责任校对	闫 萃
责任印制	李寡寡

出　　版	中国社会科学出版社
社　　址	北京鼓楼西大街甲 158 号
邮　　编	100720
网　　址	http://www.csspw.cn
发 行 部	010-84083685
门 市 部	010-84029450
经　　销	新华书店及其他书店
印　　刷	北京君升印刷有限公司
装　　订	廊坊市广阳区广增装订厂
版　　次	2023 年 7 月第 1 版
印　　次	2023 年 7 月第 1 次印刷
开　　本	710×1000　1/16
印　　张	14.5
字　　数	224 千字
定　　价	75.00 元

凡购买中国社会科学出版社图书，如有质量问题请与本社营销中心联系调换
电话:010-84083683
版权所有　侵权必究

目 录

导 论 ………………………………………………………… (1)
  一　选题缘由 …………………………………………………… (1)
  二　学术史述评 ………………………………………………… (3)
  三　资料来源和研究思路 ……………………………………… (15)

第一章　货币铸造 ……………………………………………… (19)
  第一节　货币铸造的起源 ……………………………………… (19)
  第二节　铸币权的高度集中 …………………………………… (24)
    一　盎格鲁—撒克逊晚期铸币权的集中 …………………… (24)
    二　诺曼征服之后铸币权的进一步集中和表现 …………… (31)
  第三节　货币铸造机制的转变 ………………………………… (38)
    一　斯蒂芬时期政治的无序和铸币的混乱 ………………… (38)
    二　1158年亨利二世的货币改革 …………………………… (42)
  第四节　货币铸造和国王的收入 ……………………………… (44)
    一　货币定期重铸时期国王的铸币收益 …………………… (45)
    二　货币定期重铸结束之后国王的铸币收益 ……………… (48)

第二章　货币治理 ……………………………………………… (57)
  第一节　货币政策的解读 ……………………………………… (57)
  第二节　货币流通中的诸问题 ………………………………… (60)
    一　磨损 ………………………………………………………… (60)
    二　剪边 ………………………………………………………… (61)

三　伪造 ……………………………………………………（63）
　　四　货币的输出和劣币的流入 …………………………（65）
第三节　货币治理的措施 ………………………………………（71）
　　一　严惩剪边和伪造货币的行为 ………………………（71）
　　二　抵制劣质货币的流入 ………………………………（76）
　　三　抵制货币以及其他形式的贵金属的流出 …………（80）
　　四　重铸货币 ……………………………………………（86）

第三章　货币与工资、价格 ………………………………………（90）
第一节　货币论对价格和工资变迁的解读 ……………………（90）
第二节　货币供给与价格和工资的变迁 ……………………（102）
　　一　1160—1320年货币供给的增减与价格和工资的
　　　　变化 …………………………………………………（103）
　　二　1320—1500年货币供给的增减与价格和工资的
　　　　变化 …………………………………………………（114）
第三节　价格和工资的相对稳定 ……………………………（126）
　　一　价格和工资稳定的表现 …………………………（126）
　　二　价格与工资稳定的原因 …………………………（131）

第四章　货币化与经济社会变迁 ………………………………（138）
第一节　人均货币量的估算 …………………………………（140）
第二节　货币化与农民经济变迁 ……………………………（143）
　　一　劳役折算与货币地租的缴纳 ……………………（144）
　　二　农民参与市场买卖 ………………………………（147）
　　三　乡村中使用货币的特点 …………………………（158）
　　四　乡村中货币化水平估算 …………………………（164）
第三节　货币化与贸易的发展 ………………………………（168）
　　一　银币的流通与国内贸易 …………………………（168）
　　二　金币的流通与国际贸易 …………………………（174）

结　语 …………………………………………………（177）

附录　中世纪和现代早期英国的铸币量 ……………（180）

参考文献 ………………………………………………（202）

后　记 …………………………………………………（224）

导　论

一　选题缘由

货币作为市场交换的媒介，是衡量商品价值的尺度。马克思关于货币的定义是"作为价值尺度并因而以自身或通过代表作为流通手段来执行职能的商品"①。在当今世界，货币已渗透人们日常生活的方方面面，可以说没有货币我们几乎寸步难行。在古代中世纪也是如此，尽管诸多学者认为当时是农业经济的时代，但是货币流通在经济社会的发展中所起的作用同样不容忽视。

本书的选题是中世纪英国货币问题研究（8—15 世纪），其意义主要体现在以下几个方面：

第一，历史意义。学者们通常认为，在中世纪的英国，土地是财富的象征，货币是财富的体现。因此，货币铸造、发行和流通，不仅受到统治者的关注，而且也与普通民众息息相关。统治者通过控制货币铸造与流通，为政治统治和军事征服提供财政支持，普通民众则通过储存和积累货币来支付地租、购买土地，抑或是购买日常生活用品。因此，货币无论对领主，还是农民都产生着重要的影响。通过对中世纪英国货币问题的研究，不仅可以考察货币自身发展变化的历程，而且可以进一步揭示货币在经济社会发展中发挥的重要作用。

第二，学术意义。首先，在经济史的研究中，西方最初的经济史学家往往强调商人和国际贸易在中世纪经济社会发展中的作用，较少

---

① 马克思：《资本论》第 1 卷，人民出版社 2018 年版，第 152 页。

有人注意到货币因素。学者一般认为,中世纪的英国是一个以自给自足为主要特征的农业社会,较少使用货币,至于货币流通在经济中的作用,更无从谈起。随着相关研究的不断深入,学者们逐渐发现自从 7 世纪开始,英国社会就已经使用货币。最初,农民使用货币支付地租,之后随着商品经济的发展,为了获利把自家生产的农产品带到市场上销售。甚至有学者认为,到了 13 世纪末,随着货币使用范围的不断扩大,货币经济(monetary economy)出现。① 货币在经济发展中起着越来越重要的作用,且货币供应量的多与少,直接影响中世纪英国经济社会的发展。更重要的是,英王严格控制货币的铸造、发行和流通,保证了货币有着较高的成色,这成为经济发展的根本原因。因此,从货币史的角度来探讨中世纪英国经济社会的发展,并进一步探讨货币机制在中世纪晚期和近代早期英国崛起中的作用,成为研究英国经济社会转型问题的一个新视角。其次,由于时间久远且材料缺乏,国内对中世纪英国货币研究成果较少,即使已有的研究也相对较为简单。有关中世纪英国经济史的研究,国内的学者多侧重于农业史和城市工商业史以及财政史的探讨,较少有人涉猎货币史。所以,本书的研究在某种程度上可以拓展国内中世纪英国经济史的研究领域,弥补中世纪英国货币史研究的不足。

第三,现实意义。中世纪英国建立起来一整套完整的货币制度,该制度的最大特点是国王控制货币的铸造和发行,并实行"良币"政策,严厉打击各种伪造和货币剪边(coin-clipping)等不法行为。这一切是保证中世纪英国的经济良好发展的基础。通过对中世纪英国货币问题的考察,我们仍可以得知:良好的货币流通是经济社会发展的基石。中世纪英国货币机制之所以相对较为成功,其根本原因是政府对货币的高度管控和严格管理,国家只有严格控制货币发行与流通,才能保证经济社会的良性发展。

---

① James Bolton, "What is Money? What is a Money Economy? When did a Money Economy Emerge in Medieval England?", in Diana Wood, ed., *Medieval Money Matters*, Oxford: Oxbow Books, 2004, p. 11.

二　学术史述评

（一）国外研究述评

1. 钱币学影响下的中世纪英国货币研究

（1）18—19世纪的钱币学研究

受16—17世纪"博学时代"的影响，从17世纪末至18世纪，西方学术研究的重点开始从政治史和军事史转向其他领域，其中钱币学就是当时历史研究的一个细小分支，而钱币学的研究又为之后货币问题的研究奠定了基础。① 因为钱币学不仅关注货币形态和设计样式的变化，同时也注重对已发现铸造货币的原料、货币的数量和成色的考察，为之后货币史学家去研究货币奠定了基础。但是由于资料的限制，这些钱币学家的结论往往是失之偏颇，因此著名的钱币学家菲利普·格尔森就曾用警告的口吻提醒历史学家"要有鉴别地吸取钱币学研究成果"②。

英国历史上最早进行钱币研究的是17世纪末的大主教撒普，③ 其对英国、苏格兰和爱尔兰的货币的评论散见于其信件之中，但是由于笔者并没有找到这些信札，因此不做评述。

英国历史上最早关于货币的著述是主教威廉·尼科尔森所著的三卷本的《英国历史图书馆》④（1696—1699年第一版，1714年再版合并为一卷），在这本书的部分章节中包括了对从诺曼征服到伊丽莎白一世（1558—1603年在位）末期的英国、苏格兰和爱尔兰的货币的记载，被认为是最早印刷出版的有关英国货币的书籍。斯蒂芬·马丁是英国早期的货币史学家，在其所著《英国货币的历史

---

① D. M. Metcalf, *An Atlas of Anglo-Saxon and Norman Coin Finds, c. 973 – 1086*, London: Royal Numismatic Society, 1998, p. xii.
② Jame M. Powell, *Medieval Studies: An Introduction*, New York: Syracuse University Press, 1992, pp. 142 – 143.
③ Rogers Ruding, *Annals of the Coinage of Britain and Its Dependencies*, Vol. 1, London: Printed for Lackington, Hughes, Harding, Mavor, and Jones, 1819.
④ William Nicolson, *The English Historical Library*, London: Printed for Timothy Childe, 1714.

记录》①（1726年第一版，1745年和1793年进行了再版）一书中，对英国从诺曼征服到安妮女王（1702—1714年在位）时期的货币发展做出了简单的概述，同时作者还试图对不同君主时期的货币做出合理的历史性解释，这在英国的货币史上还是第一次。但是，由于这本书的篇幅太短，第一版仅有144页，使作者很难对英国的货币做出全面而深刻的考察。同时，这本书是按照编年体的方式来撰写的，对每一个国王时期的货币发展都有所涉及，这就使得人们较难把握英国货币发展中的特点和阶段性。马丁·福克斯在其所著《英国的银币表》②（1745）一书中，对从诺曼征服到乔治二世（1727—1760年在位）时期的英国银币的重量和成色的变化做出了自己的描述和评价。但是这本书的侧重点放在了16—18世纪，对11—15世纪的银币变化介绍得较少，仅有十几页。托马斯·斯内林（书商和硬币经销商）著有三本书：《对英国银币和货币制度的考察》（1762）、《对英国金币和货币制度的考察》（1763）、《对英国铜币和货币制度的考察》（1766）。③ 他在前两本书中，分别探讨了银币、金币的重量、成色以及设计样式的发展变化，在第三本书中研究了铜币发行的原因和类型演变。托马斯·斯内林撰写这三部书是为货币收藏者提供一些帮助，因此其对货币的历史探讨不多。

罗杰斯·鲁丁是英国著名的货币史学家，著有四卷本的《英国及其附属国的货币史编年》（1817年，1819年再版）。④ 在此之前的研究，一方面较为笼统，另一方面缺乏理论性。有鉴于此，罗杰斯·鲁

---

① Stephen Martin Leake, *An Historical Account of English Money*, London: Printed for W. Meadows, 1726.

② Martin Folkes, *Table of English Silver Coins*, London: Printed for the Society of Antiquaries, 1745.

③ Thomas Snelling, *A View of the Gold Coin and Coinage of England*, London: printed for T. Snelling, 1763; *A View of the Silver Coin and Coinage of England*, London: printed for T. Snelling, 1762; *A View of the Copper Coin and Coinage of England*, London: Printed for T. Snelling, 1766.

④ Rogers Ruding, *Annals of the Coinage of Britain and Its Dependencies*, Vol. 1 & 2, London: Printed for Lackington, Hughes, Harding, Mavor, and Jones, 1819.

丁在第一卷中对有关货币的理论知识做出了总结，尤其是对于一些概念性的术语进行了解释，这为后人的研究提供了极大的便利。从第一卷的最后直至接下来的几卷，主要讲述了从威廉一世（1066—1087年在位）直至乔治三世（1760—1820年在位）时期英国的货币史。其中第二卷主要讲述中世纪英国的货币，因此最为重要。可见，这部书最大的特点是在前人研究的基础之上做出了进一步的总结，并为后人的研究提供了一个较好的基础。

19世纪末英国货币研究开始出现细化的趋势。之前的成果基本上是对英国货币长时段的考察，鲜有学者从事专门的阶段性研究，而C.F.基里则是短时段研究的开创者。他所著的两卷本《大英博物馆里的英国钱币目录：盎格鲁—撒克逊系列》[1]（第一卷，1887年；第二卷，1893年），对截至19世纪末的存放在大英博物馆里的盎格鲁—撒克逊时期的货币进行了总结和分析，为后世研究当时的货币奠定了坚实的基础。

19世纪对英国的金银币研究还有两部著作，首先是爱德华·霍金斯所著的《英国的银币》[2]（1841），对从罗马时期到乔治四世时期（1820—1830年在位）英国银币的发展给出了一个简要的发展脉络。因此这本书对于了解英国的银币是一个不错的选择。其次是罗伯特·埃劳德所著的《英国的金币》[3]（1884），主要讲述了从爱德华三世（1327—1377年在位）时期的金币改革至威廉四世时期的金币的历史。这两本书是我们了解英国银币和金币发展的重要资料。

在这两个世纪中，除了以上著述之外，英国在1836年还出现了一种有关货币研究的杂志：《钱币编年》（*The Numismatic Chronicle*），至今每年出版一卷。该杂志也成了货币研究者发表高见的阵地，这在客观上大大促进了英国货币问题的研究。

总之，这一时期有关英国货币问题研究的特征体现在以下两

---

[1] C. F. Keary, *A Catalogue of English Coins in the British Museum: Anglo-Saxon Series*, Vol. 1 & 2, London: Printed by Order of the Trustees, 1887, 1893.

[2] Edward Hawkins, *The Silver Coins of England*, London: E. Lumley, 1841.

[3] Robert Lloyd Kenyon, *The Gold Coins of England*, London: B. Quaritch, 1884.

点。首先，编年记载，也就是按照每个国王的不同时期进行描述，发展的阶段性特征不明显。其次，多是从钱币学的角度来分析的，因此考察的重点放在货币类型和设计样式以及货币正反两面图案和字母的变化上，较少注重货币的演变与中世纪英国经济发展之间的关联。

（2）20 世纪上半叶的货币研究：对已有成果的概括和总结

进入 20 世纪后英国的货币问题研究进入了一个关键阶段，大量的货币史专家开始对之前的货币著作进行了总结。因此，在这一阶段，有关英国货币研究的总结性专著不断出现。如 G.C. 布鲁克的《英国的货币：从 7 世纪至今》，[1] 查理斯·欧曼爵士的《英国的货币》。[2]

G.C. 布鲁克是大英博物馆货币收藏部的工作人员，这为其成为货币专家提供了得天独厚的条件，其所著的《大英博物馆里的英国钱币目录：诺曼国王时期》[3]（1916）是与 C.F. 基里所著《大英博物馆里的英国钱币目录：盎格鲁—撒克逊系列》相衔接的。该书对威廉一世到斯蒂芬时期的英国货币做出了分类，并分析了发行异常的货币，是对诺曼王朝时期英国货币的很好的总结。G.C. 布鲁克还于 1932 年出版了专著《英国的货币：从 7 世纪至今》（该书在之后进行了多次再版）对从 7 世纪到 1931 年的英国货币进行了分类，对于货币收藏者来说有着极大的帮助。但对于历史研究者而言，这本书提供的信息相对较少，首先，这本书没有对于盎格鲁—撒克逊时期之前的货币进行分析，这对于英国货币问题的研究来说是一大损失。对于中世纪英国货币问题研究而言，只有对罗马不列颠时期及其之前的一段历史上的货币发展进行考察之后才能称得上完整。其次，该书没有体现出英国和欧洲大陆之间货币的联系和相互影响。在中世纪中晚期，随着英国和欧洲大陆之间经济联系的加强，英国的货币铸造越来

---

[1] George C. Brooke, *English Coins: from the Seventh Century to the Present Day*, London: Spink, 1932.

[2] Charles Oman, *The Coinage of England*, London: Pordes, 1931.

[3] George C. Brooke, *A Catalogue of English Coins in the British Museum: The Norman Kings*, Vol. 1 & 2, Oxford: Oxford University Press, 1916.

导 论

越受到欧洲大陆的影响,如英国金币的改革就是在欧洲大陆金币流通的影响下进行的,同时欧洲大陆诸国仿造英国的货币,这些仿造货币通过贸易进入英国,并对货币流通和经济发展造成了严重的负面影响。最后,该书分阶段对于每一个国王时期的货币都进行了研究,以至于很难把握英国货币的发展特征。

查理斯·欧曼爵士所著《英国的货币》(1931),对从盎格鲁—撒克逊早期到1901年维多利亚时代结束期间的英国的货币进行了研究。该书不仅对不同时期的货币类型进行了分析,而且开始关注欧洲大陆的货币发展对英国货币所产生的影响,当然这种影响是通过英国和欧洲大陆之间经济联系的加强进一步体现出来的。

A. 菲亚著有《英镑：货币的历史》[①](1931年出版,1963年再版),该书研究的时间段为从麦西亚的奥法(757—796年在位)发行便士到1928年"流通和银行纸币法规"的颁布。该书共有12章,其中前两章是讲述中世纪时期的货币。作者最主要的观点是,英镑不是贵金属的重量单位,而是记账单位。此外,作者在这两章中指出,白银是中世纪英国货币制度的基础,那种认为英国的货币基础是建立在金银双重标准的基础上的理论是错误的,并指出英镑的发展史是没有间断的,前后有着密切的联系,尤其是诺曼王朝和金雀花王朝时期英国货币发展对近代英国的货币发展有着深远的影响。这本书一经出版得到的好评如潮,不足之处是个别的历史细节不够准确和中世纪的篇幅太少。

由上可知,这一时期有关英国货币史的研究通常是长时段的,因此为把握中世纪英国货币的前后联系及其历史地位提供了便利。但是,这一时期的成果仍然没有摆脱钱币学的特征,甚至侧重点仍然为钱币学；同时,这些著作也大多是对从中世纪早期直到20世纪初的英国货币的发展变化的研究,有关中世纪货币研究的篇幅有限,因此还不能真正称其为研究中世纪英国货币的专著。

---

① A. Feavearyear, *The Pound Sterling: A History of English Money*, Oxford: Clarendon Press, 1931.

(3) 经济史学家对英国货币问题的最初关注

19世纪的中后期，随着经济史研究的兴起，一些著名的学者也开始关注货币史。其中最早关注中世纪英国货币史的学者有索罗德·罗杰斯和W.J.阿什利等人。索罗德·罗杰斯在其《英国的农业和价格史》（1866）的第一卷中，对13—15世纪英国的货币状况进行了研究。他指出，中世纪英国的货币标准较高，"领主和国王收取的租金与罚金都是固定的"，在这种情况下，贬值货币是不被统治者所允许的，而且在"在议会的卷宗中并没有发现直接反对发行贬值货币的案例"。他还指出，"抵制货币的输出是徒劳的"，因为所任命的官员根本没有履行自己的职责。[1]

W.J.阿什利在其《英国经济史及其学说》（1888）一书中指出，铸币权是英王的特权之一，而且英国在货币的铸造过程中实行严格的管理，任何人不得私自铸造货币，否则将受到严厉的处罚。同时，对货币剪边的行为也进行打击。由于中世纪英国的货币重量足、成色好，经常出现欧洲大陆国家的仿造，而且这些货币也随着羊毛和锡的出口进入英国。这对英国的货币制度造成很大的冲击，因此英王不遗余力地打击国外劣质货币的流入。中世纪英国政府保护其货币制度是贯穿整个中世纪的，直到亨利八世（1509—1547年在位）时期，"英国不曾出现国王降低货币成色的行为，这与法国形成鲜明的对比"[2]。

由上可知，索罗德·罗杰斯和W.J.阿什利一致认为，中世纪英国的货币成色较好，并与欧洲大陆诸国形成鲜明对照。W.J.阿什利还认为这与英王一贯的打击货币剪边、抵制国外劣质货币流入和货币输出的措施有着密切的关系。但是，索罗德·罗杰斯却认为，抵制货币输出的政策是失败的。尽管W.J.阿什利和索罗德·罗杰斯是最早关注中世纪英国货币问题的经济学家，但他们涉及的重点是货币的铸

---

[1] James E. Thorold Rogers, *A History of Agriculture and Prices in England*, Vol. 1, Oxford: Clarendon Press, 1865, p. 176.
[2] ［英］W.J.阿什利：《英国经济史及学说》，幼狮文化事业公司1974年版，第166页。

造和管理，并未把货币与经济社会的发展密切地联系起来。此外，当时的经济史学家 W. 坎宁安和 G. 昂温以及后来的 E. 利普森等均对中世纪英国的货币史有所关注。①

2. 经济社会史视野下的中世纪英国货币研究

二战之后，尤其是 20 世纪七八十年代以来，随着经济社会史的兴起和发展，货币史彻底从钱币学中分离出来，并受到越来越多的人的重视。正如 P. 斯普福德所说，当时的经济史学家开始自信地认为货币在欧洲中世纪晚期市场经济的发展中起着至关重要的作用，因此应该得到比人口史和科技史等研究领域更多的关注。②

货币的铸造和管理在这一时期继续得到经济史学家的关注，如 N. J. 马修主编的《爱德华时代的货币事务（1279—1344）》③ 和 M. 梅特的《1272—1307 年英国的货币政策》④ 对爱德华一世（1272—1307 年在位）继位到 1344 年金币改革期间的货币重铸和货币贬值进行了研究。而 C. E. 查理斯所著的《英国新皇家铸币所史》，⑤ 则在利用丰富的一手资料和 20 世纪 50 年代以来出版物的基础之上，对从 600 年至 1985 年间英国铸币所的组织和技术变化进行了研究。该书主要从四个层面对英国皇家铸币所进行了探讨：首先，铸币所技术的发展与运用；其次，货币铸造的管理及对经济带来的影响；再次，铸币所管理制度的变迁；最后，从政治经济学的角度来探讨抵押发行与

---

① W. Cunningham, *Growth of English Industry and Commerce during the Early and Middle Ages*, Cambridge: Cambridge University Press, 1890; G. Unwin, *Industrial Organization in the Sixteenth and Seventeenth Centuries*, Oxford: Clarendon Press, 1904; E. Lipson, *The Economic History of England*, Vol. 1, London: A. and C. Black, 1915; E. Lipson, *An Introduction to the Economic History of England*, Vol. 1, London: A. and C. Black, 1915.

② P. Spufford, *Money and Its Use in Medieval Europe*, Cambridge: Cambridge University Press, 1988, p. 3.

③ N. J. Mayhew, ed., *Edwardian Monetary Affairs (1279 - 1344)*, Oxford: British Archaeological Reports, 1977.

④ M. Mate, "Monetary Policies in England, 1272 - 1307", *The British Numismatic Journal*, Vol. 41, 1972.

⑤ C. E. Challis, *A New History of the Royal Mint*, Cambridge: Cambridge University Press, 1992.

铸币所的功能之间的关系。除此之外，还有 M. 艾伦对一些教会铸币所铸造和管理的研究。①

在经济社会史的视角下，对于中世纪英国货币史的研究更具多元性，但是最根本的还是强调货币的流通与经济发展之间的联系。这些最新的研究成果结合了货币论和人口论②的观点，因此更具说服力。

20 世纪 30 年代，西班牙早期的经济史专家 E. J. 汉密尔顿就曾把"货币论"用于 16—17 世纪的西班牙史的研究之中，他认为来自新大陆的贵金属导致了西班牙的价格波动。他的研究方法得到大家的认同，并被用于中世纪史的研究之中。③ 但是到了 20 世纪 50 年代，这种观点受到了冲击，因为一些历史学家开始认为人口因素对整体经济的发展也起着重要的影响，更有些历史学家认为人口的变化比货币供给对价格水平的影响更大。尽管货币因素和人口因素对经济发展的影响是在研究现代早期的历史时提出的，但是这些方法同样适用于中世纪，尤其是中世纪的英国，因为那里有丰富的价格数据和资料。从 12 世纪末到 14 世纪初，英国的价格水平出现了显著的上升，一些人认为这是由于货币供给增加导致的，另外一些人则认为这是由于人口的变化所影响的。争论的双方往往夹带着某种好恶在里面，导致参与者一定要站在某一方。学者们也分别站在相反的两个阵营，完全否定对方的观点。即人口学家轻视货币的因素，反之亦然。

令人高兴的是，这一时代已经结束，今天的学者大都认为价格的波动是人口和货币双重作用的结果，而且其他各种因素也应该考虑其

---

① M. Allen, "Eccleiastical Mints in Thirteenth-Century England", in Michael Prestwich, Richard Britnell & Robin Frame, eds., *Thirteenth Century England*, Vol. 8, Woodbridge: Boydell Press, 2001; M. Allen, "The Archbishop of York's Mint after the Norman Conquest", *Northern History*, Vol. 41, No. 1 (Mar., 2004); M. Allen, "Italians in English Mints and Exchanges", in Chris Given-Wilson, ed., *Fourteenth Century England*, Vol. 2, Woodbridge: Boydell Press, 2002.

② 货币数量论认为，货币的数量决定物价水平和经济发展速度；而人口论则主张，人口增长的快慢和多少决定了经济的发展。

③ N. J. Mayhew, "Coinage and Money in England, 1086 – c.1500", in Diana Wood, ed., *Medieval Money Matters*, Oxford: Oxbow Books, 2004, p. 73.

中，例如技术的更新和环境的变化。因此研究以前的历史应该探寻其真实性，就像研究我们现今这个时代一样。

当今研究中世纪英国货币史的学者，根据不同阶段的人口总量和货币流通量的变化，计算出不同时期人均的货币量，进而推断当时的货币化水平。这些学者以 N. J. 马修①、R. H. 布瑞特纳尔②、P. 斯普福德③等人为代表。

关于"货币化"的含义，不同的学者有着不同的理解。M. M. 波斯坦认为，"货币化"只涉及货币支付规模的增加和范围的扩大，而与货币流通量的大小并无太大关系。④ 而 N. J. 马修认为，货币供给的多少是货币支付范围扩大的基础，二者是密切相连的，因此货币流通量的多少也是货币化的重要特征。⑤ 其中 R. H. 布瑞特纳尔和 B. M. S. 坎贝尔认为，货币化是商业化的一个重要表现，此外商业化还表现为城市化和专业化。综合不同学者的观点，货币化是指货币使用范围的不断扩大，进而促进商业化水平的不断提高。货币化不仅涉及货币使用规模的增加和范围的扩大，而且与货币供应量有着密切的联系。人均货币量的估算和变化，是研究"货币化"的一个重要方法。⑥ 因为

---

① N. J. Mayhew, "Money and Prices in England from Henry Ⅱ to Edward Ⅲ", *Agricultural History Review*, Vol. 35, No. 2, 1987; N. J. Mayhew, "Numismatic Evidence and Falling Prices in the Fourteenth Century", *The Economic History Review*, New Series, Vol. 27, No. 1 (Feb., 1974); N. J. Mayhew, "Population, Money Supply, and the Velocity of Circulation in England, 1300 – 1700", *The Economic History Review*, New Series, Vol. 48, No. 2 (May, 1995); N. J. Mayhew, *Sterling：The History of A Currency*, London：Penguin Books, 2000.

② R. H. Britnell, *The Commercialisation of English Society, 1000 – 1500*, Cambridge：Cambridge University Press, 1993; R. H. Britnell & B. M. S. Campbell, *A Commercialising Economy：England 1086 to c. 1300*, Manchester：Manchester University Press, 1995.

③ P. Spufford, *Money and Its Use in Medieval Europe*, Cambridge：Cambridge University Press, 1988.

④ M. M. Postan, "The Rise of a Money Economy", in M. M. Postan, ed., *Essays on Medieval Agriculture and General Problems of the Medieval Economy*, Cambridge：Cambridge University Press, 2008, pp. 32 – 34.

⑤ N. J. Mayhew, "Modelling Medieval Monetisation", in R. H. Britnell & B. M. S. Campbell, eds., *A Commercialising Economy：England 1086 to c. 1300*, Manchester：Manchester University Press, 1995, pp. 74 – 77.

⑥ N. J. Mayhew, *Sterling：The History of A Currency*, p. 5.

通过对人均货币量的估算,一方面可以反映出货币量的变化;另一方面也可以考察人们手中拥有货币的数量,而人们只有掌握了一定数量的货币,才能有效地参与市场买卖的活动。

货币化具体表现在以下几个方面:

首先,人均货币量不断增加。N.J.马修根据《末日审判书》和铸币所的记录等文献,并就中世纪节选出四个时间点进行研究,分别为1086年、1300年、1470年、1526年。在对人口和货币总量进行估算的基础之上,进而推断出每一个时间点的人均货币量,通过对比他指出中世纪英国的人均货币量是不断上升的。① 同样,约翰·戴伊认为,即使在1348年黑死病发生之后,由于人口的减少,人均货币量比13世纪高。② 当人们手中拥有货币的时候,他们才可能使用货币来满足自己的需要。N.J.马修的观点得到了詹姆斯·博尔顿的赞同。

其次,小面额货币的铸造和流通。小面额的银币通常指半便士(1/2便士,Halfpence)、法寻(1/4便士,Farthing)以及代币(Token)。最早关注到小面额货币与经济之间联系的是经济史学家W.J.阿什利。他认为小面额货币满足了零售贸易的需要,也便利了农产品的交换。③ R.H.布瑞特纳尔认为,便士由于面值太大,越来越不适应12、13世纪发展起来的零售贸易,因此在英王爱德华一世时期,小面额货币开始在铸币所正式铸造。④ 克里斯托弗·戴尔对中世纪英国乡村中小面额货币的使用状况进行了专门的研究,他指出:小面额货币方便了人们的日常交易,在农村使用相当广泛。⑤

---

① N. J. Mayhew, "Coinage and Money in England, 1086 – c. 1500", in Diana Wood, ed., *Medieval Money Matters*, pp. 72 – 83.

② John Day, "The Great Bullion Famine of the Fifteenth Century", *Past & Present*, No. 79 (May, 1978).

③ [英] W. J. 阿什利:《英国经济史及学说》,第170页。

④ R. H. Britnell, *The Commercialisation of English Society, 1000 – 1500*, p. 103; Richard Britnell, "Uses of Money in Medieval Britain", in Diana Wood, ed., *Medieval Money Matters*, Oxford: Oxbow Books, 2004, p. 24.

⑤ Christopher Dyer, "Peasants and Coins: the Uses of Money in the Middle Ages", *British Numismatic Journal*, Vol. 67, 1997, pp. 30 – 47.

导　　论

　　在中世纪的英国，还出现了代币，此种货币最早出现在13世纪末。代币通常由铅或是锡等铸造而成，伦敦铸币所很少铸造这种货币，大部分为商人私自铸造的。关于代币的使用，M.米奇纳和A.斯金纳以及P.斯普福德认为，代币最早用于施舍和慈善，人们拿着这些货币可以免费领取面包、葡萄酒、木炭等生活所需。① M.艾伦认为代币主要用于记账或是充当小面额货币使用。②

　　最后，金币的铸造和使用。金币的铸造在中世纪英国货币史上占据着重要地位，因为这标志着流通500年的便士不再是最主要的货币。英国的金币是在14、15世纪欧洲出现银荒的背景下出现的，同时欧洲大陆，尤其是佛兰德尔地区在13世纪中期就开始流通金币，而这对依靠向低地国家出口羊毛来获利的英国来说必须铸造金币，以平衡其国际支付。在1344—1351年货币重铸期间，英国正式铸造金币。C.E.查理斯认为，金币在最初主要用于国际贸易的支持，由于其价值价高，在国内贸易中使用较少。③ 事实上，金币的出现还在客观上缓解了白银的短缺。

　　P.斯普福德认为，在中世纪的晚期，英国形成了金币、银币和"黑钱"（Black Money）④ 三层次的货币体系。其中每一种货币在经济中都发挥着不同的作用。⑤ 这也是中世纪英国货币化的顶点。如果把这一货币体系理解为金币、银币和小面额货币（包括代币）也许更为合理。金币主要用于国际大规模的贸易，银币主要用于国内中等规模的贸易，小面额货币适用于零售贸易和人们的日常生活。对于中世

---

　　① M. Mitchiner & A. Skinner, "English Tokens, c. 1200 to 1425", *British Numismatic Journal*, Vol. 53, 1983, pp. 29–77; M. Mitchiner & A. Skinner, "English Tokens, c. 1425 to 1672", *British Numismatic Journal*, Vol. 54, 1984, pp. 86–163; P. Spufford, *Money and Its Use in Medieval Europe*, p. 332.

　　② M. Allen, "The English Currency and the Commercialization of England before the Black Death", in Diana Wood, ed., *Medieval Money Matters*, Oxford: Oxbow Books, 2004, p. 35.

　　③ C. E. Challis, *A New History of the Royal Mint*, p. 148.

　　④ 由于部分小面额货币的主体是锌和锡等贱金属，其中所含银的比重不到10%，因此菲利普·格尔森等学者称其为"黑钱"；同时，也是为了与成色较高的银币形成对比。

　　⑤ P. Spufford, *Money and Its Use in Medieval Europe*, pp. 319–338.

纪英国货币流通构成研究的学者还有 M. 艾伦，他在两篇文章中对1279—1485 年间的银币面额的变化进行了分析。① 他指出，由于经济发展的需要，当时银币的面额出现了多元化的趋势，尤其是出现了大额的银币——格洛特（Groat）。

总之，正如 N. J. 马修所认为的那样，中世纪英国的货币史一部分是国王和银行家的历史，另一部分是平民的历史，因为从 11 世纪开始，最贫穷的农民也开始使用货币，当时主要用于其财产的评估和劳役的折算。② 事实上，农民使用货币，即乡村中的货币化状况，只是中世纪英国货币化的一个方面，另一方面是货币在国内外贸易中使用的扩大。对中世纪英国货币化的研究，完全可以通过金币、银币和小面额货币三个不同的层次来进行探讨。

（二）国内研究述评

相比国外学界的研究，国内学者有关中世纪英国货币问题的研究尚处于起步阶段。国内研究英国货币史的学者主要有：辜燮高、马克垚、赵立行。其中，南开大学的辜燮高先生是国内最早关注中世纪英国货币问题的学者，在《11—17 世纪英国的钱币问题》一文中，他把英国的货币史归结为三个问题：货币的统一铸造和发行；货币的重量和成色；货币的单位和计法。③ 其观点总结性较强，为英国货币问题的研究奠定了一定的基础；但是，由于材料的限制，其中的一些观点还有待进一步商榷，如他认为便士是在诺曼征服之后引入的，事实上在奥法统治时期就已经引入。复旦大学的赵立行先生在《中世纪西欧货币流变与商业变迁》一文中，把货币的流变与西欧商业经济的发展密切联系起来，他认为正是货币供给充足才促进了中世纪西欧商品经济的发展，同时还考察了货币兑换商的作用和信贷的兴起。④ 这篇论文为研

---

① M. Allen, "The Volume and Composition of the English Silver Currency, 1279 – 1351", *British Numismatic Journal*, Vol. 70, 2000, pp. 38 – 44; M. Allen, "The Proportions of the Denominations in English Mint Outputs, 1351 – 1485", *British Numismatic Journal*, Vol. 77, 2007, pp. 190 – 209.

② N. J. Mayhew, *Sterling*: *The History of A Currency*, p. xvi.

③ 辜燮高：《11—17 世纪英国的钱币问题》，《南开大学学报》1956 年第 1 期。

④ 赵立行：《中世纪西欧货币流变与商业变迁》，《历史教学》2002 年第 11 期。

究中世纪英国货币问题提供了宏观的欧洲历史背景，但是并未对中世纪英国的货币进行考察。此外，北京大学的马克垚先生在《英国封建社会研究》一书中对中世纪英国货币量的变化做出了估算，并简单探讨了货币与物价和工资的关系。① 从总体上看，由于资料的缺乏，国内学者对于中世纪英国货币问题的关注较少，即使已有的研究也处于初始阶段，可见在国内研究中世纪英国的货币问题还有很大的空间。

综上所述，中世纪英国货币问题得到了国内外学者的关注和研究。中世纪英国货币问题最早受到钱币学家的研究，而且这些著述为之后有关中世纪英国货币问题研究的开展奠定了基础；而货币问题的研究是在20世纪七八十年代以来，随着经济社会史的兴起，尤其是随着"商业化"理论的发展取得了较多成果。但是已有的研究也存在着一些问题，比如其中的一些著述多是从钱币学角度进行分析的，考察的重点放在货币类型和设计以及货币上图案和字母的变化上，较少注意到货币流通本身与经济发展之间的联系；同时，以往有关英国货币问题的研究多是通史性的，中世纪只是其研究的一小部分，至今还没有一部时间贯穿整个中世纪的英国货币问题的专著，这成为进一步研究该问题的原因和动力。总之，已有的成果为我们今天的研究提供了参考和借鉴。

三 资料来源和研究思路

（一）资料来源

由于地域和语言的限制，笔者很难收集到大量的有关中世纪英国货币问题的原始文献。同时，由于英国的铸币记载出现较晚，大概从1230年才出现有相关的文字记载，② 因此这也给研究带来了困难。所以到目前为止，笔者仅查找到以下两本有关中世纪英国货币的记录文献：第一，《尼克尔·奥雷斯姆的货币制度与英国铸币所文献》，③ 该

---

① 马克垚：《英国封建社会研究》，北京大学出版社2005年版，第333—337页。
② N. J. Mayhew, *Sterling: The History of A Currency*, p. 14.
③ Charles Johnson, *The De Moneta of Nicholas Oresme and English Mint Documents*, London: Thomas Nelson and Sons, 1956.

书是中世纪末期法国著名的经院哲学家和数学家尼克尔·奥雷斯姆（Nicole Oresme）（约1320—1382年）于1360年撰写完成，1484年出版，该书是有关货币制度和英国铸币所文献的重要研究成果。该书于1956年由查理斯·约翰逊整理和翻译成英文，共分两部分，第一部分研究的是奥雷斯姆的货币思想，其反对货币贬值，并提出了治理举措；第二部分利用第一部分的理论对13、14世纪英国铸币所的发展变化进行了具体分析。该书为中世纪英国最早的铸币所文献，因此对于研究中世纪英国货币问题意义重大。第二，利沙·杰弗逊的《管理者的记载和伦敦金匠同业公会微型法庭的记录，1334—1446》[①]。伦敦的金匠在12世纪就形成了自己的公会，到了1327年爱德华三世授予其皇家特许状，因此成为当时最主要的12个同业公会之一，主要监督金匠、银匠和珠宝商的工作。该书是记载伦敦金匠同业公会的最早资料，因此也为我们提供了有关金银匠的工作、管理者的财务记录、收取学徒、参与市政事务（如庆典）、微型法庭的犯罪记录（包括行业的和个人的）。因为金银匠是参与货币铸造的重要人员，所以该书也是研究中世纪英国货币问题的重要原始资料。

  除了文字记载之外，有关中世纪英国的货币资料就是窖藏的货币。中世纪时期，由于社会动乱，抑或是对财富的积累，拥有货币的人往往把它们储存起来，这就为后人研究当时的货币提供了便利。通过发掘的窖藏货币，可以研究当时的货币类型、货币设计样式以及货币成色等的变化，最重要的是还可以窥探当时的政治经济的发展，甚至还可以通过对当时货币的研究来观察英国与欧洲大陆之间的政治经济联系及欧洲大陆的货币对英国货币所产生的影响。同时在利用发掘的窖藏货币时，应注意不同发掘之间的相互印证，避免只利用一处发掘出现的谬误。

  除了以上重要的资料之外，笔者还利用了国外学者和专家的最新研究成果，尤其是发表在《英国经济史评论》《过去与现在》《英国

[①] Lisa Jefferson, *Wardens' Accounts and Court Minute Books of the Goldsmit's Mistery of London, 1334 - 1446*, Rochester: Boydell Press, 2003.

货币史杂志》等期刊上的一系列重要的论文,以历史唯物主义为指导,对中世纪英国的货币问题进行研究和探讨。

(二) 研究思路及其他相关说明

货币问题归根结底是一个社会问题,它不仅与经济问题相联系,而且也涉及其他社会层面,因此不能撇开当时的历史背景独立的研究货币。这种历史背景既包括国内的,也包括国际的。中世纪的英国是一个贵金属匮乏的国家,其主要通过商品的出口来换取金银。这使得英国的货币铸造和流通都与欧洲大陆诸国的货币产生联系,所以应把中世纪英国货币问题的研究放在西欧中世纪货币史发展变化的宏观背景下进行考察。

本书在前人研究的基础之上,并根据已有的资料,将主要从以下几个方面对中世纪英国的货币问题进行研究:第一章货币铸造,首先从罗马货币制度和法兰克货币制度等方面来探讨中世纪英国货币铸造的起源,其次是研究了高度集中的货币铸造机制的形成和表现,再次探讨了斯蒂芬和亨利二世时期货币定期重铸制度的转变,最后从铸币税的角度探讨了货币铸造对英王财政收入的影响。第二章货币治理,首先对中世纪英国推行的货币政策进行解读,然后探讨了货币流通中出现的一系列问题,并对英王室实施的治理措施进行分析。第三章货币与价格、工资,首先辨析了"货币论"与"新人口论"对于价格和工资变迁的不同观点,再次从"货币论"的角度对中世纪英国的价格和工资的变迁进行解读,最后从货币的稳定性(stability)角度考察了整个中世纪英国的价格和工资变迁的特征。第四章货币化与经济社会变迁,首先对中世纪不同时期内人均货币量进行了估算,其次对中世纪英国乡村中的货币化进行了考察,最后对货币化在贸易发展中的作用进行了探讨。

同时,针对本书的选题需要特别说明几点。首先,本书的标题为"中世纪英国货币问题研究",其中英国是指一般地理意义上的英格兰,不包括爱尔兰、苏格兰和威尔士。其次,本书的"货币"与今天我们通常意义上的货币有着很大的区别。今天,货币通常包括硬币和纸币等。但是在中世纪的英国,货币主要指的是硬币,即 Money 等于 Coin。① 最后，研究时间的大致范围为 8—15 世纪。英国的便士及其换算体制是在奥法统治时期引入的，即大概在 8 世纪末，因此学者们通常把这一时间认定为英国货币史的开端。② 而 1485 年之后，英国的货币开始受到来自新大陆贵金属流入的影响，基本结束了中世纪时代的货币特征，贵金属供给充足，货币也出现了严重的贬值，而本书主要研究大贬值之前的英国货币问题；同时，15 世纪还是欧洲货币制度从中世纪向近代货币制度转型的时期，英国的货币制度也在亨利七世（1485—1509 年在位）时期出现了一系列新特征：更大面额金币的铸造，如金币索维林，重达 240 格令；③ 由于受到文艺复兴时期强调人的观点的影响，银币的设计上出现了精美的肖像图案。④ 因此现代的一些学者认为，到了亨利七世时期，英国的货币经历了很大的变化，中世纪货币的设计样式已经彻底改变，这些标志着中世纪英国货币制度的终结和近代货币制度的开启。故本书把研究的时间段定为 8—15 世纪。但是由于经济社会的发展具有延续性，因此在具体的研究过程中，考虑到事件发展的完整性，或会对时间段的上限和下限有所延伸。

---

① 英国历史上的纸币最早出现在 1694 年。
② Sir John Craig, *The Mint: A History of the London Mint from A. D. 287 to 1948*, Cambridge: Cambridge University Press, 1953, p. xiii; N. J. Mayhew, *Sterling: The History of A Currency*, p. 1.
③ 格令（grain），古代中世纪欧洲的重量单位，最初为一粒种子的重量；在中世纪的英国，1 格令等于一粒小麦的重量，约为 0.065 克。
④ Philip Grierson, *The Coins of Medieval Europe*, London: Seaby, 1991, pp. 179 – 201.

第一章 货币铸造

中世纪英国的货币制度是在欧洲大陆货币传入的基础之上发展起来的，随着英国政治上的统一，王权日渐强大，铸币权完全掌握在国王手中，这种状况在整个中世纪几乎没有改变，唯一的变化发生在斯蒂芬（1135—1154年在位）和亨利二世（1154—1189年在位）时期，由于当时政治上的混乱和白银的短缺，盎格鲁—撒克逊晚期形成的货币定期重铸的机制才出现变革，同时国王从货币铸造中获利的方式也有所不同。

第一节 货币铸造的起源

在罗马军团到来之前，英国已经铸造和使用货币。大约在公元前2世纪，英国开始出现各种"铁币"，即采用熟铁条作为货币。在威塞克斯有"剑币"，曾流通到北部；在东南部流通一种"犁形币"[①]。这些货币在恺撒入侵时仍在流通，其价值大约是按照轻重分为六等。这种分类方法给商人和铁匠带来了极大的便利，因为铁匠可以熔化铁币而铸成铁刀或马掌。[②] 当时的货币不仅仅有铁币，还有欧洲大陆流入的金币、银币和青铜币。大约在公元前2世纪末，凯尔特人的一支比尔盖人（Belgae）进入英国，他们带来了欧洲大陆的金币，随后中

---

① 蒋孟引主编：《英国史》，中国社会科学出版社1988年版，第28页。
② ［英］约翰·克拉潘：《简明不列颠经济史：从最早时期到1750年》，范定九等译，上海译文出版社1980年版，第23页。

高卢的银币和青铜币也流入英国。货币的使用代表了商业的发展。"比尔盖人与高卢人保持着密切的关系,并且有一种即使规模不大也还经常的贸易发展起来。"① 为了贸易,比尔盖人开始仿造从欧洲大陆带来的金币,并使得英国自身的金币发展起来。这一事实证明,当时的社会已经开始朝着贸易、交通和更为进步的经济生活发展。② 国王铸造货币,最初是一种政策性的活动,为的是要显示出王权的确立,但是在客观上却促进了东南部与欧洲大陆之间贸易的增加。③ 此外,当时的农业和城市也都有了一定程度的发展。

为了打击曾资助过高卢人的不列颠人,同时也为了把这个岛屿变为罗马帝国的一个行省,以便得到当地的锡、铅、谷物和奴隶,公元前55年,恺撒率领重兵入侵不列颠,直到公元43年克罗狄的最终征服,标志着罗马不列颠④时期的开始。罗马帝国有着统一且完善的货币制度,该制度以金币和银币为主币,铜币为辅币,其中金币极为稳定,正是这一货币系统为庞大的帝国提供了财政上的保障。为了供给军队的大量开支,罗马的货币进入不列颠。⑤ 同时,在罗马人征服的过程中,英国人和罗马人之间的商业联系逐渐建立起来,并不断地扩大。英国向罗马帝国出口谷物、皮革、牲口和铁,此外还有锡和铅。⑥ 当时进口的货物包括亚麻织品、香料、首饰玻璃等奢侈品以及各种脱水、腌渍的食品。随着赋税的征收和双方之间贸易的发展,大量的货币流入英国。而随着罗马货币的输入,原来的"铁币"逐渐被取代。此外,罗马帝国的弗拉维王朝(公元69—96年)在英国推行"城市化"政策,建立起由退伍的罗马军人管理的"殖民市"或"自治

---

① [英]阿·莱·莫尔顿:《人民的英国史》,谢链造等译,生活·读书·新知三联书店1976年版,第20页。

② [英]约翰·克拉潘:《简明不列颠经济史:从最早时期到1750年》,第25页。

③ David Holman, "Iron Age Coinage and Settlement in East Kent", Britannia, Vol. 36, 2005, p. 43.

④ 不列颠主要指不列颠群岛,但通常也是英国的代称。

⑤ C. H. V. Sutherland, English Coinage 600 – 1900, London: Batsford, 1973, p. 2.

⑥ [英]肯尼思·O. 摩根主编:《牛津英国史》,王觉非等译,商务印书馆1993年版,第17页。

第一章 货币铸造

市",这些城市开始时为卫戍的营盘,其外围设有"集市",后来这些城市发展了自己的商店、旅馆、庙宇。当时的"自治市"有伦敦、科尔切斯特、林肯、格罗斯特、约克等。① 城镇是消费场所和贸易中心,其中伦敦与欧洲的联系最为密切。"城市化"政策的推行,刺激了货币流通量的增加。罗马人还在英国放高利贷,如尼禄皇帝的老师就曾在伦敦大肆放贷。

尽管在罗马不列颠时期,英国存在大量的罗马货币,但是在公元3世纪中期之前,罗马货币并没有在当地铸造,而是在罗马帝国的其他铸币所铸造。到了3世纪晚期,由于发生经济危机,罗马向不列颠输出的货币量减少。为了解决货币不足的问题,总督卡拉西乌斯(287—293年在位)于287年在伦敦建立第一个罗马人的铸币所,直到325年被关闭。② 除此之外,卡拉西乌斯还在其他地方设立6个铸币所。③ 罗马帝国的皇帝在英国设立了专门的财政管理机构,控制货币发行权。当时铸造的货币大多输往欧洲大陆,留在英国的不多。随着经济的发展,英国也需要大量的货币,这就促使当地人对罗马货币的仿造,因此除了罗马帝国的货币之外,流通中还存在着大量的仿造货币。

在罗马不列颠晚期,罗马帝国出现的政治经济危机也波及英国,其社会经济发展受到很大影响,其中一个重要的表现,就是货币流通的减少,甚至放弃了货币的使用。除了经济危机外,罗马帝国的政治统治也出现了动荡,如皇位的争夺和帝国管辖范围内不断的起义,尤其是哥特人先后占领了高卢、西班牙等行省的进攻,再加之撒克逊人对英国的入侵,最终迫使君士坦丁三世率领军队于407年离开英国。历史学家通常认为这一事件标志着罗马不列颠时期的结束。在此之后,罗马货币较少流入英国。

在接下来的两个世纪,盎格鲁人、撒克逊人和朱特人陆续进入英

---

① 蒋孟引主编:《英国史》,第38页。
② C. E. Challis, *A New History of the Royal Mint*, p. 3.
③ Sir John Craig, *The Mint: A History of the London Mint from A. D. 287 to 1948*, p. 2.

国。C. H. V. 萨瑟兰德认为，由于盎格鲁—撒克逊人的社会经济较为落后，不熟悉货币的使用，因此在罗马不列颠时期发展起来的货币经济逐渐衰落下去；① 而在罗马不列颠时期建立起来的城市，虽然并未完全消失，但是真正意义上的城市已经不存在了。G. C. 布鲁克也认为在罗马人撤军之后的两个世纪里，原本建立起来的罗马货币系统已经不复存在，金币和银币逐渐退出了流通领域，仅有个别地方保留有少量的罗马货币。② 事实上，为了满足城市和乡村中小额支付的需要，一些地方开始仿造罗马的铜币。③ 尽管在这两个世纪中，英国已经确立起来的罗马货币系统遭到破坏，但是该货币系统还是对英国之后的货币发展产生着深远的影响，因为之后英国的货币制度是在其基础之上发展起来的。直到6世纪末，随着英国与欧洲大陆，尤其是墨洛温王朝之间商业联系的不断加强，英国的货币铸造和流通状况开始有所改善。

墨洛温王朝货币的传入，是盎格鲁—撒克逊时期货币发展的重要一环。在5—6世纪，英国东南部与法国之间的贸易联系越来越紧密，加之肯特王国的国王埃塞尔伯特迎娶了墨洛温王朝的公主贝莎，大量的金币作为嫁妆被带入英国。④ 最初这些金币用作装饰品，但是在之后较短的时间内，英国就铸造了自己的金币。这种金币是在罗马金币和墨洛温王朝金币的基础之上发展起来的，主要在坎特伯雷和伦敦两个铸币所铸造。由于金币的价值较高，较少在英国国内的市场交换中使用，因此到了675年之后，金币逐渐被银币锡特（sceat）所代替。锡特也是从墨洛温王朝引入的，由于其价值相对金币来说，较适合当时的贸易发展，因此流通较为广泛。直到8世纪后期便士的出现，锡特流通了近百年。但是，当时的货币流通仅限于英国的东南部，因为那里与欧洲发生贸易往来，而西北部等地的货币流通较少。

---

① C. H. V. Sutherland, *English Coinage 600–1900*, p. 2.
② George C. Brooke, *English Coins: from the Seventh Century to the Present Day*, London: Spink, 1976, p. 1.
③ P. Spufford, *Money and Its Use in Medieval Europe*, p. 10.
④ Philip Grierson, *The Coins of Medieval Europe*, p. 18.

第一章　货币铸造

8世纪的中后期，加洛林王朝便士及其换算体系引入英国。为了加强对货币铸造权的控制，755年，加洛林国王丕平进行了货币改革，发行了新的货币——便士。8世纪后期，麦西亚的奥法（757—796年在位）征服了英国的南部，同时引入便士。通常认为760年奥法国王在伦敦铸币所铸造了第一枚便士。① 在便士传入的同时，货币的换算体系也传入英国，这一货币换算制度大概是在墨洛温王朝时期形成的，当时是1磅白银铸造240个德尼尔（Denier），12个德尼尔等于1个索里达（Solidus）。这一制度到了英国演变为：1英镑＝20先令＝240便士。② 这一货币换算制度一直沿用到1971年采用十进换算制为止。当时麦西亚的货币主要是在坎特伯雷铸币所铸造。奥法发行的便士，质量较高，重量约为22.5格令，迅速取代了原有的货币，并成为自罗马不列颠时代以来流通范围最广的货币。同时，由于成色较高，英国的便士受到了欧洲大陆的模仿。③ 奥法在其统治的中后期发行大量的便士，这主要是与政治统治范围的扩大和贸易的发展相联系的。奥法时期统治范围的扩大，使得政府的正常运作需要越来越多的货币，同时国内小规模的贸易以及与欧洲之间贸易的发展也需要大量的货币。因此，正如有学者所认为的那样，"货币正在成为英国经济中具有普遍意义的东西"④。

奥法逝世之后，英国尽管经过了诸王争霸以及丹麦人入侵的政治动荡，但是各王国的国王在货币上都延续了对便士的铸造，尽管有时会出现贬值或是混乱的状况，但是货币制度逐渐建立起来。总之，在奥法引入便士之后的500余年的时间里，便士一直是英国流通中最主

---

① Sir John Craig, *The Mint: A History of the London Mint from A.D. 287 to 1948*, p.5. 其他一些学者认为，奥法最早的货币是791年在坎特伯雷铸币所铸造的，因为在7世纪末和8世纪初，伦敦铸币所是关闭的。

② 英镑和先令当时只是记账单位，不是流通领域里的货币。其中1英镑为1磅银的重量，即镑与磅不同，磅为重量单位，镑是货币单位；而银先令直到亨利七世时期才第一次在英国出现。

③ Sir John Craig, *The Mint: A History of the London Mint from A.D. 287 to 1948*, p.7.

④ ［英］肯尼思·O.摩根主编：《牛津英国史》，王觉非等译，商务印书馆1993年版，第86页。

要的货币。也就是说在 1344 年爱德华三世开始铸造金币之前，英国一直实行银本位。

第二节　铸币权的高度集中

铸币权，是铸造货币的权力。为了防止弄虚作假，并非人人都有铸造货币和压印图形或人像于货币之上的权力。由于一国之主享有最大的威望和权势，所以较之其他人而言，唯有国王最适宜掌管铸币并加上足资信赖的印记之权。[①] 罗马法也曾明确规定，铸币的唯一权力是国家首脑所享有的特权。[②] 这一权力被在罗马帝国废墟之上建立起来的王国的君主们所继承，为了维持特权和满足一般需要，新兴的各国君主较早地发行了自己的货币。

盎格鲁—撒克逊时期的各国国王与当时西欧其他大陆诸国国王相比，对货币更为重视，而且随着政治上的统一和王权的不断加强，这种铸币权相对较早地集中到了国王手中。货币铸造的统一也经历了从区域流通到整体铸造的一个过程。

一　盎格鲁—撒克逊晚期铸币权的集中

（一）铸币权集中的背景

在盎格鲁—撒克逊时期，经过各个王国不断的征战，英国出现了统一的趋势。七国时期的各个王国为了扩充疆域和争夺霸权而征战不休，最早称霸的是肯特国王埃塞尔伯特（589—616 年在位），但是因国土狭小，632 年被诺森伯里亚王国所取代。到了 8 世纪麦西亚王国称霸天下，国王奥法统一了南部，他也被尊称为"英国国王"。之后，威塞克斯的国王艾格伯特（802—839 年在位）成为新的霸主，并被称为"全英国的国王"。随后英国遭受了丹麦人的入侵，其中威塞克斯国王阿尔弗烈德（871—899 年在位）在抵抗丹麦人入侵的过

[①] Charles Johnson, *The De Moneta of Nicholas Oresme and English Mint Documents*, pp. 9 - 10.
[②] ［英］W. J. 阿什利：《英国经济史及学说》，第 161 页。

程中，于892年彻底打败丹麦人，统一了除"丹麦法区"之外的英国，因其功绩显著而被称为"阿尔弗烈德大帝"。927年，威塞克斯占领了"北丹麦法区"①。这意味着整个英国第一次出现了政治上的统一。②

随着政治上的统一，英国形成了一套完整的政治管理制度，王权不断加强。在地方，建立起来郡—百户区的管理制度，每一个郡设有一个郡守，作为国王在地方的行政代理人，负责为王室征集税收和司法费用等，郡还设郡法庭，每年召开两次，郡法庭履行国王的行政命令和制定颁布地方法案，对民间案件进行审判。郡下设置多个百户区，百户区设有百户区法庭，主要处理买卖土地和偷盗财物等事宜，同时也负责摊派一些公共事务，如为军队提供给养和民夫等。郡—百户区制度的形成，加强了王室对地方的管理。同时，在中央设立贤人会议。贤人会议召开的时间、地点并不固定，参加者多为贵族、高级教士和宫廷侍卫等，主要讨论国家税收、外交、军事防务等国内外重大事项，其中最主要的一方面是为国王的统治提供谏言。此外，王权加强的另外一个方面是国王的内廷，在盎格鲁—撒克逊时期，国王有很多的内侍，如膳食管家、执事、财务管家和由教士担任的书记员。其中，财务管家管理国王的珠宝和金钱等，后来发展成为国库；书记员替国王起草赐地文书，后来发展为秘书处。

总之，到了盎格鲁—撒克逊晚期，国王不仅拥有行政特权、立法司法权，还拥有了军权和财政权，王权逐渐强大起来。政治上的统一和王权的加强为当时铸币权集中于国王之手和货币的统一铸造奠定了基础。

（二）铸币权逐渐集中

在盎格鲁—撒克逊时期，铸币权被认为是国王特有的权力，而且这种权力随着其政治版图的扩大而不断增强。货币的铸造是与政治军

---

① Pauline Stafford, *Unification and Conquest: A Political and Social History of England in the Tenth and Eleventh Centuries*, London: Edward Arnold, 1989, p. 32.
② Michael Lapidge, *Anglo-Latin literature*, 900-1066, London and Rio Grande: Hambledon Press, 1993, p. 75.

事发展密切相连的，尤其是在当时商品经济还不发达的状况下更是如此。

奥法时期开始铸造便士，由于其制作精美，且重量和成色较高，很快在麦西亚王国统治的范围内流通起来，并流入英国西北部。在奥法统治的末期，尤其是到了艾格伯特时期，丹麦人开始频繁地入侵英国，这给正走向统一的英国带来了政治和经济上的混乱。当时不同的王国为了共同抵御丹麦人，出现了联合的趋势。这种政治上的联合也反映在货币的铸造问题上。在9世纪中期，一些铸币师既为麦西亚的国王服务，也为威塞克斯的国王铸造货币，这就使得货币铸造出现一定程度的标准化。① 当然这种货币的标准化，是与当时的政治军事密切相关的。在威塞克斯国王阿瑟尔斯坦（925—939年在位）之前，英国就为铸造一种标准的银币达成了协议。在925—935年间，阿瑟尔斯坦在格拉特利（Grateley）颁布了一系列有关货币铸造的法律，后人称其为《格拉特利铸币法》，这也是英国迄今存在最早的有关铸币的法律。② 该法律的主要内容如下：

第一，全国统一使用一种货币；

第二，货币应在指定的港口城市中铸造；

第三，铸币师伪造货币将被砍去一只手；

第四，规定每一个铸币所的铸币师的人数：坎特伯雷7个、罗彻斯特3个、伦敦8个、温切斯特6个、刘易斯2个、黑斯廷斯1个、奇切斯特1个、南安普顿2个、韦尔汉姆2个、埃克塞特2个、沙夫茨伯里2个，其余城镇各有一个铸币师。

《格拉特利铸币法》对英国的货币发展产生了深远的影响。首先这一法规加强了国王对货币铸造的控制。全国只允许一种货币流通，使得其他流入英国和已有的除便士之外的货币逐渐退出流通领域。其次是加强了对货币铸造的管理。《格拉特利铸币法》规定了货币必须在指定的城镇中铸造，而且严格规定了每一个铸币所的铸币师人数，

---

① C. H. V. Sutherland, *English Coinage 600 – 1900*, p. 21.
② George C. Brooke, *English Coins: from the Seventh Century to the Present Day*, p. 56.

第一章 货币铸造

并对伪造的行为进行严惩。这些规定便于国王加强对货币铸造的控制。可见，该法律在英国货币史上占据着重要的地位。

除了颁布相关的铸币法令之外，阿瑟尔斯坦还大力扩充铸币所的数量，在英国初步建立起了一个铸币网络。在阿尔弗烈德大帝时期，铸币所仅为8个，① 到阿瑟尔斯坦时期铸币所猛增至35个，② 遍布了整个威塞克斯王国，形成了一个松散的铸币网络。在该王国的西部有格罗斯特、埃克塞特、巴斯和布里德波特；南部有牛津、温切斯特和韦尔汉姆；东部有坎特伯雷、伦敦、莫尔登和诺里季；在密德兰和北部有塔姆沃恩、斯塔福德、德比、什鲁斯伯里、切斯特和约克。③ 在这一松散的铸币网络中，铸币之间的距离在50—75英里之间。铸币网络的形成有利于货币的流通，刺激了贸易的发展；同时，也有利于王室征收税赋，进一步支持了阿瑟尔斯坦的政治统治和军事征服。尽管这一铸币网络带有明显的地域性特征，但却是英国货币铸造系统走向统一的第一步，也是国王铸币权集中的重要一环。

在阿瑟尔斯坦时期，对于铸币师的管理也十分严格，他们必须向国王购买执照，才能在当地的铸币所工作。当时的铸币师至少有100人，这还不包括他们的助手和仆从。④ 从铸币师的人数也可以看出当时铸币规模在不断扩大。

到了埃德加（959—975年在位）时期，阿瑟尔斯坦建立起来的铸币网络进一步的发展，同时国王对铸币权的控制也进一步加强。埃德加统治的中前期，由于剪边和伪造等原因导致了货币的贬值，便士的重量仅为原来的一半。⑤ 为了保障货币的质量，同时也为了支付丹麦金和满足国内政治经济发展的需要，在其统治的973年进行了货币改革。其改革的内容可以归结为三点：首先，重申了在整个王国内只

---

① Sir John Craig, *The Mint: A History of the London Mint from A. D. 287 to 1948*, p. 9.
② C. E. Blunt, *Coinage in Tenth-century England: From Edward the Elder to Edgar's Reform*, Oxford: Oxford University Press, 1989, p. 255.
③ C. H. V. Sutherland, *English Coinage 600 – 1900*, p. 30.
④ Sir John Craig, *The Mint: A History of the London Mint from A. D. 287 to 1948*, p. 8.
⑤ Michael Dolley & D. M. Metcalf, "The Reform of the English Coinage under Eadgar", in Michael Dolley, ed., *Anglo-Saxon Coins*, London: Methuen, 1961, p. 136.

能流通一种货币,"在国王治下,应通行一种货币,任何人不得拒绝使用","应有统一的度量衡标准,且在伦敦和温切斯特一样使用";其次,为了保证货币的重量和成色,同时也为了获得一定的财政收入,进行定期的货币重铸,当时是每6年重铸一次,到了后来演变为每3年重铸一次;最后,增加铸币所的数量。

在英国的货币史上,埃德加货币改革是同奥法引入便士、1344年爱德华三世成功地采用了复本位制(bimetallism)一样的重要。主要可以从以下几点进行分析:

首先,埃德加时期铸造了精美的货币,货币的正面和反面的设计样式固定下来。货币的正面镌刻有国王的名字,而在反面刻有铸币所和铸币师的名字,这些做法在中世纪时期固定下来,成为埃德加之后货币发展的模型。[1]

其次,铸币所网络的扩大。铸币所从原来的30余座增加到了后来的50座,[2] 铸币网络的规模进一步扩大。C. H. V. 萨瑟兰德就曾认为,埃德加改革的本质是铸币所数量的增加。[3] 在盎格鲁—撒克逊时期,铸币所数量的多寡是货币发展水平的重要标志之一。

最后,埃德加货币改革形成定期重铸的制度。货币的定期重铸成为英国货币史上一个重大发展,便于国王对货币铸造和管理的控制。这一制度直到亨利一世(1100—1135年在位)和斯蒂芬时期才有所改变。当时在一个铸币中心制作铸模,然后再分发到各个不同的铸币所。因此,尽管存在着大量的铸币所,但是国王通过严格控制铸模的制造,高度控制铸币权。

总之,973年的埃德加货币改革,标志着英国的货币从区域流通向全国流通的转变。[4] 在埃德加货币改革之前,英国的货币流通是区

---

[1] Sir John Craig, *The Mint: A History of the London Mint from A. D. 287 to 1948*, p. 9.

[2] C. E. Blunt, *Coinage in Tenth-century England: From Edward the Elder to Edgar's Reform*, p. 260.

[3] C. H. V. Sutherland, *English Coinage 600 – 1900*, p. 33.

[4] Kenneth Jonsson, "The Pre-Reform Coinage of Edgar: The Legacy of the Anglo-Saxon Kingdoms", in Barrie Cook & Gareth Williams, eds., *Coinage and History in the North Sea World c. 500 – 1250*, Leiden: Brill, 2006, p. 330.

第一章 货币铸造

域性的，因为每一个区域都铸造和发行不同类型的货币，而且也仅在本区域内流通，这表明当时的货币流通水平较低。而埃德加只允许一种类型的货币流通，货币的铸造完全掌握在国王的手中，这就使得改革之后在整个王国内只有一种货币类型出现，英国的货币开始出现全国流通的趋势。

到了国王埃塞尔雷德（978—1016年在位）时期，为了进一步加强对货币铸造的管理。于1002年再次颁布法律：除了国王，任何人不得拥有铸币师；在任何郡府所在的城市中，拥有铸币师的人数不得超过3个；铸币所不得设立在非城市的地方。[1] 同时，铸造伪币的铸币师，经审判后将处以死刑。[2] 由此可以看出，铸币师只属于国王，而不属于任何人；铸币所也不能随便设立。这在客观上加强了国王对货币铸造的控制。

之后的几位国王，都坚持了原有的货币标准，使得英国的货币制度得到了较大的发展。为了支付逐渐增加的丹麦金，铸币所的数量也大幅度的提高，到了忏悔者爱德华（1042—1066年在位）时期，达到了70多个。[3]

在诺曼征服之前，英国有87个铸币所，其中比较活跃的也有56处。[4] 当时铸币所之间的距离保持在15英里之内。[5] 大量铸币所的存在，从表面看对于王室的管理来说不是一件易事，但是英国国王则通过定期重铸的手段解决了这一难题，并牢牢地控制了货币的铸造和管理。货币的铸模由国王任命的专门的人员在少数地方制造，然后再在王室官员的监督下分送到不同的铸币所，并规定铸币师应该把自己的名字和铸币所的名字镌刻在货币上，这就使铸币所和铸币师与货币的重量和成色之间联系起来。定期重铸的方法，使得盎格鲁—撒克逊晚

---

[1] C. H. V. Sutherland, *English Coinage 600 – 1900*, p. 35.
[2] 马克垚：《英国封建社会研究》，北京大学出版社2005年版，第44页。
[3] C. H. V. Sutherland, *English Coinage 600 – 1900*, p. 37.
[4] 马克垚：《英国封建社会研究》，第44页。
[5] D. M. Metcalf, "Continuity and Change in English Monetary History, c. 973 – 1086", *The British Numismatic Journal*, part Ⅰ, Vol. 50, 1980, p. 23.

期的国王有效地控制了铸币网络,这在当时的西欧来说是独一无二的。①

在中世纪的英国,货币的铸造与教会也是密不可分的。中世纪早期的坎特伯雷铸币所就拥有铸币权,但是这种权利与王室的铸币权并不冲突,也可以理解为王室控制下的铸币权利。在6世纪末,随着肯特王国国王迎娶墨洛温王朝公主的时候,基督教也随之传入英国,并在肯特王国的首府坎特伯雷建立了教堂。因为肯特王国的铸币所就设立在当地,所以坎特伯雷自然而然地发展成为宗教中心和铸币中心。在国王奥法时期,再次授予了坎特伯雷大主教铸币权。② 同时,在盎格鲁—撒克逊早期,英国的社会相对较为混乱,教会拥有较高的权威和影响,各个王国的国王都希望与之联合。此外,在中世纪的商业事务中,教会提倡公平,反对欺诈行为,因此教会往往被认为是道德上的护卫者,统治者把铸币权授予教会,也是希望借此来保证货币的重量和成色。③ 因此,当时的约克等大主教拥有铸币的权利。但是,到了阿瑟尔斯坦时期,规定整个王国只能使用一种货币,铸模也由国王指定的专门人员制造,教会铸币所开始纳入王室的控制之下。《格拉特利铸币法》规定坎特伯雷铸币所铸币师人数为7个,其中为国王铸币所服务的为4个,为教会铸币所服务的为3个。④ 从当时坎特伯雷铸币师人数的配备状况可以看出,教会的铸币所依然存在,且还拥有自己的铸币师。事实上,国王对教会铸币所也进行了严格的控制,如果私自铸币将会受到严惩。12世纪达勒姆主教休(Hugh)曾私自铸造货币,发现后被投进了当地的监狱。⑤ 教会铸币所的存在,一方面是教会特权的一个表现;另一方面是教会也可以从货币铸造中获利,

---

① M. M. Postan & Edward Miller, *Cambridge Economic History of Europe*, Vol. 2, Cambridge: Cambridge University Press, 1987, p. 808.

② C. H. V. Sutherland, *English Coinage 600 – 1900*, p. 11.

③ [英] W. J. 阿什利:《英国经济史及学说》,第163—164页。

④ R. S. Kinsey, "Anglo-Saxon Law and Practice Relating to Mints and Moneyers", *British Numismatic Journal*, Vol. 29, 1958 – 1959, p. 15.

⑤ M. Allen, "Silver Production and the Money Supply in England and Wales, 1086 – c. 1500", *Economic History Review*, Vol. 64, No. 1, 2011, p. 117.

第一章 货币铸造

以便维持教会的正常运作。在整个中世纪英国货币的铸造中,尽管皇家铸币所起着决定性的作用,但是教会铸币所的作用也是不容忽视的,尤其是在中世纪中后期出现大规模货币重铸之时,它们分担了伦敦铸币所的权利,如在爱德华一世统治时期的货币重铸中就起着重要的作用。[①] 到1534年,亨利八世取消了教会的铸币权,约克等地的教会铸币所也纷纷被迫关闭。[②]

因王权需要教会为其合法性进行辩护,中世纪时代的教会拥有诸多特权,而参与货币铸造就是重要体现;同时,由于教会的庇护,那些参与伪造货币的教会人士遭到的处罚则较轻。

总之,在盎格鲁—撒克逊晚期,英国建立起了由中央加以控制的货币体系。这是当时的欧洲大陆诸国的货币系统无法相比的。以法国卡佩王朝(987—1328年)早期的货币体系为例,当时的国王并不能控制整个王国内的货币,而是在自己的领地内铸造与其附近的领主一样的货币,在12世纪中叶之前,他们甚至不能保证自己控制的几个铸币所发行同样的货币。[③]

二 诺曼征服之后铸币权的进一步集中和表现

诺曼征服之后,英国基本沿袭了埃德加以来形成的货币制度。[④] 货币重铸还是每3年进行一次,货币的重量和成色也被继承,原有的铸币所也被沿用。货币的铸造权仍然由王室牢牢控制,且有进一步加强的趋势。国王威廉一世规定,货币铸造的最高管理者由诺曼底来的人担任,原来设有铸币所的城镇需要重新向国王申请才能继续货币铸造活动。[⑤] 通过这些规定,威廉一世直接控制了铸币权。纵观整个中

---

① M. Mate, "Monetary Policies in England, 1272 – 1307", *The British Numismatic Journal*, Vol. 41, 1972, pp. 46 – 50.

② M. Allen, "The Archbishop of York's Mint after the Norman Conquest", *Northern History*, Vol. 41, No. 1 (Mar., 2004), p. 38.

③ M. M. Postan & Edward Miller, *Cambridge Economic History of Europe*, Vol. 2, p. 809.

④ Michael Dolley, *The Norman Conquest and the English Coinage*, London: Spink&Son, 1966, p. 35.

⑤ C. H. V. Sutherland, *English Coinage 600 – 1900*, p. 46.

世纪时期，英国的货币铸造权仅在斯蒂芬时期有所变化，当时政治上的混乱和白银短缺等因素引起货币贬值，继而导致货币定期重铸制度的结束。除此之外，英国的货币铸造权从未旁落他人之手。

中世纪英国货币铸造权的集中表现可以归纳为以下几点：

（一）铸币所的逐步集中

诺曼征服时英国的铸币所大概有65个，① 但之后逐渐减少，到了爱德华一世时期，仅剩伦敦和坎特伯雷等几个大的铸币所，其余的郡级铸币所仅在货币重铸时开放，重铸结束还要再次关闭。在诺曼征服后不久，英国的铸币所就出现了集中的趋势。在威廉二世（1087—1100年在位）统治时期，英国的铸币所由48个降为34个。②

高铸币税是小铸币所关闭的主要原因。维持一个铸币所的正常运转需要物质基础，而且也有一定风险，尤其是对那些诚实的铸币师来说。因为铸币所的设立需要相应的设备和条件，比如：铸币的熔炉、燃料和其他的相关设备，最主要的是要保障货币铸造过程中的安全；同时，铸币师不仅要向其雇用的工人支付工资，还要向国王支付高额的铸币税，加之铸币规模较小，这就导致一些较小的郡级铸币所被迫关闭。③ 在正常情况下，铸币师每年需要向国王缴纳1英镑，同时每一次铸模的更换也需要向国王缴纳1英镑的费用。④ 国王允许铸币师每铸造240便士，可以抽取6便士的利润，只有铸币所的铸币量较大时，铸币师才可以得到足够的收入，一些小的铸币所就会面对一定的困难。《末日审判书》记录了一些小铸币所向国王缴纳铸币税的情况，这些铸币所主要有布里德波特、科尔切斯特、多尔切斯特、格罗斯特、赫尔福德、伊普斯威奇、林肯、沙夫茨伯里和伍斯特等。正是由于小铸币所铸造的规模较小，通过货币铸造获取的收入也较低，但是缴纳的费用较高，这就导致铸币师人数的减少，甚至出现了铸币所关闭的现象。譬如诺里季的铸币所，1154年有6个铸币师，因此每

---

① Michael Dolley, *The Norman Conquest and the English Coinage*, p. 13.
② C. H. V. Sutherland, *English Coinage 600 - 1900*, p. 51.
③ Sir John Craig, *The Mint: A History of the London Mint from A. D. 287 to 1948*, p. 20.
④ C. H. V. Sutherland, *English Coinage 600 - 1900*, p. 47.

年向国王缴纳6英镑的费用，1164年铸币师为1个，1172年为2个，1174年为5个，1176年为1个，同年该铸币所关闭。① 同样，在科尔切斯特、伊普斯威奇、赛特福德等城市的铸币所也纷纷关闭。② 再加之在国王斯蒂芬时期，由于内战的爆发，一些地方贵族私自铸造货币，直到亨利二世时期，叛乱的贵族被镇压，其铸币权被废除，大量的铸币所被关闭。因此到了亨利二世统治的1180年，除了伦敦和坎特伯雷铸币所之外，仅剩8个铸币所。③

从忏悔者爱德华时期的70多个铸币所，到威廉二世末期的34个铸币所，到亨利二世末期的10个铸币所，再到亨利三世（1216—1272年在位）统治时的4个铸币所。④ 到了1335年，仅有伦敦和坎特伯雷两个铸币所铸造标准的便士。⑤ 此后货币铸造主要集中在伦敦，而其他几个铸币所只起到辅助的作用。可见，英国铸币所集中的趋势比较明显。

铸币所的集中便于货币的铸造和管理。到亨利三世后期，除了教会铸币所的铸币师之外，全国的铸币师大都集中在伦敦铸币所。铸币师被控制得越来越严格，他们购买铸模、铸造货币都有货币兑换所的官员监督。同时，伦敦和坎特伯雷两个铸币所的铸币师都是由国王直接任命的。1256年，国王任命亨利·福瑞克、戴维、沃尔特和约翰·哈德尔四人为伦敦铸币所的铸币师，任命尼古拉斯为坎特伯雷铸币所的铸币师。如果铸币师不服从国王的安排，将会遭到处罚。如1183年，威廉因拒绝去伦敦铸币所工作而被处罚1英镑13先令4便士。⑥

总之，铸币所的集中经历了一个过程，这种集中是铸币所之间竞

---

① Sir John Craig, *The Mint: A History of the London Mint from A. D. 287 to 1948*, p. 20.
② J. H. Round, "The Colchester Mint in Norman Times", *The English Historical Review*, Vol. 18, No. 70 (Apr., 1903), pp. 305–314.
③ Sir John Craig, *The Mint: A History of the London Mint from A. D. 287 to 1948*, p. 28.
④ 4个铸币所分别为：伦敦、坎特伯雷、贝里圣埃德蒙兹和达勒姆。参见 C. H. V. Sutherland, *English Coinage 600–1900*, p. 64。
⑤ George C. Brooke, *English Coins: from the Seventh Century to the Present Day*, p. 119.
⑥ Sir John Craig, *The Mint: A History of the London Mint from A. D. 287 to 1948*, pp. 36–37.

争和国王倡导的结果，这为英王更好地控制货币的铸造提供了可能。当然，铸币所的集中也不是绝对的，因为除了伦敦铸币所之外，还存在着坎特伯雷、都勒姆等教会铸币所，而且在货币重铸之时，还需要重新开放郡级铸币所来缓解伦敦铸币所的铸造压力。

（二）金币仅在伦敦和加莱铸币所铸造

在爱德华三世统治的1344年，英国开始铸造金币，但是当时的国王规定金币只能在伦敦铸币所铸造，其他铸币所仅铸造银币。① 这一方面是由于金币的价值较高，另一方面是便于英王的管理。1363年为了便于贸易的发展，英王允许加莱铸币所铸造货币，其中就包括金币。但是，这并没有影响英王对货币的控制，因为加莱铸币所的铸币师和管理者都由英王任命。在加莱铸币所开放之初，英王就选派伦敦铸币所的主要官员意大利人布鲁赛勒（Bruselee）为加莱铸币所的管理者，而且当时的铸币师大都来自伦敦铸币所，铸模也由伦敦铸币所提供，仅有部分工作人员从当地雇佣。② 同时，加莱铸币所铸造货币的重量和成色与英国本土的货币标准是一致的。③

（三）铸模的管理和供给

铸模的制造和管理是货币铸造中的一个重要环节，这也是英王严格控制的领域。盎格鲁—撒克逊晚期，英国已经建立起来严格的铸币管理系统。在忏悔者爱德华时期，外国的金匠提奥德里克（Theoderic）和奥托（Otto）被任命为铸模雕刻师。④ 诺曼征服之后，这一系统得以延续和进一步加强。据《末日审判书》记载，在诺曼征服之后，铸模仍然在伦敦制造，然后再分发到各地的铸币所。从1080年开始，铸模雕刻师变为世袭，且由奥托家族的成员出任，直到16—17世纪其他家族出身的铸模雕刻师才开始垄断铸模的制造。铸模雕刻师的职责主要是根据铸币所的需求制造新铸模，并分发到各地的铸

---

① George C. Brooke, *English Coins: from the Seventh Century to the Present Day*, p. 121.
② Sir John Craig, *The Mint: A History of the London Mint from A. D. 287 to 1948*, p. 77.
③ A. S. Walker, "The Calais Mint, A. D. 1347 – 1470", *British Numismatic Journal*, Vol. 16, 1921 – 1922, p. 94.
④ C. E. Challis, *A New History of the Royal Mint*, p. 78.

第一章 货币铸造

币所，同时收取一定的费用，上缴到财政署。铸币师一次只能拥有一对铸模，旧铸模必须返还给铸模雕刻师。由于新货币的引入和大陆铸模雕刻师的到来，出身奥托家族的铸模雕刻师的执业受到影响，主要发生在1257年、1279年和1343—1351年，但是并未改变奥托家族对铸模雕刻的垄断。[①]

铸模具体由财政署管理和分配。中世纪英国的铸模是集中制造和分发的，即由财政署来管理其具体的分配。由于交通不便，铸模通常保存在一些皇家城堡之中，当铸模磨损或是损坏时，铸模管理人可以到当地储存铸模的城堡换取新的铸模。而当地方储存的铸模有一半被交换出去的时候，就需要向财政署更换新的铸模。[②] 铸模的保管人由财政署任命，他们还可以监督货币的铸造，因此财政署允许其向铸币所收取一定的费用。在亨利三世时期，铸币所的管理者每铸造100英镑的货币，就需要向铸模保管人交12便士的费用。[③] 到了13世纪90年代，伦敦铸币所的铸模保管人每天可以得到6便士的工资，而坎特伯雷铸币所的铸模保管人一周的收入为2先令。[④]

货币面额出现变化，铸模的制造和供给也相应地发生变化。如在1279年货币重铸时，铸币所开始铸造半便士和法寻，1344年开始铸造金币诺波尔（Noble）。新面额货币的铸造，也引起不同铸模的制造。当时的铸模仍然在伦敦制造，因此仍需从伦敦分发到其他铸币所。当货币从一种面额转变为多种面额，一个铸币所就需要不同的铸模。英国国家档案馆中的资料记载了1353—1355年间约克的皇家铸币所接受铸模的情况，1353年7月25日伦敦铸币所的管理者威廉·罗思韦尔受命向约克的皇家铸币所的管理者亨利·布里赛勒提供格洛特、半格洛特和便士等铸模，在1354年的2月21日再次向约克铸币所提供这三种铸模。同样，加莱的铸币所不但记录了接受铸模的情况，而且还记录了接受不同铸模的费用。1425年9月29日至1427年

---

① Sir John Craig, *The Mint: A History of the London Mint from A.D. 287 to 1948*, pp. 17–18.
② C. E. Challis, *A New History of the Royal Mint*, pp. 111–112.
③ Sir John Craig, *The Mint: A History of the London Mint from A.D. 287 to 1948*, p. 34.
④ C. E. Challis, *A New History of the Royal Mint*, p. 128.

4月20日接受了2713个金币铸模,其中每12个铸模付费6先令,银币铸模不详。在1430年4月1日至1431年9月24日记载了使用不同面额铸模的价格,其中每12个格洛特铸模5先令,每12个半格洛特铸模4先令,每12个便士和半便士铸模的价格均为3先令。在1435—1441年的记载中,记录了加莱铸币所使用每一个铸模的价格,其中格洛特铸模7便士,半格洛特铸模6便士,便士铸模5便士,半便士和法寻的铸模均4便士。①

在中世纪的英国,铸模的制造和管理形成了一个完整的系统,国王指定专门的人员制造铸模,并且由财政署负责铸模的分发和费用的收取。尽管铸模的制造由英王严格的控制,但是由于新铸模价格较高,再加之铸币师希望额外获利,所以就会出现拖延更换新铸模,甚至伪造铸模的现象。从金雀花王朝保存下来的一些铸模可以看出,当时出现了部分非官方制造的铸模。② 在理查德二世(1377—1399年在位)时期,铸币所的铸模出现了伪造,伪造之人被关进了监狱。③ 由于及时的处理,伪造铸模的现象并未对货币铸造造成太大影响。

总之,在整个中世纪时期,英王室牢牢地控制着铸模的制造和分发,并由此加强和巩固了对货币铸造权的控制。

(四)铸币官员的任免

中世纪英王控制货币铸造权的另一个重要表现是任命铸币官员。中世纪英国的铸币所由英王或是财政署任命和派遣的专门人员管理。这些官员不仅管理铸币所的日常事务,而且重要的是监督铸币师和试金师(assayer)等人员的工作,防止他们在货币铸造过程中偷工减料。由于铸币所官员的职位十分重要,国王往往选择那些效忠于王室的人,或是由当地的一些有名望的人来担任。如在1279年货币重铸的时候,爱德华一世就曾任命罗克斯勒(Rokesle)和波迪奥(Podio)

---

① M. Allen, "The Proportions of the Denominations in English Mint Outputs, 1351-1485", *British Numismatic Journal*, Vol. 77, 2007, pp. 196-197.

② D. Sellwood, "Medieval Minting Techniques", *British Numismatic Journal*, Vol. 31, 1962, p. 58.

③ Sir John Craig, *The Mint: A History of the London Mint from A. D. 287 to 1948*, p. 80.

第一章 货币铸造

为伦敦货币兑换所的新官员。① 他们都是国王的忠实拥护者。其中,罗克斯勒出生于伦敦的官宦之家,曾担任过伦敦的治安官和市长等职务。波迪奥是一位极力支持爱德华一世征服威尔士的大商人。1279年5月17日,这两位新官员正式宣誓成为货币兑换所的管理者,新的货币铸模也开始由他们掌管。②

中世纪英国铸币所的管理者通常为外国人。由于中世纪欧洲大陆诸国的工商业相对较为发达,货币铸造技术也较为先进,因此英王更愿意聘请欧洲大陆的意大利、佛兰德尔等地的专家来参与货币的铸造和管理。如从爱德华一世时期的货币重铸开始,熟悉财政管理的意大利人进入英国的铸币所和货币兑换所。其中卢卡的里卡尔迪(Riccardi)就曾是爱德华一世时期的银行家,他还是伦敦和坎特伯雷铸币所的高级管理者之一,他同罗克斯勒一起办公,同时还参与了1279—1281年的货币重铸工作。③ 在1344年引入金币之后,意大利的银行家在英国货币的铸造和管理中起着更重要的作用。在英国铸造金币之前的1252年意大利人就开始铸造金币弗洛林(Florin),而热那亚从1253年开始铸造金币,因此意大利人的金币铸造和管理技术较为娴熟。④ 1344年佛罗伦萨的乔治·科尔昆(George Kirkyn)和罗特·尼古林(Lotte Nicholyn)成为伦敦铸所的管理者,开始铸造金币。在之后意大利人几乎控制了英国铸币所的要职,尤其是成为当时货币兑换所的主要官员。可见,在中世纪晚期英国货币的铸造和管理中,意大利人长期担任着铸币所的重要职务。⑤ 当然,在中世纪英国的主要铸币所的管理者通常为国王直接任命,不管其是英国人还是其他欧洲大陆的人,尤其是在每一次的货币重铸之时,或是新的货币引入之时,

---

① M. Mate, "Monetary Policies in England, 1272 – 1307", *The British Numismatic Journal*, Vol. 41, 1972, p. 44.

② Charles Oman, *The Coinage of England*, London: Pordes, 1967, p. 159.

③ M. Allen, "Italians in English Mints and Exchanges", in Chris Given-Wilson, ed., *Fourteenth Century England*, Vol. 2, pp. 53 – 54.

④ John F. Chown, *A History of Money: from A. D. 800*, Londo: Routledge, 1994, p. 32.

⑤ M. Allen, "Italians in English Mints and Exchanges", in Chris Given-Wilson, ed., *Fourteenth Century England*, Vol. 2, pp. 58 – 62.

这一特点尤为明显。

综上所述，中世纪英王室牢牢地控制着货币铸造权。随着盎格鲁—撒克逊晚期政治上的统一，英国货币铸造也逐渐集中于国王的手中，尤其是在诺曼征服之后，封建王权逐渐强大起来，而铸币权也成为王权的一个重要标志。[①] 铸币权的高度管控主要体现在铸币所集中于少数几个大城市，货币铸模的统一铸造和供给，铸币所官员的任命，伦敦铸币所控制金币的铸造等几个方面。

第三节 货币铸造机制的转变

在盎格鲁—撒克逊晚期，英国形成了货币定期重铸的制度，之后延续了两百余年。但是到了斯蒂芬和亨利二世时期，货币定期重铸的制度被打破，这也是"英国历史上唯一的一次王室铸币权被地方强大的贵族所篡夺"[②]。本节主要探讨英国放弃定期重铸的原因和影响。

一 斯蒂芬时期政治的无序和铸币的混乱

英王亨利一世无子，女儿远嫁给法国的安茹伯爵杰弗里（Geoffrey）。因此在1135年12月1日，亨利一世去世之时，其女儿玛蒂尔达未及时获知。威廉一世的外孙布卢瓦的斯蒂芬迅速渡过英吉利海峡，在贵族的拥戴下登基加冕，成为英国国王。此后，尽管教会和贵族承认了史蒂芬王位继承的合法性，但是1138年，玛蒂尔达在安茹伯爵和苏格兰国王的支持下开始争夺王位，这引起了英国的内战。在1141年的林肯战役中斯蒂芬被捕，英国由玛蒂尔达统治。不到一年，由于女王拒绝教皇的使者所制定的和平条约以及她自身的傲慢，引起统治集团内部的分化，内战重起。在双方对峙的过程中，女王玛蒂尔达并未取得胜利，因此感到心灰意懒，并于1148年离开了英国，一

[①] ［英］肯尼思·O. 摩根主编：《牛津英国史》，第100页。
[②] Glyn Davies, *A History of Money: from Ancient Times to the Present Day*, Cardiff: University of Wales Press, 1994, p.139.

第一章 货币铸造

去不复返。① 斯蒂芬虽然保住了王位，但与世俗贵族的合作关系破裂，集权君主制不复存在。直到 1153 年双方才达成《沃灵福德协议》，该协议规定由玛蒂尔达和安茹伯爵之子继承王位，史称"安茹王朝的亨利二世"。1154 年 10 月 25 日，斯蒂芬逝世，诺曼底公爵亨利继承王位。

亨利一世去世后的二十余年间，由于争夺王位而内战不断，被后来的学者称之为"大动乱"时期。在这场王位争夺战中，英国一片混乱，民不聊生，经济凋敝；同时，贵族纷纷投靠斯蒂芬或是玛蒂尔达的麾下，相互缔结盟约，致使当时出现了无政府的混乱状态。

在斯蒂芬统治时期，英国处于双重君主的统治之下，政治上的无序导致了货币铸造的混乱，英王高度控制的货币铸造权已经不复存在。在内战中，斯蒂芬控制着英国的东部和南部地区，其他地方，尤其是西部地区被玛蒂尔达和其儿子亨利占领。斯蒂芬和玛蒂尔达分别在自己控制的范围内发行货币，再加之一些地方的大贵族也趁机铸造和发行自己的货币，因此货币铸造的混乱局面十分严重。

玛蒂尔达和其儿子在控制的范围内发行自己的货币。玛蒂尔达和其儿子占领了英国的西部和西北部，因此当地的皇家铸币所也被其控制，如卡莱尔、切斯特、什鲁斯伯里、斯特福德、莱斯特、加的夫、布里斯托尔和朗赛斯顿等铸币所。② 这些铸币所由此脱离了财政署的管辖，并自行制造铸模。③ 玛蒂尔达从 1139 年开始铸造自己的货币，货币上斯蒂芬的名字被玛蒂尔达所代替。④ 1149 年，玛蒂尔达的儿子亨利率领军队来到英国，在其控制的城堡中发行了新的货币，被称为"公爵的货币"（Dukes's Money）。⑤ 在玛蒂尔达和亨利发行货币的同时，他们的追随者也发行了货币，如布里昂和鲍德温。⑥

---

① ［英］肯尼思·O. 摩根主编：《牛津英国史》，王觉非等译，商务印书馆 1993 年版，第 134 页。
② C. H. V. Sutherland, *English Coinage 600 - 1900*, p. 54.
③ George C. Brooke, *English Coins: from the Seventh Century to the Present Day*, pp. 90 - 91.
④ Charles Oman, *The Coinage of England*, pp. 110, 115 - 117.
⑤ Rogers Ruding, *Annals of the Coinage of Britain and Its Dependencies*, Vol. 2, p. 14.
⑥ George C. Brooke, *English Coins: from the Seventh Century to the Present Day*, p. 96.

在当时混乱的状况下，一些反对斯蒂芬的地方贵族也开始铸造自己的货币。这也是中世纪英国的历史上出现封地货币的唯一时期。① 一些编年史家认为，当时每一个城市的领主都发行他们自己的货币，甚至有六七个伯爵认为他们已经强大到可以僭越王室特权，因此在他们所铸的货币上镌刻了自己的名字，如格罗斯特的伯爵罗伯特和索尔兹伯里的伯爵帕特里克等人。② 约克的贵族尤斯塔斯·菲茨章（Eustace Fitzjohn）和罗伯特·斯图特维尔（Robert de Stuteville）在当地的铸币所开始发行带有狮子和骑马肖像的货币，这完全有别于斯蒂芬统治之初的货币。同样，在密德兰地区的大贵族也发行了大量的货币，其中绝大部分属于当地的类型，或是斯蒂芬货币的变异类型。③ 此外，绝大多数贵族发行的货币通常是没有标记的，即匿名发行的货币，尤其是在1141年斯蒂芬国王被捕以后。④

苏格兰的大卫一世（1124—1153年在位）和其子亨利伯爵也趁机占领了北部城市班堡、卡莱尔和科布里治，并开始在这些地方铸造属于他们自己的货币。⑤ 这在客观上加重了货币混乱的局面。

除了地方强大的伯爵之外，一些教会的主教也趁机铸造货币。如温切斯特的主教布洛瓦的亨利和约克的大主教穆尔达克，二人分别于1141年和1147年发行货币。⑥

在内战时期，国王斯蒂芬及其支持者也在其控制的东部和南部地区铸造货币，他们铸造的货币上还保留着斯蒂芬的名字。当时的国王主要控制伦敦铸币所和东盎格利亚地区的伊普斯威奇、萨德伯里和贝里圣埃德蒙兹等铸币所。⑦ 这些铸币所发行的货币完全是独立铸造，因为从1141年斯蒂芬被捕到1143年被释放，英国的铸币所没有得到

---

① M. M. Postan & Edward Miller, *Cambridge Economic History of Europe*, Vol. 2, p. 809.
② Charles Oman, *The Coinage of England*, pp. 117 – 121.
③ C. E. Challis, *A New History of the Royal Mint*, p. 67.
④ George C. Brooke, *English Coins: from the Seventh Century to the Present Day*, p. 95.
⑤ C. E. Challis, *A New History of the Royal Mint*, p. 67.
⑥ Charles Oman, *The Coinage of England*, p. 118; George C. Brooke, *English Coins: from the Seventh Century to the Present Day*, p. 94.
⑦ C. H. V. Sutherland, *English Coinage 600 – 1900*, p. 55.

第一章 货币铸造

有效组织。支持斯蒂芬的大贵族的货币铸造也不受伦敦铸币所官员的管理,也就是说国王斯蒂芬铸造的货币也不再像以前那样受到伦敦铸币所的严格控制。① 同时,为了得到城市和地方领主的支持,斯蒂芬颁布了多个城市特许状,要求每一个城市设一个铸币所,这些铸币所通常发行贬值的货币。②"英国的每一个城市的领主像国王一样,铸造自己的货币。"③

斯蒂芬时期的铸币混乱是由于政治上的无序导致的,这对英国的货币制度和经济发展造成了极大的负面影响。

首先,货币定期重铸的制度被打破。直到亨利一世统治结束之时,货币铸造始终延续了从盎格鲁—撒克逊晚期形成的定期重铸制度。但是由于斯蒂芬时期政治上的无政府状态,导致了高度集中的货币铸造和管理制度的崩溃,盎格鲁—撒克逊晚期形成的货币定期重铸的制度不复存在。④ 由于铸币所掌握在不同人的手里,先前由伦敦统一发行铸模并定期进行重铸的规矩,已经变得不再可能。

其次,货币出现贬值。货币铸造的混乱带来的是货币重量和成色的降低。货币的发行者不一,加之地方贵族和大主教为了获利,降低了货币的重量。在货币定期重铸时,英王拥有对货币的至高无上的权威,货币的价值由国王规定,而不是由重量和成色决定,这使得便士的价值能保持不变。⑤ 但是,到了斯蒂芬时期,由于政治上的无政府状态,王室的权威不断下降,由国王规定便士价值的传统也被打破。当时根本没有遵循以前有关货币铸造和发行的相关规定,一些领主在货币铸造中的掺假现象严重。⑥ 便士的重量已经从威廉一世和威廉二

---

① Charles Oman, *The Coinage of England*, pp. 112 – 113.
② Rogers Ruding, *Annals of the Coinage of Britain and Its Dependencies*, Vol. 2, pp. 13 – 14.
③ Charles Oman, *The Coinage of England*, p. 109.
④ Stewart Lyon, "Some Problems in Interpreting Anglo-Saxon Coinage", in Peter Clemoes, ed., *Anglo-Saxon England*, Vol. 5, Cambridge: Cambridge University Press, 1976, p. 208.
⑤ M. M. Postan & Edward Miller, *Cambridge Economic History of Europe*, Vol. 2, p. 809.
⑥ Rogers Ruding, *Annals of the Coinage of Britain and Its Dependencies*, Vol. 2, p. 16.

世时期的 22 格令下降到了斯蒂芬时期的 14—20 格令。① 另外，玛蒂尔达在英国西部铸造的货币低于 18.5 格令。② 有学者认为，当时的货币标准不比以前的伪币高。③

最后，货币制度的破坏也影响到了城市经济的发展。由于王室高度控制的货币铸造制度遭到破坏，部分地方的铸币中心出现衰落，而铸币所通常坐落在地方的商业中心，因此这势必影响地方经济的发展和英王的财政收入；同时，便士的贬值也不利于经济的发展。④

综上，斯蒂芬时期政治上的混乱，打破了英国在盎格鲁—撒克逊晚期形成的货币定期重铸的制度。自从斯蒂芬发行其统治期间的第一种类型的货币之后，英国货币的定期重铸制度就被完全打破。⑤ 同时，便士出现了一定的贬值，对当时工商业的发展造成了一定的影响。斯蒂芬时期货币流通的混乱导致的货币重铸制度的结束，是中世纪英国货币史上的一个重要事件。为了改善混乱的货币流通状况，以便重新加强对货币铸造权的控制，亨利二世继承王位之后进行了货币改革。

二　1158 年亨利二世的货币改革

在亨利二世即位之初，由于长期的内战使得货币流通较为混乱。英王丧失了对货币的控制权，流通领域充斥着大量由地方贵族发行的货币。⑥ 为了加强王权，巩固统治；同时也为了改善货币流通的状况，并为其欧洲大陆的战争提供支持，亨利二世于即位之后的第四年 1158 年进行了货币改革。

首先，重新组织铸币所。亨利二世关闭了大量的内战时期由地方

---

① C. H. V. Sutherland, *English Coinage 600 – 1900*, p. 57.
② George C. Brooke, *English Coins: from the Seventh Century to the Present Day*, p. 96.
③ Charles Oman, *The Coinage of England*, p. 126.
④ C. H. V. Sutherland, *English Coinage 600 – 1900*, p. 57.
⑤ C. E. Challis, *A New History of the Royal Mint*, p. 67.
⑥ Pamela Nightingle, "The King's Profit: Trends in English Mint and Monetary Policy in the Eleventh and Twelfth Centuries", in N. J. Mayhew & P. Spufford, eds., *Later Medieval Mints*, Oxford: B. A. R. International Series, 1988, p. 61.

贵族资助自主设立的铸币所和一些郡级铸币所。由于与罗马教皇发生争执，亨利二世还暂停了达勒姆、坎特伯雷和贝里圣埃德蒙兹等教会铸币所的铸造活动。① 此外，随着一些地方贵族和主教的逝世，国王还趁机收回了他们的铸币权。② 因此，随着地方铸币所的关闭，伦敦铸币所的重要性越发凸显。

其次，铸造新币。斯蒂芬时期的货币贬值严重，可以通过重铸旧币和引进新币以改善当时的货币状况。货币的重量有所恢复，1158达到了22格令，之后进一步提高，在亨利二世统治的晚期达到了22.5（1.46克）格令以上。③ 像以前的国王一样，亨利二世在新铸造的货币上镌刻了自己的名字，以示对货币铸造权的控制。④

最后，规定只允许"一种货币"（sole currency）在英国流通。⑤ 这意味着对外国货币的抵制，同时也表明英国货币只允许存在一种类型（a single type），即全国都只能使用一种铸模。⑥ 这正式标志着货币定期重铸制度的结束。在此之前，由于定期重铸，货币类型需要经常改变，但是在只允许铸造一种类型的货币的前提下，货币的设计样式将长期固定不变。同时，这也使得国王征收铸币税的形式有所改变，即根据铸币所铸造的货币数量来征收铸币税，其标准为每英镑白银铸造240枚便士，前来兑换者要缴纳12便士，其中6便士为铸币税，另外6便士为铸币费（mintage），即货币铸造过程中的贵金属损耗、设备折旧、燃料及增加合金的成本。⑦

亨利二世通过取消频繁的和规律的货币重铸，迫使自治市交出了

---

① Glyn Davies, *A History of Money: from Ancient Times to the Present Day*, p. 140.
② C. E. Challis, *A New History of the Royal Mint*, p. 87.
③ M. Allen, "The English Coinage of 1153/4 – 1158", *The British Numismatic Journal*, Vol. 76, 2006, p. 263.
④ M. Allen, "Henry II and the English Coinage", in Christopher Harper-Bill & Nicholas Vincent, eds., *Henry II: New Interpretations*, The Woodbridge: Boydell Press, 2007, p. 260.
⑤ George C. Brooke, *English Coins: from the Seventh Century to the Present Day*, p. 102.
⑥ [英]洛德·埃夫伯里：《世界钱币简史》，刘森译，中国金融出版社1991年版，第42页。
⑦ M. Allen, "Henry II and the English Coinage", in Christopher Harper-Bill & Nicholas Vincent, eds., *Henry II: New Interpretations*, p. 265.

货币的铸造权。这使得货币铸造逐渐集中于伦敦，英王重新控制了货币的铸造权，同时货币的重量和成色都有所提高。在货币改革中，货币重铸制度的结束对英国货币史产生着深远的影响。其中一个重要方面就是改变了国王从货币铸造中获得收入的方式，在货币定期重铸时期，国王主要是通过定期出售铸模来获得收入，到了 1158 年货币改革之后，国王开始通过铸币所铸造的货币数量来获得收入。此外，铸币师和国王之间成为一种契约性的关系，国王付给铸币师工资，而不像以前他们自己从货币铸造中收取一定的费用。[1] 总之，通过亨利二世的货币改革，在斯蒂芬统治时期遭到破坏的货币制度，得到恢复和完善。也就是说，英国的货币制度重新走上正轨。

第四节　货币铸造和国王的收入

中世纪英国的国王重视货币铸造主要有两个原因，首先是货币铸造权与王权密切相连，是王权强大的一个重要表现；其次是控制货币铸造可以给国王带来一定的财政收入，为其政治管理和军事征服提供经济保障。本节主要探讨货币铸造中收益的分配，除了对铸币师和铸币所的管理者之外，重要的是探讨货币收益对国王财政收入及其政治军事行为的影响。

在探讨货币铸造的收益之前，首先应该对中世纪的铸币费（mintage 或是 brassage）和铸币税（beignorage）做出界定。铸币师从货币铸造中得到的合法收益被称为铸币费，[2] 而有的学者认为铸币费应该包括支付所有在铸币所员工的费用；[3] 国王因赋予铸币权而从货币铸造中获得的收入被称为铸币税，[4] 或是国王从货币铸造中获得的利润，是铸币所的总收益扣除铸币费之外的收入，是国家财政收入的重要组

---

[1] C. E. Challis, *A New History of the Royal Mint*, p. 91.
[2] Philip Grierson, *The Coins of Medieval Europe*, p. 218.
[3] N. J. Mayhew, *Sterling: The History of A Currency*, p. 290.
[4] Philip Grierson, *The Coins of Medieval Europe*, p. 226.

成部分。① 现代经济学家认为，铸币税应该包括发行货币的收益和通过降低流通中货币的购买力而得到的"通货膨胀税"（inflation tax），但是这种现代经济学意义上的铸币税的定义不适用于中世纪的货币史研究。②

一 货币定期重铸时期国王的铸币收益

在中世纪的英国，如果人们去铸币所兑换货币，必须支付铸币税和铸币费；铸币师需要铸模，必须向国王付费；如果某一个城市想要获得设立铸币所的特权，也必须向国王支付费用。③ 据《末日审判书》记载，铸币所的收入是国王的三大收入来源之一，可见铸币收入对于国王的重要性。④

在货币定期重铸时期，国王通过更换铸模收取一定的费用。每一次铸模的更换，国王都将向铸币师征收固定的费用。据《末日审判书》记载，铸模更换时铸币师通常都要向国王缴纳20先令的费用。⑤ 一些学者认为这一费用是铸币师购买的有关参与铸造新货币的"牌照费"（licence fee）。如在《末日审判书》中的什鲁斯伯里的条目中，就记载了当地铸币所的铸币师向国王缴纳费用的情况，该城市拥有3个铸币师，在得到新铸模的两周之后，他们分别向国王缴纳20先令的费用。⑥ 后来的一些记录中，铸币师缴纳的有关更换新铸模的费用有所降低，赫里福德铸币所的铸币师就曾缴纳18先令，事实上18先令也已经远远超过了铸模的铸造费用，因此铸币师缴纳的有关铸模更换的费用应该已经包括了国王和铸模雕刻师应得的利润。像皇家铸币所的铸币

---

① [法]让·里瓦尔：《货币史》，任婉筠等译，商务印书馆2001年版，第8页。
② N. J. Mayhew, *Sterling: The History of A Currency*, p. 291.
③ W. J. Andrew, "A Numismatic History of the Reign of Stephen A. D. 1135 – 1154", *The British Numismatic Journal*, Vol. 8, 1911, p. 115.
④ R. S. Kinsey, "Anglo-Saxon Law and Practice Relating to Mints and Moneyers", *British Numismatic Journal*, Vol. 29, 1958 – 1959, p. 28.
⑤ W. J. Andrew, "A Numismatic History of the Reign of Stephen A. D. 1135 – 1154", *The British Numismatic Journal*, Vol. 8, 1911, p. 112.
⑥ C. E. Challis, *A New History of the Royal Mint*, pp. 55 – 56.

师一样，教会铸币所的铸币师也是从伦敦获得新的铸模，但是他们购买新铸模的 20 先令直接缴纳给铸币所所在地的主教。①

除了购买新的货币铸模之外，铸币师还要定期向国王或是主教缴纳一定的费用。因为铸币所是国王或是主教的，铸币师在铸造的过程中要租借他们的房子和熔炉，因此需要定期向他们缴纳租金。通常情况下，铸币师缴纳的租金为每年 18 先令或 20 先令。② 在诺曼征服之前，英国的铸币师形成了定期向国王或是当地的主教缴纳年租金，并为购买新铸模缴纳固定费用的制度。

为了获得更多的利润，国王逐渐缩短货币重铸的时间，从 10 世纪晚期的每 6 年重铸一次到后来的每 2—3 年重铸一次。铸模的更换周期也越来越短，这为国王带来了大宗的财政收入。③ 事实上，这些收入后来演变为铸币税。

另外一种征收费用的方式是，设有铸币所的城市每年向国王缴纳一定的费用。从一些文献记载来看，在诺曼征服之前，国王从铸币中获得的利润主要是向铸币师个人收取。但是《末日审判书》中记载了不同城市的铸币所向国王缴纳费用的情况。如在 1086 年，林肯铸币所缴纳 75 英镑，斯特福德铸币所为 40 英镑，格罗斯特铸币所为 20 英镑，马姆斯伯里铸币所为 5 英镑，陶顿铸币所为 2 英镑 10 先令，佩文西铸币所为 1 英镑，赫里福德铸币所缴纳 60 英镑。④ 同时，如果铸币所是由铸币师⑤管理和经营，除了缴纳更换铸模的费用之外，他们还要像经营铸币所的市民一样定期向国王缴纳费用。据记载，经营

---

① D. M. Metcalf, "The Taxation of Moneyers under Edward the Confessor and in 1086", in J. C. Holt, ed., *Domesday Studies*, Woodbridge: Boydell Press, 1987, p. 287.

② R. S. Kinsey, "Anglo-Saxon Law and Practice Relating to Mints and Moneyers", *British Numismatic Journal*, Vol. 29, 1958–1959, p. 28.

③ R. S. Kinsey, "Anglo-Saxon Law and Practice Relating to Mints and Moneyers", *British Numismatic Journal*, Vol. 29, 1958–1959, p. 30.

④ C. E. Challis, *A New History of the Royal Mint*, p. 56; R. S. Kinsey, "Anglo-Saxon Law and Practice Relating to Mints and Moneyers", *British Numismatic Journal*, Vol. 29, 1958–1959, p. 28.

⑤ 在亨利二世进行货币改革之前，铸币师既是铸币所的铸币工人，也是铸币所的管理者，区分不大。

莱斯特铸币所的铸币师每年还向国王缴纳 20 英镑的费用。① 在 1100 年，亨利一世规定铸币税要通过城市征收。② 当时一些城市缴纳的铸币税占据整个城市税收的 1/4—1/3。中世纪英国财政署的档案中记载了一些经营地方铸币所的铸币师缴纳费用的情况，如 1157—1158 年经营林肯铸币所的铸币师向国王缴纳 220 英镑，1158—1159 年约克铸币所的铸币师缴纳 40 英镑，诺福克郡和萨福克郡的铸币师也缴纳了 31 英镑 13 先令 4 便士。③

铸币所的收入主要来自前来兑换货币的民众。在 11 世纪末，当时的铸币所规定，前来兑换货币的民众每兑换 1 英镑货币的旧币，必须向铸币所缴纳 16.5 便士。④ 当民众带着白银来到铸币所，每磅白银铸币师要征收 1 先令或是 18 便士，作为其铸造的花费和国王的利润。⑤

有学者根据《末日审判书》的记载，通过对纳税水平进行了评估，认为在威廉一世统治时期，每年可以从货币铸造中得到 750—1000 英镑的收入，甚至有可能超过 1000 英镑。⑥

总之，在亨利二世进行货币改革之前，英王从货币铸造中获利的方式大概就两种，即通过更换铸模向铸币师征收的费用和每年向设有铸币所的城市征收一定的费用。在 13 世纪之前，由于贸易相对不是很发达，国王不可能通过贸易或是征收关税获得大宗的收入，因此在此种情况下，通过控制货币的铸造征收一定的费用就显得尤为重要。由于中世纪英国的铸币文献是从 1230 年开始存在的，因此对此前尤

---

① R. S. Kinsey, "Anglo-Saxon Law and Practice Relating to Mints and Moneyers", *British Numismatic Journal*, Vol. 29, 1958 – 1959, p. 28.
② C. E. Challis, *A New History of the Royal Mint*, p. 56.
③ Pamela Nightingale, "Some London Moneyers and Reflections on the Organization of English Mints in the Eleventh and Twelfth Centuries", *Numismatic Chronicle*, Vol. 142, 1982, p. 45.
④ W. J. Andrew, "A Numismatic History of the Reign of Stephen A. D. 1135 – 1154", *The British Numismatic Journal*, Vol. 8, 1911, p. 116.
⑤ D. M. Metcalf, "The Taxation of Moneyers under Edward the Confessor and in 1086", in J. C. Holt, ed., *Domesday Studies*, p. 287.
⑥ D. M. Metcalf, "The Taxation of Moneyers under Edward the Confessor and in 1086", in J. C. Holt, ed., *Domesday Studies*, pp. 292 – 293.

其是1158年之前铸币税的估算较为零散，不具有完整性。

二 货币定期重铸结束之后国王的铸币收益

经过1158年的货币改革，英国结束了货币定期重铸的制度，这也标志着英王从货币铸造中获取收益方式的改变，但是由于采取的措施不当，当时的英王并未重新完全控制货币铸造，直到1180年发行新的货币才再次控制货币的铸造权。在1180年之前，铸币师负责兑换货币，尤其是控制国外白银和新币的兑换，因此货币铸造和兑换的所得由铸币师直接征收，然后他们再向国王缴纳更换铸模的费用和定期向国王缴纳铸币所的管理费用。但在1180年之后，英王逐渐控制了货币兑换所，这样就可以直接从货币兑换中获利，而从铸币所中获利变得微不足道。① 也就是说，原来通过定期重铸获得利润，现在可以通过征收铸币税的方式来获得。

在1158年货币改革之后，国王关闭了一些无利可图的铸币所并解雇了所有的铸币师，然后重新招募。由于当时白银短缺，英王征收的铸币税出现了明显的下降。如1086年林肯铸币所的铸币师缴纳铸币税为75英镑，但是到了1158年仅为6英镑。②

铸币师定期向国王缴纳费用，则成为英王财政收入的一个来源。尽管一些铸币所被关闭，原有的铸币师也被解雇，但是为了以后还能参与货币的铸造，原来设有铸币所的城市和铸币师仍然像以前一样向国王缴纳费用。③ 如1158—1180年，被解雇的铸币师每年还主动向国王缴纳1英镑的费用，这在1158年之后铸币所进行重铸的时候，成

---

① Pamela Nightingle, "The King's Profit: Trends in English Mint and Monetary Policy in the Eleventh and Twelfth Centuries", in N. J. Mayhew & P. Spufford, eds., *Later Medieval Mints*, pp. 48 – 61.

② Pamela Nightingle, "The King's Profit: Trends in English Mint and Monetary Policy in the Eleventh and Twelfth Centuries", in N. J. Mayhew & P. Spufford, eds., *Later Medieval Mints*, p. 67.

③ Pamela Nightingle, "The King's Profit: Trends in English Mint and Monetary Policy in the Eleventh and Twelfth Centuries", in N. J. Mayhew & P. Spufford, eds., *Later Medieval Mints*, p. 68; C. E. Challis, *A New History of the Royal Mint*, pp. 88 – 89.

第一章　货币铸造

为国王收入的重要来源。①

由于资料的缺乏，对于当时王室从铸币中获得收入的估算较为困难。但对于中世纪一些规模较大的货币重铸，财政署的收支卷档中都有着较为详细的记录。同时，从12世纪90年代开始财政署的收支卷档记录了铸币所的部分收入，大概从1230年起连续记录了铸币收益。这对研究中世纪的货币史来说十分重要，同时也有利于估算铸币税的收入。

接下来主要对1180年之后几次大的货币重铸期间的收入进行估算。1180年之后的大规模货币重铸主要发生在1247—1250年、1279—1281年、1344—1351年、1411—1412年和1464—1466年。②

在1205—1207年的货币重铸中，伦敦铸币所的利润为710英镑16先令9便士，又根据对一处该时期遗址发掘出的窖藏货币来看，伦敦铸币所的货币占据总数的20%—33%，进而可以推知英国所有铸币所的货币铸造利润为2000—3000英镑，但是这些利润中应该包括教会铸币所的收入。③对于约翰王（1199—1216年在位）统治时期的1199—1215年，平均每年铸币所的收入为600英镑，占全年总收入的6.5%，具体见表1-1。

1247—1250年的货币重铸中收入的一半归康沃尔的伯爵理查德所有。因为在这次货币重铸中，理查德向亨利三世提供了10000马克（约合6666英镑13先令4便士）的贵金属，因此在其与国王签订的协议中规定：从1247年11月6日开始之后的7年，可以获得铸币收入的一半。④后来，协议的时间延伸到1259年。约翰·克雷格爵士认为，理查德从当时的货币铸造中共获得20000英镑的利润，⑤从这一数据可以推断英王从当时的货币铸造中获得相同数额的收入，即从

---

① C. E. Challis, *A New History of the Royal Mint*, p. 85.
② C. E. Challis, *A New History of the Royal Mint*, p. 84.
③ M. Allen, "The Quantity of Money in England 1180 – 1247: A New Date", *British Numismatic Journal*, Vol. 75, 2005, pp. 46 – 47.
④ Charles Johnson, *The De Moneta of Nicholas Oresme and English Mint Documents*, p. xxv.
⑤ Sir John Craig, *The Mint: A History of the London Mint from A. D. 287 to 1948*, p. 35.

1247—1259 年平均每年约获得 1667 英镑的收入①。

表 1-1　1199—1307 年英国年平均财政收入的节选　（单位：英镑）

	1199—1215 年		1273—1307 年		1273—1290 年		1291—1307 年	
	年均收入	占比(%)	年均收入	占比(%)	年均收入	占比(%)	年均收入	占比(%)
各郡	5000	53.8	4000	20.0	4000	22.3	4000	18.1
自营地	2000	21.5	3000	15.0	3000	16.8	3000	13.6
关税	0	0.0	9500	47.5	7900	44.1	11300	51.1
矿山	700	7.5	300	1.5	0	0.0	500	2.3
铸币所	600	6.5	1700	8.5	2100	11.7	1200	5.4
爱尔兰	1000	10.8	1500	7.5	900	5.0	2100	9.5
总收入	9300		20000		17900		22100	

资料来源：W. M. Ormrod, "Royal Finance in Thirteenth-Century England", in P. R. Coss & S. D. Lloyd, eds, *Thirteenth Century England*, Vol. 5, Woodbridge: Boydell Press, 1995, p. 160。

1279 年爱德华一世进行了中世纪英国历史上的最大规模的货币重铸。这次货币重铸从 1279 年 12 月开始，到 1281 年年底结束，除去各种花费之外，国王仅从伦敦一地就获得利润 18219 英镑。同时，由于在 1279 年进行重铸之前制定的契约中，坎特伯雷大主教放弃了获得 3/8 铸币收入的惯例，直到 1282 年 11 月恢复这一惯例，该铸币所在此期间的收入完全归国王所有，其中仅在 1280 年 1 月至 1282 年 11 月国王就从该铸币所获得 3836 英镑 5 先令 3.5 便士。②

从表 1-2 可以得知，从 1279 年 4 月至 1307 年 9 月，爱德华一世

---

① C. E. 布兰特和 J. D. 布兰德认为，坎特伯雷铸币所铸币收入中的 5/8 归王室所有，而其他 3/8 归当地的教会所有，因此 1247—1259 年间英王的铸币收入应少于 1667 英镑。见 C. E. Blunt & J. D. Brand, "Mint output of Henry Ⅲ", *The British Numismatic Journal*, Vol. 39, 1970, pp. 61-66.

② M. Mate, "Monetary Policies in England, 1272-1307", *The British Numismatic Journal*, Vol. 41, 1972, p. 54.

第一章 货币铸造

从两大铸币所获得的收入达到了50908英镑,考虑到货币重铸之时其他铸币所的铸币活动,国王的收入应高于这一数额。同时,对照表1-1可以得知,1273—1290年,铸币所的年平均收入占到年财政总收入的11.7%,进而可以得知在1279—1281年货币重铸时,铸币所的收入在总的财政收入中所占的比重更高。有学者认为,在爱德华一世时期,英王平均每年从货币铸造和兑换中获利2000英镑。[①]

表1-2 爱德华一世时期伦敦和坎特伯雷铸币所获得的收入 (单位:英镑)

时间	收入	时间	收入
1279.4—1280.10	16686	1299.9—1300.9	4544
1280.10—1281.9	4436	1300.9—1301.9	1497
1281.9—1285.5	5588	1301.9—1305.4	1601
1285.5—1288.11	7667	1305.4—1305.9	1357
1288.11—1292.9	1008	1305.9—1306.9	1846
1292.9—1296.9	587	1306.9—1307.9	3467
1296.9—1299.9	624	总计	50908

注:1296—1299年坎特伯雷铸币所关闭,1299年11月重新开放,因此624英镑仅为伦敦铸币所的收入。

资料来源:M. Mate, "Monetary Policies in England, 1272-1307", *The British Numismatic Journal*, Vol. 41, 1972, pp. 76-79。

1307年之后,由于白银的短缺,铸币所的活动也越来越少,因此铸币所的收入也在逐渐下滑。从1322年开始,伦敦和坎特伯雷两大铸币所处于亏损的状态,直到1335年才有所改善,在之后又多次出现亏损的局面。[②] 1323—1344年,坎特伯雷铸币所几乎处于停滞状

[①] James H. Ramsay, *A History of the Revenues of the Kings of England, 1066-1399*, Vol. 2, Oxford: Clarendon Press, 1925, p. 81. 转引自施诚《中世纪英国财政史研究》,商务印书馆2010年版,第118页。

[②] C. E. Challis, *A New History of the Royal Mint*, pp. 146-147.

态，且在 1331 年之后的 14 年内被彻底关闭。① 因此 1322—1344 年，王室几乎没有从铸币活动中得到任何的收益，反而为了维护伦敦铸币所的正常运转支出了不少费用。

1344 年英国开始铸造金币，金币的出现改变了自 8 世纪以来英国以便士为主要货币的局面，同时金银复本位制代替了银本位制。因此，自 1344 年之后，铸币税的征收来自两个部分，即金币和银币。从表 1-3 可以得知，1344—1355 年对金币和银币征收的铸币税的变化以及铸币税的总额。金银币的铸币税并不是固定的，银币的铸币税在 6—8.75 便士之间波动，而金币的波动有些大，这可能是由于金银币之间的兑换率估算的过高所引起的。② 在这 11 年间，铸币税的总收入为 33494 英镑，平均每年约为 3045 英镑。与之前的年平均铸币税相比，相对较高，这也是与金币铸币税的征收密切相关的。而在 1356—1362 年间英王征收的铸币税有所下降，平均每年为 2000 英镑。③

1361 年英国和法国达成协议，英王放弃法国的王位，而法国割让部分领土作为补偿，这其中就包括加莱。④ 同时，加莱也是英国商品的出口中转站。为了便于对外贸易的发展和解决金银币难以携带的问题，从 1363 年开始英国在加莱设立了铸币所。⑤ 因此，之后英国铸币所的收入应该包括加莱铸币所的铸币税收入。在加莱铸币所设立的前 20 余年，其铸币量和利润都超过了伦敦铸币所，在之后由于贵金属的缺乏，加莱和伦敦铸币所的铸造活动逐渐减少，甚至加莱铸币所一度关闭。⑥ 因此在这一阶段的铸币税并不高，学者约翰·克雷格爵士对当时的铸币税征收金额进行了估算，1363—1411 年，平均每年

---

① Sir John Craig, *The Mint: A History of the London Mint from A. D. 287 to 1948*, p. 61.
② C. H. V. Sutherland, *English Coinage 600 – 1900*, p. 74.
③ Sir John Craig, *The Mint: A History of the London Mint from A. D. 287 to 1948*, p. 76.
④ C. H. V. Sutherland, *English Coinage 600 – 1900*, p. 79.
⑤ A. S. Walker, "The Calais Mint, A. D. 1347 – 1470", *British Numismatic Journal*, Vol. 16, 1921 – 1922, p. 78.
⑥ C. E. Challis, *A New History of the Royal Mint*, p. 172; A. S. Walker, "The Calais Mint, A. D. 1347 – 1470", *British Numismatic Journal*, Vol. 16, 1921 – 1922, p. 88.

第一章 货币铸造

英王从铸币所得到的铸币税仅为300英镑。[①]

表1-3　　　　　　　1344—1355年铸币税征收状况

时间	银币 每磅银铸造便士的数量	铸币税（便士）	铸币税征收的数额（英镑）	金币 每磅金铸造货诺波尔的数量	铸币税（先令）	铸币税征收的数额（英镑）
1344.1—1344.7	270	6	516	50	20	2645
1344.7—1345.6	266	6	807	39.5	5	1114
1345.6—1346.7	268	6	144	39.5	5	253
1346.7—1347.9	270	7.25	152	42	10	1591
1347.9—1348.9	270	7.25	219	42	10	1765
1348.9—1349.1	270	8.75	49	42	10.5	170
1349.1—1350.4	270	8.75	232	42	10.5	1594
1350.4—1351.6	270	8.75	396	42	10.5	738
1351.6—1352.6	300	6	1419	45	7.25	4910
1352.6—1353.5	300	6	1585	45	7.25	2269
1353.5—1354.9	300	6	2281	45	7.25	6443
1354.9—1355.4	300	6	472	45	7.25	1730
总计	—	—	8272	—	—	25000

资料来源：Dorothy Sharon Sellerars Macdonald, *Parliament and Monetary Affairs in Late Medieval England*, Unpublished Ph.D Thesis of University of Minnesota, 1985, p.95。

1411—1412年英国进行了部分的货币重铸，铸币所的收入有所增加，但是由于贵金属的严重缺乏，在之后铸币收入都非常少，甚至伦敦铸币所陷入亏损的境地。有学者对1422—1461年伦敦铸币所的收入进

[①] Sir John Craig, *The Mint: A History of the London Mint from A.D.287 to 1948*, p.76.

行过估算，1422—1428 年平均每年的收入为 1100 英镑，1428—1454 年的平均收入为 150 英镑，1454—1461 年处于亏损的境地。[①] 从伦敦铸币所的收入状况可以推测出当时铸币收入是相对较低的，甚至是亏损的。

在 1464—1466 年英国进行了货币改革，引进了"天使"（angel）金币，并对其他银币进行了重铸。A. 费维耶对此次货币重铸的收益进行了估算，通过货币重铸共得到 17500 英镑。[②] 但是在 1466 年之后，铸币的收入逐渐下降。通过表 1-4 可以看出伦敦铸币所收入的大致变化趋势，除了在 1464—1466 年货币重铸期间的收入较高之外，其余年份的收入很少超过 500 英镑，甚至有些年份不到 100 英镑。

表 1-4　　　　1462—1544 年伦敦铸币所的收入

时间	收入	时间	收入
1462.9—1464.8	199 英镑 18 先令 3.5 便士	1478.9—1479.9	248 英镑 9 先令 5.5 便士
1464.9—1466.9	20425 英镑 4 先令 8.5 便士	1479.9—1480.9	278 英镑 8 先令 9 便士
1466.9—1468.10	未记录	1480.9—1481.9	125 英镑 9 先令 9.75 便士
1468.10—1470.9	6027 英镑 18 先令 10.75 便士	1481.9—1482.9	138 英镑 5 先令 3 便士
1475.9—1476.5	95 英镑 2 先令 4.5 便士	1482.9—1483.9	123 英镑 1 先令 2.5 便士
1476.5—1477.9	416 英镑 11 先令 4.5 便士	1483.9—1484.9	214 英镑 1 先令 6.5 便士
1477.9—1478.9	235 英镑 16 先令 10 便士	1484.9—1485.9	86 英镑 8 先令 5 便士

资料来源：C. E. Challis, *A New History of the Royal Mint*, p. 211。

马丁·艾伦在其一篇会议论文中对 1158—1544 年间铸币税在英王的财政收入中所占的比重进行了估算，具体情况见表 1-5。

---

① J. H. Ramsay, *Lancaster and York: a Century of English History* (A. D. 1399 - 1485), Vol. 2, Oxford: Clarendon Press, 1892, pp. 260 - 261.

② A. Feavearyear, *The Pound Sterling: A History of English Money*, Oxford: Clarendon Press, 1963, pp. 41 - 43.

第一章 货币铸造

表1-5　　　　1158—1544年英国铸币税占财产总收入的比重

时间	占比（%）	时间	占比（%）
1158—1159	2.7	1345—1346	>1.0
1158—1180	≥0.5	1351—1355	7.0—11.0
1199—1205	1.0	1355—1360	2.0—3.0
1205—1206	7.0—10.0	1361—1362	3.0—6.0
1210—1212	1.0—2.0	1363—1371	1.0
1220—1222	2.0—3.0	1384—1399	0.2
1225—1229	>1.0	1399—1408	亏损
1234—1247	2.0—3.0	1411—1413	≥1.7
1247—1264	3.0—5.0	1413—1422	0.2—0.7
1270—1272	>1.0	1422—1424	2.7
1280	45.8	1425—1428	0.6
1281—1288	4.0—7.0	1428—1436	0.5
1299—1301	5.0	1436—1460	忽略不计
1302—1303	>1.0	1464—1466	11.0
1304—1309	3.0—5.0	1468—1475	>1.0
1311—1321	>1.0	1475—1480	0.3
1321—1343	忽略不计	1504—1509	0.1—0.2
1344	7.0	1509—1544	忽略不计

资料来源：M. Allen, "The Contribution of the English Mints to Government Revenue, 1158-1544", Economic History Society Annual Conference, Robinson College, University of Cambridge, 1-3 April 2011, pp. 21-22。

从表1-5中可以发现，在几次大规模的货币重铸时期，铸币所的利润经常超过财政总收入的10%，但是在一般的年份低于这一比例，甚至不到1%。1280年货币重铸的利润接近财政总收入的一半，但是1411—1413年的铸币利润就不到总收入的1.7%，从总体上来看中世纪英国货币重铸的利润占到财政总收入的3%—11%。在铸币量较高的一个时期，即13世纪中期至14时期初期，铸币所的利润占财政总收入的3%—7%。但是在14世纪20年代至16世纪40年代铸币量较少的阶段,铸币所的收入较低,甚至出现亏损的状况。在中世纪的早期,铸币所的收入在财政收入中占据着重要的地位,甚至有学者认为是国王的三大收入来源之一,但是到了中世纪中晚期,随着经济社会的发展,尤其是随着国王收入逐渐多元化,铸币税在财政收入中所占的比重越来越低。在1275年出口关税征收之后,羊毛税成为英王增加收入的主要途径,如在亨利六世(1422—1461年在位)统治的早年,仅关税收入就占财政收入的一半。[①] 在这种情况下,铸币所的收入对英国王室的财政收入贡献越来越小。

综上所述,中世纪的货币制度是在外来因素的影响下形成的,这些外来因素包括:罗马不列颠时期遗留下来的货币制度,7、8世纪墨洛温王朝和加洛林王朝便士和货币换算体系的传入。中世纪早期英国的货币制度最明显的特征是区域性,随着政治上的逐渐统一,英国的货币流通出现了统一的趋势。973年埃德加规定不允许国外货币在英国流通,并开始进行定期的货币重铸,这标志着英国货币制度的初步形成。同时更重要的一点是,英王通过铸模的更换严格控制货币的铸造,即控制了货币的铸造权。随着铸币所的日渐集中于伦敦、铸模制造与分发的管理以及铸币官员的任命,国王对货币铸造权的管控进一步加强。在亨利二世时期,由于之前政治上的混乱和白银的短缺,英王最终放弃了定期重铸的货币制度,并规定全国只能流通一种类型的货币。货币的铸造对英王的财政收入有着一定的影响,尤其是在1158年之前的货币定期重铸时期,对国王的财政收入意义较大。但是,随着工商业的发展,英王的财政收入逐渐多元化,尤其是羊毛出口关税的征收,铸币所的收入在财政收入中所占的比重也越来越低,但仍然是国王财政收入的重要来源之一。

---

① [意]卡洛·M. 奇波拉:《欧洲经济史》第1卷,商务印书馆1988年版,第274页。

第二章 货币治理

货币治理是政府为了解决货币流通中的各种问题，而采取的种种措施。中世纪英国的铸币权较早地掌握在国王手中，因此他也有权力治理货币流通中的诸问题。本章将首先对中世纪英国的货币政策进行总体解读；其次考察流通中出现的各种问题，尤其是探讨导致货币贬值的原因；最后考察英王为了解决这些问题而采取的各种措施及最终成效。

第一节 货币政策的解读

中世纪英国的货币政策的基础是：英国的货币只允许在本国流通。一旦放弃这种原则，英国将会出现货币贬值和经济危机的现象。而英国作为一个岛国，海岸线漫长，且只允许部分港口进行对外贸易，这为其货币政策的推行提供了天然的屏障；同时，自从盎格鲁—撒克逊晚期开始，英国的货币铸造完全由国王控制，这有利于货币政策的制定和推行。[1] 中世纪英国对货币的严格控制与欧洲大陆诸国分散的铸币权形成鲜明的对比，这成为当时英国和欧洲大陆国家货币政策不同的根本所在，同时也是英国货币政策比较成功的根源。

维持货币的内在价值和统一性，是中世纪英国货币政策的出发点。[2]

---

[1] C. E. Challis, *A New History of the Royal Mint*, pp. 131–132.

[2] M. Allen, "The English Currency and the Commercialization of England before the Black Death", in Diana Wood, ed., *Medieval Money Matters*, p. 33.

英国王室严格控制货币的重量和成色，以稳定币值。中世纪英国便士的含银量始终保持在92.5%上下，尽管时有波动，但是通常情况下是高于这一标准的。为了保持币值的稳定，英王往往采取严厉措施打击不法行为。

中世纪英国还通过货币政策影响国际贵金属的流动。随着经济社会的发展，对货币需求在不断增加，这是中世纪英国货币体系的重要特征。中世纪英国是一个贵金属比较匮乏的国家，这使得贵金属的供给对其货币制度的发展显得尤为重要。尽管英王并不能完全控制国际贵金属的流动，但可以通过制定货币政策来影响其流向。通常情况下，贸易顺差将刺激金银的流入，而贸易逆差将导致贵金属的流出。因此在中世纪晚期的英国，往往采取鼓励贵金属的流入，而限制贵金属流出的政策。尽管这些政策的效果并不明显，但是却为调整和制定行之有效的货币政策提供了经验。[①]

"只允许本国货币流通"的一个核心含义就是，不允许欧洲大陆货币的流入和流通，尤其是劣质货币。国外劣质货币的流入，一方面使得货币贬值，影响经济社会的发展；另一方面，也破坏了英国货币制度的完整性（the integrity of the coinage），流通领域出现多种货币，不便于英王对货币的控制。因此，中世纪的英国往往采取各种措施来抵制欧洲大陆货币的流入。

议会参与货币的铸造和管理，这也是中世纪晚期英国货币治理的一大特色。随着议会制度在英国的发展和完善，尤其是到了14世纪，贵族和乡绅等阶层希望通过议会的决议来参与货币的铸造和管理事务，以便牵制国王在货币管理中的一些不法行为，并为自身利益服务。爱德华一世首次在货币治理中采用议会制定的法规，到了爱德华二世（1307—1327年在位）时期，上议院再次声称议会应该参与货币事务的管理。英国议会真正参与货币的管理是从1351年温切斯特议会的召开开始的，在这次会议上，议会倡导不应该降低货币的重量

---

① N. J. Mayhew, *Sterling: The History of A Currency*, p. 8.

和成色，这对爱德华三世的货币铸造和管理产生了重要的影响。① 此后，议会对货币流通中出现的一系列问题提出了议案，并制定了相关的法律条文。② 中世纪晚期，议会对货币铸造和管理事务的参与，是对自盎格鲁—撒克逊时期形成的英王控制货币铸造的一种冲击，也是英王和议会之间关系的转折点，这是对国王管理货币事务的监督，使得货币事务的管控更趋于合理，有利于改善货币流通的状况；同时，议会参与货币事务的管理，也有利于维护乡绅阶层的利益，促进其自身的强大。

总之，中世纪英王对货币事务的管理，目的是维护良好的货币流通。正如爱德华三世在1351—1352年颁布的法律中曾宣称的那样，"英国流通中金币和银币的重量和成色不应该出现下降，它们应该符合最早制定的货币标准"③。

无论是对导致货币贬值的违法行为的严惩，还是抵制贵金属的流出和劣质货币的流入，都是为了维护货币信用，进而为其政治统治和经济社会的发展提供一个良好的货币环境。而中世纪晚期议会参与货币事务的管理，为货币政策的制定提供了参考和依据，并抵制了一些试图从货币贬值中获利的短视行为，保护了货币制度的完整性。中世纪欧洲大陆诸国的货币几乎都出现了严重的贬值，而英国的货币始终保持着相对稳定的重量和成色。这也是中世纪时期英国货币最鲜明的特征，当然这一特征是与国王和议会长期不懈地致力于反对剪边、伪造等违法行为以及抵制劣质货币流出的措施密不可分的。因此，在接下来将对中世纪英国货币流通中出现的诸国问题进行考察，并对解决这些问题的措施进行分析。

---

① C. E. Challis, *A New History of the Royal Mint*, p. 145.
② C. E. Challis, *A New History of the Royal Mint*, pp. 163, 174; A. Feavearyear, *The Pound Sterling: A History of English Money*, pp. 33 - 35; John Munro, "An Economic Aspect of the Collapse of the Anglo-Burgundian Alliance, 1428 - 1442", *The English Historical Review*, Vol. 85, No. 335 (Apr., 1970), p. 227.
③ John Raithby, *The Statutes of the Realm*, Vol. 1, Buffalo: William S. Hein, 1993, p. 322.

第二节 货币流通中的诸问题

中世纪欧洲的货币铸造技术水平较低,货币的样式相对于今天来说比较粗糙,这成为伪造和剪边的根源;① 同时,中世纪的欧洲是贵金属比较缺乏的时代,而英国由于本身贵金属产量较低,如何获得大量贵金属就显得更为重要,这也是导致当时货币流通领域出现一系列问题的另一根源。因此,我们应该把中世纪英国货币流通中出现的问题放在整个欧洲的历史背景下来进行考察。接下来具体分析中世纪英国货币流通中出现的诸多问题。

一 磨损

长期使用导致货币严重磨损。从1180年开始,英国放弃了盎格鲁—撒克逊晚期形成的定期重铸的货币制度,自此之后货币铸造的时间间隔不再规则,经常出现铸造一次货币使用几十年的情况,这就使得货币往往出现严重磨损的现象。约翰·克雷格认为,50万英镑在1年内因磨损可能失去1000英镑。② 而关于便士的磨损率,目前学者们普遍接受平均每十年为2%—2.75%的观点。③ 爱德华一世于1279年进行的货币重铸距离亨利三世1247年的重铸长达32年之久,据此推断货币重量因磨损至少下降6%—7%以上,当时的"货币磨损非常严重……考虑到这一点,早在5年或10年前就应该进行周期性的重铸"④。但有时候货币的磨损率则更高,比如在14世纪时货币的重量一度在20—50年内因磨损而出现10%—20%的下降。⑤ 可见,货币经过多年的磨损之后就会出现重量下降的现象,进而使流通中的货币

---

① Roy C. Cave & Herbert H. Coulson, *A Source Book for Medieval Economic History*, New York: Biblo & Tannen, 1965, p. 128.
② Sir John Craig, *The Mint: A History of the London Mint from A.D. 287 to 1948*, p. xvi.
③ N. J. Mayhew, "Numismatic Evidence and Falling Prices in the Fourteenth Century", *The Economic History Review*, New Series, Vol. 27, No. 1 (Feb., 1974), p. 3.
④ John F. Chown, *A History of Money: from A.D. 800*, p. 27.
⑤ Sir John Craig, *The Mint: A History of the London Mint from A.D. 287 to 1948*, p. 60.

第二章 货币治理

低于法定的标准。

货币的磨损对货币体系造成很大的破坏。假定新铸造的货币重量为 20 格令,而流通中经过磨损的货币平均仅重 18 格令。那么,熔化 20 个便士并发行 18 个新便士,无论对于平民还是统治者来说,都是不值得的。[①] 这样就会出现某一个点,在这个点上人们将停止铸造新的货币,同时商人将会挑选还在市面上流通的足重的货币,然后将其熔化成金银,或是按照重量交换给外国人,当然这些行为是非法的。同时,货币体系也会因此而崩溃,进而损害贸易的发展。如在 1205 年、1247 年、1279 年、1300 年、1344 年、1411 年、1464 年等几次大规模货币重铸之前,往往出现货币磨损严重的现象,进而影响经济社会的发展。由于货币磨损严重,在交易或借贷的过程中往往要求对货币进行补偿,如坎特伯雷的圣奥古斯丁修道院的萨蒙·利波尔 (Salamon de Ripple),在 1335 年就曾要求借贷者在归还货币时,每英镑应另外多增加 3 先令 4 便士至 5 先令,以便补充货币由于磨损而造成的损失。[②]

二 剪边

人为的货币剪边是自诺曼征服直至 18 世纪令英国的统治者最为困惑的一个问题,也是中世纪英国所有货币问题中最持久的一个问题。[③] 剪边的行为就像货币磨损一样,是任何以贵金属为基础的货币制度都无法避免的。磨损属于自然的耗损,剪边则是蓄意的行为。

在中世纪的英国,商品贸易是按照货币的面值进行交换的,因为英王规定所有货币的面值和其内在价值应是一致的,也就是说英王不鼓励人们在商品交换中对货币进行称重,除非在货币进行重铸或是严重贬值之时才这样做,因此货币出现轻微的剪边往往不易引起人们的

[①] John F. Chown, *A History of Money: from A. D. 800*, pp. 13 – 14.
[②] N. J. Mayhew, "Numismatic Evidence and Falling Prices in the Fourteenth Century", *The Economic History Review*, New Series, Vol. 27, No. 1 (Feb., 1974), p. 3.
[③] A. Feavearyear, *The Pound Sterling: A History of English Money*, pp. 5 – 6.

注意，实际上这刺激了货币剪边行为的出现。① 同时，货币设计的缺陷是导致剪边行为出现的最直接原因。② 中世纪时期，英国的货币铸造技术较为低劣，货币主要是通过铸币师手工铸造的，这种状况直到16世纪才有所改观。③ 铸模的设计在整个中世纪的变化也不是很大，有时由于交通不便，一些小铸币所的铸模使用时间过长，这些都不利于标准货币的铸造。在货币铸造的过程中，如果原坯放置在两个铸模中间时出现偏差，经过锤击之后，往往出现畸形，货币的边缘出现不能把铸模上的图案完全压印上去的情况，这对剪边者来说是一种诱惑。④ 例如铸造面的薄厚不均匀，而且边缘常有突起，尤其是带有"十字"（long cross）的货币上，十字的边缘是突出货币之外的。这使得人们可以把货币较厚的地方和边缘的突起磨去或剪掉，再将其用于铸造新币或银锭，由于货币体积太小，即使被剪边过的货币也不易被人发觉，并被继续使用。⑤

参与货币剪边的既有犹太人，也有基督徒，而前者则是其主要参与者。大多数犹太人主要从事信贷活动，但是这一状况在1275年之后发生了根本的变化。这一年，爱德华一世颁布了"犹太人法令"，该法令禁止犹太人从事信贷事务。尽管从理论上来说，犹太人可以通过从事贸易或是农业来进行补偿，但事实上这些行业很少向他们开放。⑥ 同时，英王向犹太人征收繁重的人头税，这也加剧了犹太人生活环境的恶化。为了养家糊口，大批的犹太人开始铤而走险从事货币剪边的违法行为。⑦ 除了犹太人和一些商人外，一些妇女和小孩也参

---

① C. E. Challis, *A New History of the Royal Mint*, pp. 97 – 98, 130.
② T. F. Reddaway, "The King's Mint and Exchange in London 1343 – 1543", *The English Historical Review*, Vol. 82, No. 322 (Jan., 1967), p. 11.
③ C. E. Challis, *A New History of the Royal Mint*, p. 76.
④ C. E. Challis, *The Tudor Coinage*, Manchester: Manchester University Press, 1978, p. 13.
⑤ M. Mate, "Monetary Policies in England, 1272 – 1307", *The British Numismatic Journal*, Vol. 41, 1972, p. 36.
⑥ M. Mate, "Monetary Policies in England, 1272 – 1307", *The British Numismatic Journal*, Vol. 41, 1972, p. 39.
⑦ Glyn Davies, *A History of Money: from Ancient Times to the Present Day*, p. 143.

与到货币剪边的行为之中,可见当时其严重程度。

货币剪边的行为造成了货币重量的严重不足。在爱德华一世统治初期,由于货币剪边泛滥,1 英镑货币的价值下降了 1 先令。① 在理查德二世时期,由于货币剪边严重,当时 100 英镑的货币,实际价值不到 90 英镑。② 甚至有些时候,货币由于剪边导致重量下降至正常标准的一半多一点。③ 因此,中世纪英国的税收官和普通民众经常拒绝接收这些货币。④ 比如在 15 世纪 90 年代末期,由于货币被剪边,货币的重量出现了大幅下降,人们拒绝在交易中接收它们。⑤

三 伪造

伪造货币的前提条件是伪造铸模。伪造是货币贬值中最为普通和获利最丰厚的手段。⑥ 铸币师为了获利,经常对官方发行的铸模进行改造,或是仿制。⑦ 改造或仿制的铸模通常与原来的铸模在设计样式上极为相似,依照这些铸模铸造的货币重量通常较低,一般为 15—18 格令⑧,明显低于货币的标准重量(22.5 格令)。这两种货币之间的重量差,就是铸币师的非法所得。这些铸币师使用的是官方的铸造技术,但是他们通常"兼职"进行货币伪造。⑨ 根据发掘的窖藏货币的设计样式就能推断出当时货币伪造的状况。在汉普郡的奥布里奇(Awbridge)发掘的部分货币表现出了不规则性,且非常粗糙,经学

---

① C. G. Crump & A. Hughes, "The English Currency Under Edward I", *The Economic Journal*, Vol. 5, No. 17 (Mar., 1895), p. 60.
② Rogers Ruding, *Annals of the Coinage of Britain and Its Dependencies*, Vol. 2, p. 227.
③ A. Feavearyear, *The Pound Sterling: A History of English Money*, p. 6.
④ Sir John Craig, *The Mint: A History of the London Mint from A. D. 287 to 1948*, p. 27.
⑤ C. E. Challis, *The Tudor Coinage*, p. 58.
⑥ John Munro, "An Aspect of Medieval Public Finance: The Profits of Counterfeiting in the Fifteenth-Century Low Countries", *Revue belge de numismatique*, Vol. 118, 1972, p. 134.
⑦ M. Mate, "A Mint of Trouble, 1279 to 1307", *Speculum*, Vol. 44, No. 2 (Apr., 1969), p. 206.
⑧ George C. Brooke, "The Medieval Moneyers", *British Numismatic Journal*, Vol. 21, 1931–1933, p. 62.
⑨ D. Sellwood, "Medieval Minting Techniques", *British Numismatic Journal*, Vol. 31, 1962, p. 58.

者鉴定后认为这些货币是使用非官方的铸模铸造的，亦称之为伪币。①

伪造货币的行为往往是铸币师和商人一起勾结进行的。商人带着标准的货币或是贵金属来到铸币师处，铸币师使用自己私自制造的铸模为商人铸造重量轻和成色低的货币，同时在铸造的货币上再加上其他铸币师的名字，以证明其合法。铸币师进行伪造的场所较为隐蔽，通常在人烟稀少的地方，为的是不被政府官员发现。这样商人就能用较少的金银获得较多的货币，并用于商业交换之中，铸币师也能从商人那里得到不菲的收入。②

增加货币中合金的比重，也是铸造伪币的一个重要表现。铸币师经常偷盗铸币所的白银。③ 为了不被发现，他们往往在铸造货币的过程中增加合金的比重。譬如，1279年的铸币师菲利普（Philip）在铸造银币时增加了太多的铜，而银的比重相应下降。货币铸造的标准是：1磅银可以加入的铜的比重不能超过6便士，但是菲利普在铸造过程中将铜的比重增加到了8.5便士。④ 由于铜的比重增加，致使货币的成色下降，从而严重损害了货币的品质。

随着铸币量的增加，货币伪造的现象也在增多。⑤ 其中，不仅出现了便士的伪造，而且也出现了对小面额货币的伪造。在1279年进行货币重铸之前，英国铸币所并没有正式铸造和发行小面额货币，但是由于商品贸易的繁荣，尤其是零售贸易的发展，交易的双方越来越需要大量的小面额货币。同时，人们的日常消费也需要小面额货币。随着对小面额货币需求的增加，非法铸造的现象也日渐增多。在半便

---

① M. Allen, "The English Coinage of 1153/4 – 1158", *The British Numismatic Journal*, Vol. 76, 2006, p. 255.

② Sir John Craig, *The Mint: A History of the London Mint from A. D. 287 to 1948*, p. 11.

③ M. Mate, "A Mint of Trouble, 1279 to 1307", *Speculum*, Vol. 44, No. 2 (Apr., 1969), p. 202.

④ M. Mate, "Monetary Policies in England, 1272 – 1307", *The British Numismatic Journal*, Vol. 41, 1972, p. 40.

⑤ Pamela Nightingle, "The King's Profit: Trends in English Mint and Monetary Policy in the Eleventh and Twelfth Centuries", in N. J. Mayhew & P. Spufford, eds., *Later Medieval Mints*, p. 69.

第二章 货币治理

士的制造中，正常的方法是把便士一分为二，但违法者往往从稍微偏离便士中间的部位进行切割，这样就会把中间的一部分留下来，成为其非法所得。在 1277 年和 1278 年，伦敦的市面上就存在着大量的半便士；而在当时的乡村地区也存在着小面额货币，如 1828—1863 年对爱德华一世统治初期的一个乡村居民点的发掘中发现的 72 枚货币中，有一半以上是被切割成的半便士。① 1275—1278 年，仅在伦敦就有 8 人被控告私自切割货币。② 而事实上由于缺乏监督，当时更多的违法者并没有被抓到。由此可见，非法切割货币的现象十分严重。

货币的磨损、剪边和伪造是中世纪英国货币流通中的顽疾，不仅导致了货币贬值，也在一定程度上有损英国货币的良好声誉。此外，中世纪英国的货币流通中还存在其他不利的因素，比如货币的外流，国外劣质货币的输入等。

四　货币的输出和劣币的流入

中世纪英国的货币始终保持着较高的标准，即重量足，成色高，被认为是一种可靠和值得信赖的货币，因此受到欧洲大陆诸国的欢迎，并在 13 世纪末成为一种被欧洲大陆诸国在贸易中广泛使用的国际性货币。③ 即使在 1344 年之后银币逐渐被金币所代替，英国的便士仍然在低地国家、莱茵河地区和德国北部流通。④ 这些地区由于铸币权分散，参与货币铸造的国王和领主往往通过贬值来获利，相比当地的货币，他们更喜欢比较坚挺的英国货币。

由于英国的货币可以在欧洲范围内作为一种国际性货币流通，同时也可以在与英国进行贸易时使用，因此欧洲大陆的商人都希望获得

---

① C. E. Challis, *A New History of the Royal Mint*, p. 39.
② M. Mate, "Monetary Policies in England, 1272 – 1307", *The British Numismatic Journal*, Vol. 41, 1972, p. 40.
③ Michael Prestwich, "Edward I's Monetary Policies and Their Consequences", *The Economic History Review*, New Series, Vol. 22, No. 3 (Dec., 1969), p. 414.
④ Dorothy Sharon Sellers Macdonald, *Parliament and Monetary Affairs in Late Medieval England*, Unpublished Ph. D Thesis of University of Minnesota, 1985, p. 5.

这种货币，他们甚至为了获得英国的货币而愿意支付一定的额外费用。① 欧洲大陆的商人往往带着白银或是商品来到英国进行交易，然后带着从交易中获得的货币离开英国。② 此外，商人和其他旅行到欧洲的人私自把英国的货币带出，因为他们可以在欧洲大陆购买更多的商品，或是把这些货币带到欧洲大陆的铸币所以便换取更多的货币。③ 这些现象表明英国的货币在欧洲大陆诸国的需求量极大，同时也导致英国货币的外流。

欧洲大陆的君主为了获得英国的货币，采取了更为极端的方式，即仿造英国的货币。④ 这些仿造的货币，最初并不能称为伪币，因为它们的重量和成色几乎与英国货币的标准一样；同时，它们的设计样式也与英国货币相差无几，即使有些许的不同，一般民众也不易发现。这些早期发行的仿造货币，一方面改善了当地的货币流通；另一方面也便于商人就近且以较低的价格获得货币，有利于当地经济的发展。⑤

但是，欧洲大陆的统治者在仿造的过程中，为了获利，开始发行重量轻、成色低的劣质货币，这些货币对中世纪英国的货币体系造成很大的损害。在诸多仿造的货币中，最著名的就是普拉德（Pollard）和克洛卡多（Crockard），在13世纪90年代末期，其铸造量仅在低地国家就达37万英镑之多。由于这些仿造的货币在外形设计上与英国的货币十分相像，甚至达到了以假乱真的地步，很快就有人把这些货币大量地投入到与英国的羊毛贸易之中，其中一些商人把这些仿造的

---

① Dorothy Sharon Sellers Macdonald, *Parliament and Monetary Affairs in Late Medieval England*, p. 5.
② M. Mate, "Monetary Policies in England, 1272 – 1307", *The British Numismatic Journal*, Vol. 41, 1972, p. 56.
③ 因为英国的货币标准较高，而欧洲大陆的货币相对而言成色较低，甚至经常出现贬值的现象，因此把英国的货币带到铸币所，经过重铸就可以获得较多的当地的货币。
④ M. Mate, "Monetary Policies in England, 1272 – 1307", *The British Numismatic Journal*, Vol. 41, 1972, p. 57.
⑤ Dorothy Sharon Sellers Macdonald, *Parliament and Monetary Affairs in Late Medieval England*, p. 6.

第二章 货币治理

货币走私到英国，并在商品交易中冒充英国的货币使用。① 同时，与欧洲之间的战争也导致了大量仿造货币的流入。② 如 1298 年从佛兰德尔归来的士兵，携带了大量的仿造货币。③ 国外劣质货币的流入，在 13 世纪末和 14 世纪初达到了顶峰。1300 年仅普拉德和克洛卡多的总量就达到了 49525 英镑 11 先令 7 便士，其他劣质货币的数量也有 6057 英镑 19 先令 9 便士之多。④ 可见当时英国国内的国外仿造货币的数量已经非常之大。到了 14 世纪 30 年代末和 40 年代，欧洲大陆的铸币所仿造的货币更为低劣，即使英国的货币因为磨损和剪边而出现严重的贬值，他们也能从与英国的贸易中或是走私货币中获利。⑤

从 14 世纪中期开始，金币逐渐代替了银币，并成为国际贸易交换的媒介，欧洲大陆的铸币所又开始仿造英国的金币。例如对英国金币诺波尔的仿造，尤其是在理查德二世时期，佛兰德尔人把大量仿造的诺波尔带到了英国，最终使得英国的诺波尔遭到了同银币一样的命运。即随着国外仿造的劣质金币进入流通领域，出现了货币贬值的现象。⑥ 同时，仿造的劣质银币还在不断地流入英国，如来自卢森堡的便士和来自威尼斯的半便士等充斥于货币流通之中，加重了货币贬值的问题。⑦ 大概到了 1400 年前后，仅国外仿造的金币就占英国货币流通中金币总量的 1/4，可见在中世纪晚期，国外仿造的货币在英国货币流通中泛滥的状况。⑧

---

① Dorothy Sharon Sellers Macdonald, *Parliament and Monetary Affairs in Late Medieval England*, pp. 8 – 9.
② J. J. North, *The Coinages of Edward I & II*, London: Spink & Son, 1968, p. 7.
③ Michael Prestwich, "Edward I's Monetary Policies and Their Consequences", *The Economic History Review*, New Series, Vol. 22, No. 3 (Dec., 1969), p. 411.
④ C. G. Crump & A. Hughes, "The English Currency Under Edward I", *The Economic Journal*, Vol. 5, No. 17 (Mar., 1895), p. 62.
⑤ Dorothy Sharon Sellers Macdonald, *Parliament and Monetary Affairs in Late Medieval England*, p. 11.
⑥ Dorothy Sharon Sellers Macdonald, *Parliament and Monetary Affairs in Late Medieval England*, p. 11.
⑦ C. H. V. Sutherland, *English Coinage 600 – 1900*, p. 83.
⑧ Sir John Craig, *The Mint: A History of the London Mint from A. D. 287 to 1948*, p. 81.

劣质货币在羊毛和呢绒贸易中的使用，一方面使得进行仿造货币的国家获利丰厚；另一方面随着这些货币流入英国，不仅造成了英国在对外贸易中的损失，而且更重要的是扰乱了英国的货币流通，对其货币制度造成了极大的破坏。因为这些国外货币的重量严重不足，且质量低劣，导致货币严重贬值。据记载，121英镑8先令9便士的普拉德实际上仅重109英镑5先令3便士，而且在1297年的低地国家，克洛卡多与英国货币的官方兑换率仅为22∶20。[1] 普拉德和克洛卡多成色也比较低，其含银量还不到50%。曾有记载，王室的锦衣库（Wardrobe）把1000英镑的普拉德拿到铸币所进行重铸，如果按照重量计算仅为893英镑，经过熔化提纯之后其所含银为432英镑10先令7便士，在交付铸币费和铸币税之后，其最终得到的货币价值仅为406英镑1先令11便士。[2] 王室的锦衣库因收取国外仿造的货币而使其总收入损失达到了近60%。

1343年爱德华三世进行货币改革时，便士的重量为22.2格令，约合1.44克，成色为92.6%。而从表2-1和表2-2中可以发现，中世纪欧洲大陆仿造英国的货币绝大部分低于这一标准，甚至一些仿造的货币的重量还不足英国便士的一半重，可见质量是多么低劣。在1309—1346年的卢森堡铸币所铸造的货币就是一个典型的例子，在这一阶段的最初几年，银币的重量为20格令（约1.30克），成色为92.5%，但是在之后的几年，该铸币所铸造的货币出现了急剧的恶化，银币的重量下降到了14.6格令（约0.95克），成色为77%—86%，甚至这些货币一度成为伪币的代名词。而纳慕尔铸币所铸造的货币贬值的程度更为严重，其货币最低为10.8格令（约0.70克），成色为50%。[3]

随着大量国外劣质货币进入英国的流通领域，不仅影响了国王从

---

[1] Michael Prestwich, "Edward I's Monetary Policies and Their Consequences", *The Economic History Review*, New Series, Vol. 22, No. 3 (Dec., 1969), p. 412.

[2] C. E. Challis, *A New History of the Royal Mint*, p. 139.

[3] Dorothy Sharon Sellers Macdonald, *Parliament and Monetary Affairs in Late Medieval England*, pp. 74-78.

货币铸造中得到的收益,而且更重要的是削弱了国王控制货币铸造的权力,并破坏了英国货币制度的完整性。英王无法控制普拉德和克洛卡多等国外仿造货币的重量和成色,因此国外劣质货币的流通,严重影响了英国货币的良好声誉。

表 2-1　　　　中世纪欧洲大陆发行仿英银币的重量

重量（克）	佛兰德尔和纳慕尔（1279—1305）	布拉班达（1261—1312）	康布雷（1285—1306）	佛兰德尔（1305—1322）	瑟兰（1304—1353, 1364—1366）	弗洛雷纳（1313—1322）	卢森堡（1309—1346）	洛林（1312—1328）	图勒（1320—1330）	梅罗和纳慕尔（1337—1391）
				该重量区间的货币种数						
1.51+	1	—	1	—	—	—	—	—	—	—
1.46—1.50	—	1	—	—	2	1	—	—	—	—
1.41—1.45	3	4	—	8	4	3	3	—	—	—
1.36—1.40	13	8	5	11	9	11	8	—	—	—
1.31—1.36	16	6	10	10	8	15	7	—	—	—
1.26—1.30	13	6	7	7	10	21	11	—	—	—
1.21—1.25	11	10	4	3	9	22	7	2	—	1
1.16—1.20	4	2	4	9	5	8	4	4	—	—
1.11—1.15	3	4	3	1	4	5	6	2	1	—
1.06—1.10	2	—	4	1	2	6	6	1	1	—
1.01—1.05	3	1	—	1	1	4	5	1	1	1
0.96—1.00	1	1	1	—	2	5	6	1	2	1
0.91—0.95	1	1	2	—	—	5	6	1	—	2
0.86—0.90	—	1	1	1	1	2	1	—	—	1
0.81—0.85	—	—	—	—	—	4	—	—	—	—
0.76—0.80	1	—	—	—	—	—	—	—	1	1
0.71—0.75	—	—	—	—	—	1	—	—	—	2
0.70—	—	—	—	—	—	1	—	—	3	3

资料来源:Dorothy Sharon Sellers Macdonald, *Parliament and Monetary Affairs in Late Medieval England*, pp. 75 - 76。

表2-2　　　　中世纪欧洲大陆发行仿英银币的成色

成色（%）	佛兰德尔和纳慕尔（1279—1305）	布拉班达（1261—1312）	康布雷（1285—1306）	佛兰德尔（1305—1322）	瑟兰（1304—1353,1364—1366）	弗洛雷纳（1313—1322）	卢森堡（1309—1346）	洛林（1312—1328）	图勒（1320—1330）	梅罗和纳慕尔（1337—1391）
				该成色区间的货币种数						
100—98	—	—	—	—	—	—	—	—	—	—
97—95	3	6	1	19	7	7	10	2	—	—
94—92	23	22	3	31	17	46	26	1	—	—
91—89	16	10	4	3	18	18	8	2	—	—
88—86	11	1	4	—	11	20	4	4	—	—
85—83	4	—	5	—	1	16	9	—	1	1
82—80	2	1	13	—	—	3	5	2	2	1
79—77	—	—	4	—	—	—	5	1	—	—
76—74	1	2	3	—	—	2	2	1	2	1
73—71	1	1	6	—	1	2	1	2	3	3
70—68	3	2	—	—	—	1	2	—	3	—
67—65	—	—	—	—	—	—	2	—	3	1
低于65	7	2	1	—	1	1	1	2	—	—

资料来源：Dorothy Sharon Sellers Macdonald, *Parliament and Monetary Affairs in Late Medieval England*, p.77。

　　除了货币的磨损、剪边、伪造和货币的流出以及劣质仿造货币的流入等问题外，英国中世纪的货币流通中还存在着其他问题，比如铸币所的官员利用职务之便，借助新币进行放贷活动，并从中牟利。例如伦敦货币兑换所的官员，来自怀门德姆（Wymondham）的威廉，其非法所得的1840英镑中的大多数来自放贷。[1]再如中世纪货币铸造中无法避免的问题，就是铸造中贵金属的损耗，进而导致货币标准的降低或是贵金属的流失。经过铸币时的熔化和铸造，1磅白银的损耗达到了1.25便士，50万磅的白银经过铸造的损耗将达到

---

[1] C. E. Challis, *A New History of the Royal Mint*, p.141.

2600 英镑。[1]

货币流通中的诸问题不仅导致了货币的贬值，破坏了英国的货币制度，而且更重要的是，随着货币的大量流失英国出现了货币的严重短缺，进而影响到经济社会的发展，甚至影响到了英王的统治。在中世纪的议会请愿书中，经常能够看到议会对货币外流导致的货币短缺和劣质货币的流入导致的货币贬值的抱怨。[2]

为了解决货币流通中存在的问题，恢复英国货币的良好声誉和维护英国货币制度的完整性；同时，也为了增加财政收入，中世纪英国的国王采取了一系列的措施。此外，到中世纪晚期，议会逐渐参与货币政策和措施的制定，这对货币治理来说无疑是有益的。

第三节 货币治理的措施

货币铸造是英王室的特权之一，因此也要承担相应的责任。[3] 譬如国王有责任向整个王国提供货币。这就需要在整个王国内建立铸币所，并维持其正常运转，既要确保贵金属的供给，又要反对人为的剪边、伪造和磨损，以便确保货币制度的完整性，还要抵制货币和贵金属的非法输出。

一 严惩剪边和伪造货币的行为

货币伪造的问题在盎格鲁—撒克逊晚期就已经出现，当时的国王往往颁布法律对这种行为进行严惩，由于在第一章第二节有关铸币权的集中已有所涉及，在此不再赘述。

诺曼征收之后，货币伪造和剪边比较严重的时期主要发生在亨利

---

[1] N. J. Mayhew, "Numismatic Evidence and Falling Prices in the Fourteenth Century", *The Economic History Review*, New Series, Vol. 27, No. 1 (Feb., 1974), p. 3.

[2] Dorothy Sharon Sellers Macdonald, *Parliament and Monetary Affairs in Late Medieval England*, p. 81.

[3] Dorothy Sharon Sellers Macdonald, *Parliament and Monetary Affairs in Late Medieval England*, p. 12.

一世和爱德华一世时期。亨利一世时期的货币因为伪造出现了严重的贬值，如果有人在市场上拿出 1 英镑的钱，他怎么也得不到等值的东西。① 为了抵制货币的伪造，亨利一世分别在 1100 年和 1108 年颁布法律，严惩这一行为。② 但是收效并不大，为了彻底治理货币伪造的行为，亨利一世重申《格拉特利铸币法》，规定所有参与伪造的铸币师应遭受失去右手或是被阉割的惩罚。③ 索尔兹伯里的主教罗杰（Roger）号召全国的铸币师在 1124 年的圣诞节来临之前来到财政署的所在地温切斯特，当到达那里时，他们被分别隔离，并在圣诞节的前 12 天经受严刑审问。④ 其中的 94 人被切去了右手，并被阉割。⑤ 而当时有 3 位铸币师逃脱了严酷的处罚，因为他们承诺停止使用所有贬值的货币，并保证向全国铸造和发行新币。⑥

其他不同的编年史对罗杰的审判处置结果有着不同的记载。其中有编年史家就认为，当时并未对铸币师做出如此严酷的处罚。只要缴纳 20 英镑就可以免除惩罚，因此很多铸币师免除了牢狱之苦。从一些铸币所在之后铸造货币的状况来看就可以证明这一点。当时的伦敦共有 10 位铸币师，除了 3 位可能遭受惩罚之外，其中的 6 位在 1125 年之后仍然在为亨利一世铸造货币，而且在布里斯托尔、坎特伯雷、多尔切斯特（Dorchester）、赫里福德、林肯、诺里季、诺丁汉和赛特福德等地铸币所的铸币师的铸造活动并没有出现中断。⑦ 从 1125 年之后货币铸造的连续性来看，当时大部分的铸币师并未遭到严惩。尽管这次惩治效果不是很大，但是对伪造货币的铸币师起到了震慑的作用，并有助于亨利一世统治晚期货币标准的提高。

此后，对货币剪边的治理主要出现在爱德华一世时期。在理查德一世（1189—1199 年在位）时期，为了抵制犹太人的剪边行为，就

---

① 《盎格鲁—撒克逊编年史》，寿纪瑜译，商务印书馆 2004 年版，第 290 页。
② George C. Brooke, *English Coins: from the Seventh Century to the Present Day*, p. 86.
③ 《盎格鲁—撒克逊编年史》，第 290—291 页。
④ Rogers Ruding, *Annals of the Coinage of Britain and Its Dependencies*, Vol. 2, p. 7.
⑤ George C. Brooke, *English Coins: from the Seventh Century to the Present Day*, p. 86.
⑥ Rogers Ruding, *Annals of the Coinage of Britain and Its Dependencies*, Vol. 2, p. 7.
⑦ Charles Oman, *The Coinage of England*, pp. 102–103.

第二章 货币治理

曾对他们的财产进行了登记，并限制其放贷行为。到爱德华一世统治初期，货币剪边的行为泛滥，为了治理这一现象，1276年爱德华一世下令成立"高等刑事法庭"，指派专门的官员去全国各地进行巡视，以便及时发现有关货币的违法行为并做出惩处。[1] 1278年11月7日，犹太人和帮助犹太人进行伪造和剪边的金匠全部被逮捕。[2] 对于犹太人的处罚极为严酷，除了处以高额罚金或是没收其全部财产外，还使用了绞刑。根据编年史家邓斯坦博的记载，仅伦敦一地就有280位犹太人被绞死。[3]

尽管这样，也不能完全禁止犹太人的违法行为。为了根治犹太人伪造和剪边的顽疾，1290年爱德华一世颁布了驱逐犹太人的法令，规定所有的犹太人必须在当年的11月1日之前离开英国，如在规定之日后仍滞留者将被处以死刑。离开之后，犹太人在英国的财产全部归英王所有。[4]

为何对犹太人采取如此残酷的处罚？除了严惩其货币剪边的不法行为外，还有以下两个原因：首先是宗教因素。[5] 爱德华一世是一个虔诚的基督徒，自然不会相信信仰犹太教的犹太人，他规定：禁止犹太人雇用基督徒做奴仆，犹太妇女出行也必须穿戴有特定标志的服饰，以区别于他人。其次是经济因素。国王希望通过对犹太人进行经济上的惩罚来偿还之前与威尔士和加斯科涅之间因为战争欠下的债务。

---

[1] D. C. Skemer, "King Edward I's Articles of Inquest on the Jews and Coin-Clipping, 1279", *Historical Research*, Vol. 72, 1999, pp. 5–7.

[2] M. Mate, "Monetary Policies in England, 1272–1307", *The British Numismatic Journal*, Vol. 41, 1972, p. 37.

[3] 其他编年史也有类似的记录，例如《伦敦法国编年史》(*The French Chronicle of London*) 第239页记载当时在伦敦有293位犹太人被杀，《贝里圣埃德蒙兹编年史》(*The Chronicle of Bury St. Edmunds*) 第67页记载犹太人在伦敦被杀的人数为267人，后来的一些学者认为这些数字有些夸张，其中M. 梅特认为仅有三四十人被绞死。

[4] D. C. Skemer, "King Edward I's Articles of Inquest on the Jews and Coin-Clipping, 1279", *Historical Research*, Vol. 72, 1999, pp. 11–19.

[5] M. Mate, "Monetary Policies in England, 1272–1307", *The British Numismatic Journal*, Vol. 41, 1972, p. 69.

对于基督徒的处罚较轻,在当时逮捕的人中,仅有少数人被处决,而其他人由于教会的庇护,经过审判后,只要宣誓不再从事货币剪边的违法活动,或是支付大量的罚金,就能逃脱死亡的惩罚,并获得自由。① 当时一位名叫托马斯的试金师,就曾缴纳了 1000 英镑而免受处罚。② 而另一位名叫盖伊的人,曾因剪边而被两次逮捕,同样由于教会的保护,得到了国王的宽恕,在缴纳罚金后得到释放,两次缴纳罚金的数额分别为 60 马克(1 马克 = 2/3 英镑)和 200 马克。③

爱德华一世时期对于犹太人的严酷处罚,一方面给英国王室带来了巨额的收入,缓解了国王的燃眉之急。当时的罚金和对没收财产的出售所得合计达 10815 英镑 14 先令 4 便士,④ 这些收入中的一半用于 1279 年的货币重铸,另一半用于支付法官的工资;另一方面对其他从事货币剪边和伪造行为的基督徒也有很大的震慑作用,在一定程度上阻止了有关货币的违法行为,有利于重塑英国货币的良好声誉。

除了这些严酷的惩治之外,中世纪英国的国王还颁布法律来禁止货币剪边和伪造等行为。由于中世纪时期货币剪边和伪造极为普遍,国王经常采取措施严禁被剪边的和伪造的货币的流通。如在亨利一世时期,曾命令凡居住在市镇的人,无论是英国人还是法国人,都要宣誓保护货币,而不能伪造货币。同时,他还规定:如果发现某人拥有伪造的货币,且不能证明自己的清白,他将失去右手,并且被阉割;铸币师应该在本郡进行货币兑换,同时需要两位证人做证,如果在其他郡进行货币兑换,将被认定为伪造货币者;除铸币师之外,任何人不得从事货币兑换业务。⑤ 约翰王的大臣们也曾在 1205 年宣布:任何

---

① Rogers Ruding, *Annals of the Coinage of Britain and Its Dependencies*, Vol. 2, p. 85; M. Mate, "Monetary Policies in England, 1272 – 1307", *The British Numismatic Journal*, Vol. 41, 1972, pp. 42 – 43.

② M. Mate, "Monetary Policies in England, 1272 – 1307", *The British Numismatic Journal*, Vol. 41, 1972, p. 43.

③ Rogers Ruding, *Annals of the Coinage of Britain and Its Dependencies*, Vol. 2, p. 88.

④ M. Mate, "Monetary Policies in England, 1272 – 1307", *The British Numismatic Journal*, Vol. 41, 1972, p. 43.

⑤ Rogers Ruding, *Annals of the Coinage of Britain and Its Dependencies*, Vol. 2, pp. 5 – 6.

第二章 货币治理

人不得收藏被剪边过的货币，违者将被没收。① 1205 年，约翰王还颁布法令，规定从下一年的圣希勒里节（St. Hilary，1 月 13 日）开始，任何人不得接受被剪边过的货币，如果自治市的居民被发现使用这些货币，无论是男人还是女人都将被抓捕，并投进监狱，其财产也将归国王所有。无论是犹太人，还是下层的佃农、自由农和仆人，都将遭到同样的惩罚。同时，国王为每一个自治市和每一个市场任命 4 名官员，检查市面上的货币。为了彻底解决货币剪边和伪造的问题，1205 年 1 月 26 日颁布法令，每英镑货币的磨损不应该超过 2 先令 6 便士，否则将被没收，并任命雷金纳德和威廉两位官员去执行这一法规。② 1248 年，货币的剪边和伪造已经到了极其严重的地步，亨利三世命令官员以其名义在各个自治市和市场宣传法令，低于法定重量的货币不应该进入市场流通，无论是在买卖还是在兑换中，都不能以任何形式接收和使用这些货币，违者将被严惩。③ 1280 年，爱德华一世颁布了更为严厉的法令，规定全国不应该存在被剪边过的货币，如果发现有人从事此活动，将遭受断肢或是没收其财产的处罚；如果有人接受这些被剪边过的货币，也将遭到同样的处罚。④

随着英国国王对货币剪边和伪造行为的治理，尤其是货币铸造技术在一定程度上的提高，货币流通得以改善，但是并未得到彻底的解决。因此，爱德华一世之后的英王都是十分重视对该问题的治理，他们大体延续了之前的法律，唯独不同的法律出现在爱德华三世和亨利五世（1413—1422 年在位）时期，爱德华三世在 1351—1352 年颁布法律，规定伪造货币的行为应被判处叛国罪；⑤ 亨利五世曾在 1415—1416 年颁布法律，规定剪边和锉磨货币边缘的行为应被判处叛国罪。⑥ 这是对剪边和伪造货币的行为做出最严重的惩罚。

---

① ［英］W. J. 阿什利：《英国经济史及学说》，第 166—167 页。
② Rogers Ruding, *Annals of the Coinage of Britain and Its Dependencies*, Vol. 2, pp. 46 – 47.
③ Roy C. Cave & Herbert H. Coulson, *A Source Book for Medieval Economic History*, p. 143.
④ Charles Johnson, *The De Moneta of Nicholas Oresme and English Mint Documents*, p. 59.
⑤ John Raithby, *The Statutes of the Realm*, Vol. 1, p. 320.
⑥ John Raithby, *The Statutes of the Realm*, Vol. 2, Buffalo: William S. Hein, 1993, p. 195.

定期检测铸币所新铸造的货币，也是杜绝劣质铸币师偷工减料的好办法。检测货币的重量和成色，大概是从亨利二世时期开始的。① 当时并未对检测的周期做出规定，到了1351年爱德华三世货币重铸之时，规定在三个月内对铸造的每一类型的货币都要进行检测，这一规定到了伊丽莎白一世时期才有所改变。②

除了货币剪边和伪造等问题之外，从爱德华一世统治晚期开始，英国的货币流通开始受到国外仿造货币的冲击，因此之后的国王不断地采取措施抵制劣质货币的流入，同时防止本国货币和其他贵金属的输出。

二 抵制劣质货币的流入

首先，为了提醒人们不要使用国外的劣质货币，爱德华一世于1284年颁布了一系列的法律，详细阐述了伪币的特征及其负面影响，并指出国外的仿造货币给国王和他的子民们带来了极大的损失，并导致了英国货币流通的恶化。③ 当时流入英国的仿造货币主要有以下几种：

> 印有主教的法冠（Mitre）的货币，其1英镑仅为英国货币的16先令4便士；两种印有狮子的货币，一种带有斜线（Bend），另一种没有，但是要比印有主教法冠的货币轻；由纯铜铸造的货币，刚刚流通时与英国的货币十分相似，但是其表面看起来较白；在德国铸造，货币的表面印有英王爱德华的名字，其重量和第一种带有主教法冠的货币相差无几；主要由铅和锡铸造而成，表面为银，其样式与便士一样，这是一种仿造的十分逼真的货

---

① Stephen M. Stigler, "Eight Centuries of Sampling Inspection: The Trial of the Pyx", *Journal of the American Statistical Association*, Vol. 72, No. 359 (Sep., 1977), p. 493.
② George C. Brooke, *English Coins: from the Seventh Century to the Present Day*, pp. 126, 150.
③ John Raithby, *The Statutes of the Realm*, Vol. 1, p. 219.

币，只有通过称重才能加以区别。①

人们可以根据以上特征来区别流入英国的伪币，但是人们却无法辨别货币的轻重，为了减少劣质货币带来的损失，英王开始提倡按照货币的重量进行商品交换。②

其次，派遣专门的人员，搜查各个港口和主要市场上的国外劣质货币。

1299年颁布《斯特普尼法规》（*Statute of Stepney*），该法规规定：任何人不得携带国外劣质货币进入英国，否则没收货币，并处该犯以死刑；在各个港口建立货币兑换所，国外的商人把携带的货币兑换成英国货币才能进行交易，指派专门人员到各个港口、自治市和市场去执行这一法律。之后，英王多次颁布法律，严禁伪币的流入及其在市面上的流通。"任何人不准携带伪币进入英国。"③"任何人不得在英国境内使用国外的劣质货币。"④ 这些法规成为后来治理劣币流入的依据。

每一个港口任命两名熟知法律且有良好声誉的官员，他们需宣誓效忠国王。这些搜查的官员通常由当地的商人和市民组成。他们与当地的治安官一起搜查过往的商旅，如果经试金师检验发现为仿造的货币，或是其他劣质货币，事主将被押往监狱，听候审判，严重者将被处以死刑。他们所携带的货币和其他贵金属将被送往当地的货币兑换所，而其携带的商品将被送往财政署。⑤

对国外货币最早的搜查是从1282年由多佛和桑威奇（Sandwich）两个港口开始的。1282年，爱德华一世下令搜查所有停泊在多佛和桑威奇的外来船只和商旅，如果发现国外的伪币或是被剪边过的货币将没收。⑥ 尽管搜查较为严格，但是收效不大，因为商人也开始改变

---

① John Raithby, *The Statutes of the Realm*, Vol. 1, p. 219.
② John Raithby, *The Statutes of the Realm*, Vol. 1, p. 219.
③ John Raithby, *The Statutes of the Realm*, Vol. 1, pp. 131 – 135, 273.
④ John Raithby, *The Statutes of the Realm*, Vol. 2, p. 87.
⑤ John Raithby, *The Statutes of the Realm*, Vol. 1, p. 132.
⑥ Sir John Craig, *The Mint*：*A History of the London Mint from A. D. 287 to 1948*, p. 55.

他们携带劣质货币的方式,他们把货币放在打捆的货物中间,不易被检查者发现;同时,他们选择在伦敦和赫尔等不搜查劣币的港口登陆,之后进入埃塞克斯、萨福克、诺福克等郡。① 为了加大搜查的力度,1284年爱德华一世把搜查的范围扩大到伦敦、波士顿和南安普顿等主要的港口,② 1311年爱德华二世规定外来商人只能从规定的15个港口③登陆,并接受严格的检查,④ 到了爱德华三世时期,搜查的范围已经扩大到了当时的每一个港口。⑤

在进行搜查的最初,由于搜查的官员没有工资,加之这种搜查也经常危害他们的生意合伙人或邻居们的利益,甚至遭到了民众的仇恨,因此他们通常并不认真履行职责。为了提高他们搜查的积极性,国王规定:如果搜查的官员认真工作,并把没收的财物送到货币兑换所,他们可以从所没收财物中获得1/10便士;⑥ 之后,这一补贴上升至1/4便士,甚至是3便士。⑦ 但是如果他们出现了私自释放违法者等现象,他们的财物将被没收;同时,每一个港口的旅店主人也可以搜查他们的旅客,并得到相同的收入。搜查的官员有权利去询问旅店的主人,如果他们出现隐藏或是私运伪币的行为,也将受到相同的处罚。⑧ 为了提高搜查的成效,搜查者的补贴上涨

---

① John Raithby, *The Statutes of the Realm*, Vol. 1, p. 219.

② M. Mate, "Monetary Policies in England, 1272-1307", *The British Numismatic Journal*, Vol. 41, 1972, p. 56.

③ 15个港口为:伦敦、桑威奇、多佛、温切尔西(Winchelsea)、南安普顿、朴茨茅斯、布里斯托尔、康威(Conway)、贝里克、纽卡斯尔、金斯顿—赫尔(Kingston-on-Hull)、波士顿、林恩(Lynn)、雅茅斯(Yarmouth)、伊普斯威奇。

④ M. Mate, "High Prices in Early Fourteenth-Century England: Causes and Consequences", *The Economic History Review*, New Series, Vol. 28, No. 1 (Feb., 1975), p. 12.

⑤ Rogers Ruding, *Annals of the Coinage of Britain and Its Dependencies*, Vol. 2, p. 136.

⑥ Dorothy Sharon Sellers Macdonald, *Parliament and Monetary Affairs in Late Medieval England*, pp. 41-44.

⑦ Rogers Ruding, *Annals of the Coinage of Britain and Its Dependencies*, Vol. 2, p. 142; Dorothy Sharon Sellers Macdonald, *Parliament and Monetary Affairs in Late Medieval England*, p. 60.

⑧ Rogers Ruding, *Annals of the Coinage of Britain and Its Dependencies*, Vol. 2, pp. 142-143.

第二章 货币治理

至其所没收货币总量的1/3，但是如果在搜查的过程中出现了疏忽，或是违法的现象，他们的土地和房屋等财产将归国王所有，他们也将被逮捕，直到支付相应的罚金；如果他们允许伪币的流入，将遭到死刑的处罚。①

对港口的搜查，在一定程度上抑制了劣质货币的流入，改善了货币的流通。但是，由于搜查的人数有限和持有劣币者往往寻求教会的保护，导致真正没收的劣币只是一部分，因而流通中还存在大量的劣质货币。如在1299年财政收入中仅有1132英镑国外的货币；同样，1298—1302年，铸币所的官员约翰收到2131英镑的普拉德和克洛卡多，其中没收的仅有606英镑。从这些数据来看，抵制劣币流入的效果并不理想。②

除了严禁货币的流入外，英王还严厉打击使用国外劣质货币的行为。1291年爱德华一世颁布法令，任何人不准携带被剪边的货币和伪币进入英国，更不允许在英国国内贸易中使用。如果发现有人第一次使用劣币，将没收所带劣币；第二次使用，除没收货币外，还要没收所携带的商品；第三次使用，"此人将像失去其商品一样失去他的生命"。如果有人拥有这些劣币，他应主动去货币兑换所进行兑换。③1315年、1317年和1319年爱德华二世重新颁布这一法令，并再次强调使用国外劣质货币将遭到严重处罚。④ 1335年爱德华三世颁布的《约克法令》(The Statute of York) 的重要内容之一就是严禁国外劣质货币的流通。1390年、1392年和1394年，理查德二世连续颁布多个法令，严禁国外劣质货币的流通。亨利四世（1399—1413年在位）时期，也颁布了类似的严禁国外劣质货币的法令，甚至苏格兰的货币

---

① John Raithby, *The Statutes of the Realm*, Vol. 1, p. 299.
② Dorothy Sharon Sellers Macdonald, *Parliament and Monetary Affairs in Late Medieval England*, p. 26.
③ M. Mate, "Monetary Policies in England, 1272 – 1307", *The British Numismatic Journal*, Vol. 41, 1972, p. 58.
④ M. Mate, "High Prices in Early Fourteenth-Century England: Causes and Consequences", *The Economic History Review*, New Series, Vol. 28, No. 1 (Feb., 1975), pp. 12 – 13.

也不允许流通。①

1415年,下层民众向议会请愿,反对国外劣质货币的流通,这成为当时颁布法律和禁止欧洲大陆半便士和苏格兰等地的货币流通的基础,同时对来自威尼斯的商旅进行了搜查。这些货币在当年的复活节(3月21日)之前应该被送往铸币所,如果在此之后发现将被没收。拥有这些货币是一种重罪,如果有人在支付过程中使用,每一次交易将处罚金100先令,其中一半归国王,另一半归检举者。② 1423年,亨利六世再次颁布禁止劣质货币流通的法令。对于输入国外劣质货币行为的最严重的处罚出现在爱德华三世时期,他在1351—1352年颁布法律规定:输入国外劣质货币的行为应被判处叛国罪。③

有关治理国外货币而颁布的法律,之后的国王皆承认。④ 因此,从不同国王为治理劣币流入问题而颁布的法律内容来看,中世纪时期英国对劣质货币的流入问题是十分重视的,而且其措施也是非常严厉的。

三 抵制货币以及其他形式的贵金属的流出

货币的流出是造成中世纪英国货币短缺的重要原因,因此英王采取措施抵制这一行为。

没有王室的特许,不得输出各种形式的贵金属。禁止输出贵金属的形式经历了一定的变化。1278年,爱德华一世严禁白银的输出,到了1299年颁布的《斯特普尼法》,再次规定严禁银币的输出。而禁止黄金和金制的餐具的输出则经历了一个不断变化的过程,1307年首次禁止它们的输出。大约从1364年1月到1663年4月,英国彻底严禁金银的输出,除非拥有皇家特许执照,而这些执照通常也是出于

---

① Dorothy Sharon Sellers Macdonald, *Parliament and Monetary Affairs in Late Medieval England*, pp. 45, 133 – 140.
② Dorothy Sharon Sellers Macdonald, *Parliament and Monetary Affairs in Late Medieval England*, pp. 147 – 148.
③ John Raithby, *The Statutes of the Realm*, Vol. 1, p. 320.
④ John Raithby, *The Statutes of the Realm*, Vol. 2, p. 163.

第二章 货币治理

军事或是政治目的才颁发的。1364年之后，英国允许金币诺波尔在对外贸易中使用，因为英王认为金币不但可以增加货币量，而且也可以使白银留在国内。①

首先，中世纪的国王多次颁布禁止货币外流的法令，除了1299年的《斯特普尼法》之外，爱德华三世在1335年、1343年、1363—1364年分别颁布严禁贵金属流出的法律，理查德二世和亨利四世分别在1381年和1400—1401年颁布了类似的法律。法律的主要内容为：如果没有国王颁发的特许执照，无论是宗教人士还是俗人，都不能携带金币、银币、金银器皿和金银装饰品离开英国，否则这些贵金属以及他们携带的商品将被没收，并归国王所有。但是法规中也有一些例外，譬如一些大人物为了装饰房子而把银制装饰带出英国，是被允许的；此外，大领主、著名的大商人和国王的士兵也被允许携带贵金属。② 出国旅行的英国人，应将携带的货币拿到乘船港埠的皇家货币兑换所兑换成相等价值的国外货币。③

中世纪英国的法规也对离开英国的商人进行了严格的规定。其中，法规对于首次来到英国的商人有着特殊的规定，这些商人在英国境内进行商品买卖收入中的一半应用于购买英国的商品，另一半可以直接带走。④ 而对于那些经常往来于英国和欧洲大陆的商人来说，却没有那么幸运。为了抵制货币的外流，同时也是为了吸引金银的流入，1379年议会请愿提出了解决的办法，每磅奢侈品和每磅羊毛的出口，商人均应给铸币所带来2先令的贵金属。这一办法得到了国王的同意，但是后来商人带到铸币所的贵金属降为1先令。1381年，议会进一步提议，商人出口商品价值的总额应与其进口的商品价值总额相等，并提议商人购买进口商品的最好方式是以物易物，不提倡使

---

① John Munro, "Bullionism and the Bill of Exchange in England, 1272 – 1663: A Study in Monetary Management and Popular Prejudice", in Fredi Chiappelli, ed., *The Dawn of Modern Banking*, New Haven and London: Yale University Press, 1979, pp. 192, 223 – 225.

② John Raithby, *The Statutes of the Realm*, Vol. 1, pp. 273, 299, 383; John Raithby, *The Statutes of the Realm*, Vol. 2, pp. 17 – 18, 122.

③ [英] W. J. 阿什利：《英国经济史及学说》，第172页。

④ John Raithby, *The Statutes of the Realm*, Vol. 2, p. 122.

用货币支付。1397年，理查德二世颁布法律，规定商人每出口一袋羊毛或240张羊皮，均应向伦敦铸币所寄存1盎司的黄金（以国外货币的形式），且商人必须在半年之内支付，否则将遭到重罚，如每出口半袋羊毛将缴纳13先令4便士的罚金。同时，商人应寻找担保人，并向其支付担保金。[1]

1402年，重金主义者（bullionist）提倡商人应该把其在英国经商所得的全部收入用于购买英国的商品。[2] 1404年英王颁布法令，再次重申所有的外来商人购买英国商品的价值应该与其在英出售商品的价值相等，而且他们应该在3个月内把这些事情做完，否则将没收其收入；同时还规定，外来商人之间不能进行买卖；在此期间应该居住在由市长、郡守等当地官员指定的旅馆。[3] 但是在某些特许的状况下，如果商人提出充分的理由，国王将颁发特许执照，允许他们携带英国货币。[4] 1416年，议会再次重申，商人出口羊毛和锡应向伦敦铸币所缴纳一定的黄金或是等量的白银，并得到国王的同意。[5] 1463年，议会提议在加莱的商人出售羊毛所得收入中的一半，应该在加莱的铸币所铸造成英国的货币，并运回国内。[6]

同时，法规也对神职人员进行了严格的规定，同样不允许他们携带货币和其他形式的贵金属离开英国。为了加强对他们的管理，规定任何出海朝觐的人只允许在多佛港离开。[7]

其次，任命官员，搜查离开各个港口的商旅。任命官员搜查所有的港口和过往的商旅，就像搜查流入的劣质货币的方式一样，如果没

---

[1] Dorothy Sharon Sellers Macdonald, *Parliament and Monetary Affairs in Late Medieval England*, pp. 124–133.

[2] A. Feavearyear, *The Pound Sterling: A History of English Money*, p. 36.

[3] Dorothy Sharon Sellers Macdonald, *Parliament and Monetary Affairs in Late Medieval England*, p. 142.

[4] ［英］W. J. 阿什利：《英国经济史及学说》，第172页。

[5] Dorothy Sharon Sellers Macdonald, *Parliament and Monetary Affairs in Late Medieval England*, pp. 150–151.

[6] T. H. Lloyd, *The English Wool Trade in the Middle Ages*, Cambridge: Cambridge University Press, 1977, p. 278.

[7] John Raithby, *The Statutes of the Realm*, Vol. 1, p. 273.

有英王颁发的执照,其所携带的货币和其他贵金属以及商品应归国王所有。在爱德华三世时期,搜查者形成了一定规模的常规团体,定期在英国的东西沿海港口进行严查,且他们将得到没收财物的 1/3 作为报酬。① 搜查者在搜查的过程中应该敬业且严格地履行其职责,如果他们出现懈怠或是徇私舞弊的情况,其财产将被没收,同时将被关押 1 年。②

再次,铸造贬值的小面额货币,抵制货币的外流。在爱德华三世即位之初,英国仍然延续爱德华二世时期货币外流的严重局面,为了解决这一问题,1335—1343 年,爱德华三世开始发行贬值的半便士和法寻,并在此期间停止铸造便士。③ 当时小面额银币的成色从 92.6% 下降到 83.3%,但是流通中的便士并未贬值,因此人们不愿意接受这些贬值的货币,尤其是领主和皇家官员在债务的支付和地租征收中更不愿意接受。④ 可见,爱德华三世在其统治之初采取的贬值小面额货币的做法并不成功。

最后,禁止或限制在对外贸易中使用信贷工具。中世纪意大利的银行家通常是教皇征收税收的代表,而汇票作为教皇征收税收的工具被这些银行家于 13 世纪 60 年代带到英国。⑤ 后来汇票逐渐用于商业活动,促进了英国国际贸易的发展。但是汇票是一把"双刃剑",它在客观上破坏了英国的货币政策,并保护了国外的贵金属。因为汇票掩盖了贵金属外流的事实,尤其在教会税收的征收中更为严重。在 13—14 世纪,英王允许教会使用各种形式进行海外支付。意大利人不但从事教皇税收的征收,而且还从事世俗的贸易活动,这与他们的

---

① A. Feavearyear, *The Pound Sterling: A History of English Money*, p. 4.
② John Raithby, *The Statutes of the Realm*, Vol. 2, p. 18.
③ P. J. Withers & Bente Withers, *The Halfpennies and Farthings of Edward III & Richard II*, Llanfyllin: Galata, 2005, p. 14; George C. Brooke, *English Coins: from the Seventh Century to the Present Day*, p. 118.
④ Dorothy Sharon Sellers Macdonald, *Parliament and Monetary Affairs in Late Medieval England*, pp. 47 – 49.
⑤ Richard W. Kaeuper, *Bankers to the Crown: the Riccardi of Lucca and Edward I*, Princeton: Princeton University Press, 1973, pp. 3 – 6.

教皇代理人的身份不符。他们通常进口大量的商品，但是离开时只携带少量的英国商品，尤其是在14世纪50年代羊毛贸易出现急剧衰落之后。① 再加之其他商业活动中汇票的使用，也导致了贵金属的流出，这是中世纪晚期英国货币短缺的重要原因。汇票逐渐演变为一种相对隐蔽的走私英国货币的手段，因此它的使用也逐渐引起了英王和普通民众的不满。

为了抵制货币的外流，英王开始采取措施禁止或是限制汇票的使用。最早开始关注这一问题的是爱德华一世，他在1283年10月14日下令禁止任何人借助汇票的形式进行跨洋支付，尤其是严禁商人的朋友或是合伙人在英国境内进行支付，而他们从欧洲大陆接收。② 议会也逐渐关注汇票导致的货币外流问题，在1305年议会下院的请愿中，提到西多会的修士通过汇票的方式把大量的便士寄到他们在大陆的居所。1307年3月爱德华一世在议会的提议下再次禁止使用汇票，以防止商人或是教会人士把货币从英国寄往欧洲或是寄给教皇。但是同年4月爱德华一世放松了这一要求，允许通过汇票的方式把货币寄给教皇，前提是必须得到英王特许的执照。③ 之后，英王利用议会向教会施压，使汇票的使用进一步规范化。

到了14世纪70年代，议会进一步关注汇票使用的问题。在1376年的议会请愿书中提出，任何银行家都不能使用汇票在海外支付，否则将被没收财产并被投进监狱。1377年10月，理查德二世批准了这一请愿，并再次强调了严禁贵金属的输出，并在1380年颁布了长期的禁令，在没有国王颁发的特许执照的前提下，严禁任何人借教会代理人之名牟利，尤其是严禁把货币和其他财物输出国外。到了15世纪，商业法规

---

① John Munro, "Bullionism and the Bill of Exchange in England, 1272 – 1663: A Study in-Monetary Management and Popular Prejudice", in Fredi Chiappelli, ed., *The Dawn of Modern Banking*, pp. 200 – 201.

② John Munro, "Bullionism and the Bill of Exchange in England, 1272 – 1663: A Study in-Monetary Management and Popular Prejudice", in Fredi Chiappelli, ed., *The Dawn of Modern Banking*, p. 198.

③ Dorothy Sharon Sellers Macdonald, *Parliament and Monetary Affairs in Late Medieval England*, pp. 18 – 19.

第二章 货币治理

的一个重要特点就是禁止信贷在对外贸易中的使用。1429 年议会提议严禁任何英国的商人通过信贷的方式与国外的商人进行贸易,后来由于商人的强烈反对,仅允许他们在呢绒贸易中使用。到了 15 世纪 80 年代,欧洲处于国际贸易混乱和膨胀的时期,英国再次强调严禁使用汇票,直到 1522 年之前再没有出台进一步的举措。①

禁止信贷工具的使用,客观上有利于抵制英国货币的外流,但是这一措施也不利于羊毛和呢绒贸易的发展,尤其是在中世纪晚期。传统上西欧的羊毛贸易是依靠信贷的方式进行买卖的,而英国禁止信贷的使用,打破了这一传统。同时,一些小商人并没有太多的现金可以直接购买羊毛和呢绒,这在一定程度上限制了贸易的发展。英王看到了这一点,1431 年亨利六世接受了议会的请愿,允许信贷在呢绒贸易中使用 6 个月;1473 年,爱德华四世(1461—1483 年在位)颁布新的法律,允许英国商人在羊毛和呢绒贸易中接收国外货币和使用汇票,这有利于英国和勃艮第之间贸易的发展。② 但是,短短几年之后,英国再次禁止汇票的使用。从总体上来说,禁止信贷工具的使用,不利于英国对外贸易的发展。

同时,严禁贵金属的输出,客观上保护了英国的货币,有利于英国货币流通的良性运转。但是,在推行抵制贵金属外流的措施中,也出现违背其初衷的做法,大大降低了这些措施的效果。例如过多地颁布贵金属输出的皇家执照,就是一个典型的例子。英王不仅把执照颁发给了商人、高级教士和领主,也大量地颁发给了国外的渔民,这反而有利于他们走私英国货币和其他贵金属。③ 对于货币输出限制的放

---

① John Munro, "Bullionism and the Bill of Exchange in England, 1272 – 1663: A Study in Monetary Management and Popular Prejudice", in Fredi Chiappelli, ed., *The Dawn of Modern Banking*, pp. 201 – 208.

② Dorothy Sharon Sellers Macdonald, *Parliament and Monetary Affairs in Late Medieval England*, pp. 158 – 161, 167.

③ T. H. Lloyd, "Overseas Trade and the English Money Supply in the Fourteenth Century", in N. J. Mayhew, ed., *Edwardian Monetary Affairs (1279 – 1344)*, Oxford: British Archaeological Reports No. 36, 1977, p. 115; Dorothy Sharon Sellers Macdonald, *Parliament and Monetary Affairs in Late Medieval England*, pp. 127 – 128.

松，客观上有利于货币的外流。同时，国王和教皇勾结，也不利于抵制贵金属输出措施的推行。14世纪70年代，教皇为了支援其在意大利的战争，开始向各国的教会和教士征收补助金，而英国议会的下院害怕这种方式导致货币流出，尤其是害怕爱德华三世为了支持教会而援助教皇，因此1373年议会再次请愿反对货币的外流。1375年，爱德华三世表面上答应议会的要求，但是为了得到教皇对其继承人的支持，暗地里却与其勾结，并支持教皇向英国的教会征税。尽管议会强烈反对国王的做法，但是国外的教士还是携带大量的货币返回欧洲大陆。①

四 重铸货币

货币重铸是解决货币剪边、伪造、磨损和国外劣质货币流入等问题的重要举措，同时，货币重铸也是英王保护货币制度完整性的根本措施。自从1158年亨利二世结束了货币定期重铸的制度之后，英国经常几十年才进行一次大规模的重铸，在每次重铸之时，往往把流通领域已有的货币进行彻底重铸，即新币代替旧币。中世纪晚期英国进行的几次大规模的货币重铸分别发生在：1180—1182年、1247—1250年、1279—1281年、1344—1351年、1411—1412年和1464—1466年。

在货币重铸过程中，旧币的回收也有一定的要求，其缺损的重量不应该超过原重量的1/8，而且旧币上交者还要为重铸支付一定的费用，通常情况下他们上交240便士可获得234便士。如果旧币缺损比较严重的货币，将作为贵金属处理。②

在此仅以1279—1281年爱德华一世的货币重铸为例，对中世纪晚期英国的货币重铸加以分析。1279年4月，伦敦铸币所正式进行货币重铸。为防止剪边和伪造等行为的再次出现，这次重铸出现几个

---

① Dorothy Sharon Sellers Macdonald, *Parliament and Monetary Affairs in Late Medieval England*, pp. 117 – 119.
② John F. Chown, *A History of Money: from A. D. 800*, p. 26.

新变化。首先是开始正式铸造圆形①的半便士和法寻。与原有被非法铸造的小面额货币相比，商人们自然更喜欢新铸造的圆形货币，这主要是由于其良好的质量吸引了他们。其次是改变了货币上的图案。货币的正面是一个带有冗长胡须的老者肖像，爱德华一世把其改为无胡须的年轻国王的形象，并且删除了货币背面铸币师的名字。② 再次，增加了每磅白银所铸造货币的数量和货币中合金的比重。一磅白银铸造240枚便士，到了爱德华一世时期，一磅白银要铸造243枚便士。同时，货币中的铜的含量也有所增加。这可能是由于严重的货币贬值所导致的，如果坚持原有的标准，国王将损失惨重。最后，铸造4便士银币——格洛特（groat）。由于英国货币贬值的程度没有欧洲大陆严重，而且当时的经济发展还不需要这种大额的货币。③ 因此格洛特的发行并不成功，此种货币从未在市面上流通过，部分保存下来被改造成女士们佩戴的胸针。④

为了方便新旧货币的兑换和加快货币重铸的步伐，爱德华一世在多个城市设立了货币兑换所。1279年7月5日，国王下令，所有拿到货币兑换所的旧币应该在15天之内兑换成新币。在兑换的过程中，往往是按照重量而不是货币的面值进行以旧换新的，而日常交易中是按照货币面额进行的，加之货币贬值严重，这就损害了前来兑换者的利益。由于货币兑换的总金额巨大，国王不得不向意大利的商人团体借贷了20300英镑来支撑这项工作。⑤

随着货币重铸即将完成，爱德华一世逐步降低了铸币率和铸币税。截至1280年年底，绝大部分贬值的货币已经被重铸，铸币所和货币兑换所运行所需要的费用也已经完全支付。从1280年12月25日开始，便士的铸造费从原来的7便士下降到了6.5便士，半便士的

---

① 所谓圆形，是相对于之前发行货币的边缘不规则等粗糙状况而言的。
② George C. Brooke, *English Coins: from the Seventh Century to the Present Day*, p. 117.
③ Sir John Craig, *The Mint: A History of the London Mint from A. D. 287 to 1948*, p. 45.
④ John F. Chown, *A History of Money: from A. D. 800*, p. 37.
⑤ M. Mate, "Monetary Policies in England, 1272 – 1307", *The British Numismatic Journal*, Vol. 41, 1972, p. 46.

铸造费从 9 便士下降到了 8.5 便士。此外，从 1281 年 2 月开始，每磅银所铸便士的数量从 245 枚（1280 年 1 月新增加 2 便士利润，因国王私自增加，被称之为"秘密利润"）下降到了 243 枚，且固定下来。人们拿一磅白银只能兑换到 240 枚便士，由于一磅白银铸造 245 枚便士，因此人们得到的 240 枚便士的重量与一磅白银的重量是不相等的。但从 1281 年 2 月开始，国王放弃了额外增加的 2 便士利润，一磅银可以兑换 243 枚便士。国王的铸币税也从每磅旧币的 19 便士下降到了 16 便士，每磅国外白银的铸币税也下降到了 14.5 便士。①国王自愿放弃其"秘密利润"和降低铸币税，充分说明货币重铸的目的是维持货币的稳定性。

在此次货币重铸的过程中，由于重铸规模较大，为缓解伦敦和坎特伯雷两个铸币所的压力，1280 年，国王重新开放了布里斯托尔、约克、纽卡斯尔和切斯特等郡级铸币所。当 1281 年 5 月货币重铸最终完成，这些郡级铸币所纷纷被关闭。②

1279—1281 年的货币重铸一方面给爱德华一世带来了大量的收入，为其军事征服提供了强大的支撑；另一方面，货币重铸恢复了英国货币流通的稳定性：圆形货币，尤其是圆形的半便士和法寻的铸造，有效地抑制了货币剪边的违法行为，先前由于货币严重贬值离开的商人，再次带着他们的商品来到英国进行贸易。

其他几次货币重铸的情形与 1279 年的货币重铸状况相差无几。但是，为了解决流通中货币短缺的问题，增加流通中的货币量，中世纪晚期英国出现了几次降低货币重量的重铸。1343—1351 年以及之后的几次重铸出现了货币重量降低的情况，多数遭到了议会的反对。如 1343—1351 年的货币重铸，因货币重量的降低就遭到了议会的强烈抗议。1346 年议会下院在请愿中，要求未经议会的同意，国王不得改变货币的标准。1348 年，议会再次重申此观点。面对议会的请

---

① M. Mate, "Monetary Policies in England, 1272 – 1307", *The British Numismatic Journal*, Vol. 41, 1972, p. 53.

② M. Mate, "Monetary Policies in England, 1272 – 1307", *The British Numismatic Journal*, Vol. 41, 1972, p. 53.

第二章 货币治理

愿,1352年爱德华三世勉强同意了议会的要求,"金币和银币的重量和成色将不得改变,并尽快采取措施恢复货币原有的标准"[1]。但是,在之后的1411年,由于货币出现了极度的缺乏,货币贬值的举措却得到了议会的支持。[2]

重铸货币的举措,对中世纪英国的货币流通产生了重要的影响。首先,经过货币重铸,基本上消除了流通中的劣质货币,改善了货币流通;其次,货币在设计上的改进也在一定程度上抑制了货币剪边和伪造等行为,譬如圆形货币的铸造,使得货币边缘突起较少;再次,货币的重量和成色得以保持,即使到了14—15世纪货币的重量出现了一定的降低,其成色依然不变;最后,英王并没有效仿欧洲大陆的君主通过货币贬值的方式获利,譬如爱德华一世在1279—1281年的货币重铸中及时放弃2便士的"秘密利润",就是一个很好的例证。[3]

综上所述,由于铸造技术的低劣,中世纪英国的货币流通中出现了剪边和伪造等违法现象;同时,因英国货币的重量和成色较高而备受欧洲大陆诸国的欢迎,货币外流现象严重;加之欧洲大陆诸国的仿造货币源源不断地流入英国。这些问题不仅导致货币的贬值和短缺,还严重破坏了英国的货币制度。为了维护英国货币制度的良好声誉,同时也为了解决货币贬值和外流带来的负面影响,英王采取了种种措施打击剪边和伪造货币的行为,严查货币以及其他形式的贵金属的流动,并进行大规模的货币重铸。尽管在这些措施的推行中出现了执行不力的现象,如搜查者的渎职、货币重铸不彻底等,但是从总体上来说,这些措施基本是成功的,改善了货币流通,维持了货币制度的稳定性,为当时经济社会的发展提供了良好的货币环境,同时也为英王的海外征服和政治统治提供了财政上的保障。

---

[1] Sir John Craig, *The Mint: A History of the London Mint from A. D. 287 to 1948*, p. 72; Dorothy Sharon Sellers Macdonald, *Parliament and Monetary Affairs in Late Medieval England*, pp. 102 – 103.

[2] Dorothy Sharon Sellers Macdonald, *Parliament and Monetary Affairs in Late Medieval England*, p. 143.

[3] M. Mate, "Monetary Policies in England, 1272 – 1307", *The British Numismatic Journal*, Vol. 41, 1972, p. 74.

第三章　货币与工资、价格

价格和工资都是通过货币的形式表现出来的，因此在对中世纪英国价格和工资进行研究之前，对货币的研究显得尤为重要。而货币论的核心观点就是强调货币因素对工资和价格的决定性影响。因此本章首先从货币论的角度对新人口论有关价格和工资的研究模式进行辨析，并阐述了货币论关于价格和工资的观点；其次利用货币论的观点对中世纪英国不同阶段的价格和工资的变化进行考察；最后从货币重量和成色以及货币供给等方面对中世纪英国价格和工资表现出的稳定性做出解释。

第一节　货币论对价格和工资变迁的解读

中世纪经济社会的发展变化，尤其是11—15世纪经济社会中出现的一些波动是20世纪初期以来欧洲经济史学家比较关注的一个话题。在11—13世纪西欧的经济处于上升期，价格出现上涨，但是到了14世纪的中后期突如其来的黑死病，导致欧洲经济的停滞甚至崩溃，当时的价格出现了下降。[1] 之后整个14—15世纪的欧洲都处于经济的恢复中，直到16世纪初才达到了13世纪的发展水平。中世纪英国的经济社会发展，也大体经历了这样一个过程。对于这种变化，学者们从不同角度做出解释，其中最著名的就是新人口论和货币论的

---

[1] W. C. Robinson, "Money, Population and Economic Change in Late Medieval Europe", *The Economic History Review*, New Series, Vol. 12, No. 1, 1959, p. 63.

第三章 货币与工资、价格

解读。

在中世纪欧洲经济史的研究中,新人口论是一个被普遍接受的理论模式。新人口论源自18世纪末形成的马尔萨斯主义,马尔萨斯认为土地的收益是递减的,因此当人口的增长超过生活资料的增长时,将会出现人口过剩的现象,于是只有战争、饥荒和瘟疫等手段才能解决人口过渡膨胀的问题,使其与生活资料趋于平衡。[1] 这一观点被后来的许多学者所接受,如 E. 米勒、J. 哈彻、J. Z. 蒂托等,其中最著名的就是中世纪经济史家 M. M. 波斯坦。M. M. 波斯坦最早在1950和1951年发表的有关人口变化的两篇论文中提出人口决定价格和工资的观点,[2] 之后发表的一些文章对该观点进行了完善,[3] 尤其是在1972年的《中世纪的经济与社会》一书中综合中世纪英国的人口与土地、物价和工资等方面的关系,总结出经济发展与人口规模大小之间的规律,并用这一规律解释中世纪西欧的历史。[4]

M. M. 波斯坦认为,在11—13世纪,随着新垦地的不断开发,耕地面积增加,人口也在不断攀升。随着人口的增多,对谷物需求日益增加,因此谷物的价格上升,同时由于劳动力供大于求,导致雇工工资下降。在土地开垦的过程中,人们首先开垦的是周围近便且肥沃的土地,当这些土地开垦完之后,人们被迫开始开垦边远的贫瘠土地。[5] 当时的

---

[1] T. Malthus, *An Essay on the Principle of Population*, London: Printed for J. Johnson, 1798, pp. 17 – 31, 36 – 44, 110 – 117.

[2] M. M. Postan, "Some Economic Evidence of Declining Population in the Later Middle Ages", *Economic History Review*, Vol. 2, No. 3, 1950; M. M. Postan, "The Economic Foundations of Medieval Society", *Jahrbücher für Nationalökonomie*, Vol. 161, 1951.

[3] M. M. Postan & J. Z. Titow, "Heriots and Prices on Winchester Manors", *Economic History Review*, Vol. 2, No. 3, 1959; M. M. Postan, "The Trade of Medieval Europe: the North", in M. M. Postan & Edward Miller, eds., *Cambridge Economic History of Europe*, Vol. 2, Cambridge: Cambridge University Press, 1987; M. M. Postan, "Medieval Agrarian Society in its Prime: England", in M. M. Postan, ed., *Cambridge Economic History of Europe*, Vol. 1, Cambridge: Cambridge University Press, 1966.

[4] M. M. Postan, *The Medieval Economy and Society: An Economic History of Britain, 1100 – 1500*, London: Weidenfeld and Nicolson, 1972.

[5] M. M. Postan, *Cambridge Economic History of Europe*, Vol. 1, Cambridge: Cambridge University Press, 1966, pp. 550 – 565.

土地是越来越少，份地也越来越小，地价出现上涨，并开始大量涌现无地和少地的农民。这时原有耕地的肥力开始出现递减，新开垦的土地由于较为贫瘠产量也不高。而人口还在不断增长，使得当时出现了"人口过剩"的现象，即现有的耕地无法养活当时的人口，因此人们的生活水平出现了下降。由于生活的困顿，造成一部分人无力结婚和较高的死亡率。从14世纪开始，人口逐渐减少，不久之后暴发的黑死病，加剧了人口下降的趋势，劳动力短缺，原有的土地无人耕种，出现了大片土地"长期抛荒"的现象。① 这样，工资上升，农产品价格出现了下跌，经营农业无利可图，农业的发展进入了衰退期。经过长期缓慢的发展后，人口和土地之间才取得了平衡，并再次进入发展的上升期。有资料记载，直到15世纪后半期，人口总数才开始出现恢复，16世纪初英国的人口还没有恢复到13世纪末的水平。② 总之，M. M. 波斯坦通过对中世纪英国的人口与土地、物价及工资关系的分析，建立了一种经济社会发展模式，其理论的核心是人口，人口的变化决定着经济发展，这被学者们称之为"新人口论"。

对于中世纪经济社会的发展模式，货币论学者有着不同的看法。货币论主要强调的是货币数量对经济活动和物价水平产生的影响。③ 货币论者主张，物价的变化和货币的供应成反比，当货币供应增加时，物价自然高涨；当货币供应减少时，物价就会下跌。另外，货币的流转速度也会影响物价，因为货币加速流转等于增加了货币供应量。这可以通过著名的费希尔方程式来表达，$P = MV/T$，其中 P 是物价水平，M 是货币供应量，V 是货币周转速度，T 是商品交易总额。无论是货币供应量的增加，还是货币流转速度的加快，都可以影响到物价的上涨。但是，中世纪的货币流通相对于今天来说，是受到一定

---

① M. M. Postan, "The Economic Foundations of Medieval Economy", in M. M. Postan, ed., *Essays on Medieval Agriculture and General Problems of the Medieval Economy*, Cambridge: Cambridge University Press, 2008, pp. 14 – 15.

② M. M. Postan, *Cambridge Economic History of Europe*, Vol. 1, p. 570.

③ [美] 彼得·纽曼等主编：《新帕尔格雷夫货币金融大辞典》第2卷，黄卫平等译，经济科学出版社2000年版，第699页。

第三章 货币与工资、价格

的限制或是缺乏一定的弹性，因此当时流通中货币量的增多主要是依靠货币供给的增加或是贵金属的增加。①

事实上，早在20世纪30年代，一些著名的学者就从货币论的角度对中世纪欧洲的经济社会发展进行了分析，其中最为著名的是马克·布洛赫、A. 费维耶、E. J. 汉密尔顿。② 他们认为，12—13世纪的繁荣是由于贵金属的供应量持续增加引起的，当时的价格出现了上涨；到了中世纪晚期，由于开采技术的落后，金银等贵金属的开采量出现了大幅下降，贵金属的供给不能满足经济发展的需要，其中一个重要的表现就是货币出现短缺，进而价格出现了下降。

20世纪的50年代，随着M. M. 波斯坦的一系列论文和著述的出版，新人口论逐渐被国外研究中世纪的历史学家和经济史学家所接受，但是也遭到了货币论者的反对。

货币论者首先对新人口论者所持的11—14世纪初因人口的增加而出现物价上涨和工资下降的现象进行了反驳。A. R. 布兰德博瑞认为，人口增长并不总是导致物价的上升，在13世纪的最后10年物价并没有上涨，就可以说明这一点。③ P. D. A. 哈维认为，从12世纪末直到13世纪60年代英国的物价出现了大幅的上涨，且在之后仍以较缓慢的速度上升，直至13世纪末。④ 在物价上涨的同时，不仅士兵的工资出现了上涨，熟练工人的工资也出现了上涨。在亨利二世时期，温莎（Windsor）⑤ 负责管理王室葡萄园的熟练工人日工资是1便士。

---

① John Day, *The Medieval Market Economy*, Oxford: B. Blackwell, 1987, p. 110.
② Marc Bloch, "Le problème de l'or au Moyen Age", *Annales d'histoire économique et sociale*, Vol. 5, No. 19 (Jan. 31, 1933), pp. 1 – 34; A. Feavearyear, *The Pound Sterling: A History of English Money*, Oxford: Clarendon Press, 1931; E. J. Hamilton, "Money, Prices and Wages in Valencia, Aragon and Navarre, 1351 – 1500", *Harvard Economic Studies*, Vol. 51, Cambridge: Harvard university press, 1936; E. J. Hamilton, *American Treasure and the Prices Revolution in Spain*, *Harvard Economic Studies*, Vol. 43, Cambridge: Harvard university press, 1934.
③ A. R. Bridbury, "Thirteenth Century Prices and The Money Supply", *Agricultural History Review*, Vol. 33, 1985, p. 4.
④ P. D. A. Harvey, "The English Inflation of 1180 – 1220", *Past & Present*, No. 61 (Nov., 1973), pp. 3 – 4.
⑤ 自诺曼征服以来，温莎一直是王室的住所。

在1210—1211年温切斯特主教区的木匠日工资为1.5—2便士，到了13世纪中期日工资上涨至2.5—3便士。① 如果在11—13世纪随着物价的上涨，工资也出现了上涨，这是人口论所无法解释的。对于11—13世纪物价上涨的原因，N. J. 马修认为从12世纪末到14世纪初，英国的货币供应量一直处于增长的状态，这才是当时物价上涨的原因，而且他认为物价和货币供应量之间是一个弹性关系，也就是说物价随着货币供应量的变化而出现波动。② 对于物价上涨的原因，D. L. 法默也认为在1100—1300年，英国的货币流通量增加了10—15倍，同时货币的周转速度也在增加，这才是物价上涨的真正原因。③ 保罗·拉蒂默认为，中世纪的民众有把良币储存起来的习惯，但是在12世纪末出现的货币贬值使得人们失去了对持有货币的信心，因此开始把贮存起来的货币用于消费，这在一定程度上增加了货币流通量，因此在13世纪初出现了物价大幅上涨的局面。④ 到了14世纪初，英国的物价出现了暴涨，马维斯·梅特认为对外贸易的发展导致欧洲大陆的大量白银流入英国，同时英王采取种种措施禁止货币和未授权的白银和银制品的输出，使得英国的货币供应量大大增加，这是物价高涨的主要原因。⑤ 从14世纪30年代开始，大部分商品的价格出现了下降，如果从新人口论的角度进行解释，当时的人口应该出现惊人的下降，但是并没有相关的证据。对于这一现象，马维斯·梅特和迈克尔·普雷斯特维奇认为，爱德华二世统治末期和其儿子即位之初的政治混乱，使得禁止白银输出的措施执行不力。此外，爱德华三世统

---

① P. D. A. Harvey, "The English Inflation of 1180 – 1220", *Past & Present*, No. 61 (Nov. , 1973), pp. 16 – 17.

② N. J. Mayhew, "Money and Prices in England from Henry Ⅱ to Edward Ⅲ", *Agricultural History Review*, Vol. 35, No. 2, 1987, pp. 125 – 128.

③ D. L. Farmer, "Prices and Wages", in H. E. Hallam, ed. , *The Agrarian History of England and Wales*, Vol. 2, Cambridge: Cambridge University Press, 1988, pp. 723 – 724.

④ Paul Latimer, "The English Inflation of 1180 – 1220 Reconsidered", *Past & Present*, No. 171 (May, 2001), pp. 21 – 23.

⑤ M. Mate, "High Prices in Early Fourteenth-Century England: Causes and Consequences", *The Economic History Review*, New Series, Vol. 28, No. 1 (Feb. , 1975), pp. 2 – 6.

第三章 货币与工资、价格

治初期用于贿赂对外战争同盟者和其他外交的费用较高。当时的状况是越来越多的白银流出英国，而流通领域新铸造的货币在不断地减少，这才是导致物价出现下降的根本原因。① N.J. 马修经过估算认为，1348 年总货币量低于 1324 年的一半。②

工资是劳动力的价格，因此也是商品价格之一，并随着人口的升降而变更其供求关系。因此新人口论者认为，在 11—14 世纪初，随着人口的增加，劳动力将会出现供大于求的现象，因此工资出现了下降。D. L. 法默对 1208—1356 年的工资进行了估算，认为当时的工资出现了上涨，例如以收割工收割和打捆 1 英亩谷物的工资为例，其工资 1208—1220 年为 3.54 便士，1300—1310 年为 5.45 便士，1347—1356 年为 8.19 便士。③ 但这只是名义工资④的上涨，如果换算为实际工资可能出现不同的情况。D. L. 法默对不同工种工资的购买力进行了估算，仍以这一时期收割工的工资为例，以购买 1 夸脱大麦所需要的工作时间为标准，在 1208—1220 年需要工作 8 天，在 1300—1310 年需要工作 9 天，在 1347—1356 年需要工作 7 天。⑤ 从收割工工作的时间来看，当时其工资的购买力并未出现太大的变化，这也与新人口论者所持观点不同。

从 11—14 世纪初物价和工资的变化来看，新人口论的分析并不准确，反而货币因素的变化成为这一时期物价和工资变迁的真正

---

① M. Mate, "High Prices in Early Fourteenth-Century England: Causes and Consequences", *The Economic History Review*, New Series, Vol. 28, No. 1 (Feb., 1975), p. 14; Michael Prestwich, "Currency and the Economy of Early Fourteeth Century England", in N. J. Mayhew, ed., *Edwardian Monetary Affairs (1279–1344)*, Oxford: British Archaeological Reports No. 36, 1977, p. 46.

② N. J. Mayhew, "Numismatic Evidence and Falling Prices in the Fourteenth Century", *The Economic History Review*, New Series, Vol. 27, No. 1 (Feb., 1974), p. 7.

③ D. L. Farmer, "Prices and Wages", in H. E. Hallam, ed., *The Agrarian History of England and Wales*, Vol. 2, p. 768.

④ 名义工资是雇工为雇主提供劳动所得到的货币报酬，而实际工资则是货币工资所能购买多少消费品的体现，也就是货币工资的购买力问题。

⑤ D. L. Farmer, "Prices and Wages", in H. E. Hallam, ed., *The Agrarian History of England and Wales*, Vol. 2, p. 774.

原因。

其次是对黑死病之后由于人口的下降，英国出现了物价下降和工资上涨的现象进行反驳。D. L. 法默认为黑死病之后绝大多数的耕地仍有人在耕作，并没有出现大规模撂荒的现象，至少在温切斯特主教庄园是这样。由于牲畜饲养和放牧带来了肥料和播种方式的改善，再加之干燥的气候，使得在 1376—1395 年温切斯特主教庄园的 18 个谷物产量的记载中，仅有 3 个产量较低，其余的记载都要高于平均产量。① 这与 M. M. 波斯坦认为的黑死病后出现大片无人耕作的土地的说法不符。

1344 年英国引入了金币，这在一定程度上缓和了白银短缺的问题；黑死病之后，羊毛贸易的繁荣促进了白银的流入，而人口急剧下降后人均货币量较高。这些原因促使 14 世纪五六十年代英国价格的高涨。② 这也与 M. M. 波斯坦所说相反，他认为在黑死病之后由于人口的急剧下降，价格也出现了下跌。

货币论者通常认为，中世纪晚期的价格和工资的变动是与银荒导致的货币供应量下降密切相关。约翰·戴伊认为从 14 世纪中晚期开始，欧洲银矿的开采出现了枯竭，同时在东西方贸易中的不平衡，使得欧洲大量的贵金属流入东方的拜占庭——伊斯兰市场，这使得中世纪晚期的欧洲出现了银荒，严重影响了欧洲诸国的货币铸造和货币供给。③ 这才是造成中世纪晚期英国货币短缺的根本原因，同时一些其他的原因也加剧了货币供应量的减少。H. A. 敏斯凯敏认为由于英国的货币成色较高，受到了苏格兰和佛兰德尔等地的欢迎，因此导致货币不断流出；罗马教皇所征税收和对外贸易中出现的逆差也造成了英

---

① D. L. Farmer, "Prices and Wages, 1350 – 1500", in Edward Miller, ed., *The Agrarian History of England and Wales*, Vol. 3, Cambridge: Cambridge University Press, 1991, p. 439.

② M. Allen, "The Volume of the English Currency, 1158 – 1470", *The Economic History Review*, New Series, Vol. 54, No. 4 (Nov., 2001), p. 606; D. L. Farmer, "Prices and Wages", in H. E. Hallam, ed., *The Agrarian History of England and Wales*, Vol. 2, p. 724.

③ John Day, "The Great Bullion Famine of the Fifteenth Century", *Past & Present*, No. 79 (May, 1978), pp. 8 – 12.

国货币的大量流失。① 除此之外，货币的窖藏、人为的剪边与伪造、自然磨损以及铸造过程中的损耗等都在客观上导致英国货币量的降低。据此约翰·克雷格爵士认为在中世纪的晚期，由于贵金属供给的缺乏，英国铸币所的铸币量出现了急剧下降。② P. 斯普福德认为到了15世纪六七十年代，随着阿尔卑斯山和厄尔士山新银矿的发现，尤其是蒂罗尔的施瓦兹和萨克森的施内贝格银矿的发现，以及深井抽水机的发明和使用，使得原来旧有的银矿再次得以开采。因此，在15世纪末随着白银的大量开采，持续一百多年的银荒问题在一定程度上得以缓解。③

中世纪晚期的银荒一般认为主要发生在两个时期，即14世纪70年代至15世纪前10年和15世纪40—70年代。约翰·蒙罗认为，在这两个时期，由于流入英国皇家铸币所的贵金属锐减，货币量相应降低，导致货币紧缩，进而出现了物价下降的局面。④ 而在这两个时期之间的一段时间，英国进行了重铸，使得当时的货币量有所增加，因此价格也出现一定程度的回升。

对于黑死病之后工资水平的估算，约翰·蒙罗认为在黑死病之后出现了几次通货膨胀和通货紧缩。他认为在通货膨胀时期，价格上升，雇工的名义工资也出现上涨，但是实际工资出现下降；在通货紧缩的情况下，物价和实际工资水平出现相反的变化。⑤

对于 M. M. 波斯坦的黑死病导致工资上涨的观点，马维斯·梅特提出了不同的理解，他认为劳动力的短缺并不一定是人口下降的结

---

① Harry A. Miskimin, "Monetary Movements and Market Structure: Forces for Contraction in Fourteenth- and Fifteenth-Century England", *The Journal of Economic History*, Vol. 24, No. 4 (Dec., 1964), pp. 474–475.

② Sir John Craig, *The Mint: A History of the London Mint from A.D. 287 to 1948*, pp. 411–413.

③ P. Spufford, *Money and Its Use in Medieval Europe*, pp. 363–370.

④ John Munro, "Postan, Population, and Prices in Late Medieval England and Flanders", Friday, 27 September 2002, Working Paper No. 19, Ut-ecipa-munro-02-04, pp. 21–24.

⑤ John Munro, "Postan, Population, and Prices in Late-Medieval England and Flanders", Friday, 27 September 2002, Working Paper No. 19, Ut-ecipa-munro-02-04, p. 15.

果,农业丰收时需要大量的劳动力,大城市的发展也吸引了来自乡村的劳动力,这些情况同样能引起工资的上涨。①

从以上分析可以看出,由于人均货币量增加等原因,导致在黑死病之后的25年间出现通货膨胀;在14世纪70年代至15世纪前10年和15世纪40—70年代的两个阶段,由于欧洲出现的"银荒"而使得英国一度出现通货紧缩;在两次通胀紧缩之间,英国出现了通货膨胀。在通货膨胀时期,价格出现上涨,实际工资出现下降;在通货紧缩时期,价格出现下降,实际工资出现上涨。

对于货币论对新人口论提出的批驳,M. M. 波斯坦也做出了回应。他认为,单纯的货币因素无法解释中世纪晚期英国的经济变迁。他首先承认了在13世纪末和14世纪初,由于技术问题导致中欧白银开采的下降。但是,他认为银矿开采的下降并不能导致货币的短缺,主要是因为之前已经积累了大量的白银。"尽管大陆矿区的白银出现了明显的下降,但是欧洲全部的银储备是十分巨大的,因为它已经积存了两三个世纪。当时积存的白银总量相当于每年增长量的200—500倍,国际银价更多的是受到其利用方式的影响,而不是其开采量的影响。"② 既然在中世纪晚期货币量没有出现太大的变化,那么价格的变迁就与货币供应量无关。但是,敏斯凯敏认为这种观点是建立在一种近乎荒谬的论据之上的,即白银是不可破坏和耐用的。事实上,白银可以以多种方式离开流通领域,而且有时候是不能恢复的。譬如,贸易或是政治行为导致英国的货币广泛出现在西欧各地。③

同时,M. M. 波斯坦还认为中世纪商人交易的75%以上都有信贷手段参与完成,而在13—14世纪的英国羊毛贸易中已经大规模使用信贷,④ 尤其是到了中世纪晚期随着意大利银行制度的传入,英国的

---

① M. Mate, "High Prices in Early Fourteenth-Century England: Causes and Consequences", *The Economic History Review*, New Series, Vol. 28, No. 1 (Feb., 1975), pp. 14 – 15.

② M. M. Postan & Edward Miller, *Cambridge Economic History of Europe*, Vol. 2, pp. 251 – 262.

③ N. J. Mayhew, "Numismatic Evidence and Falling Prices in the Fourteenth Century", *The Economic History Review*, New Series, Vol. 27, No. 1 (Feb., 1974), p. 2.

④ M. M. Postan, "Credit in Medieval Trade", *The Economic History Review*, Vol. 1, No. 2 (Jan., 1928), pp. 234 – 241.

第三章 货币与工资、价格

信贷制度得到较大的发展,并在一定程度上增加了英国的货币供应量。① W. C. 罗宾逊认为,在中世纪晚期信贷和银行制度发展程度不高,不足以抵销白银产量的下降。② 约翰·蒙罗认为,因为汇票导致英国货币的外流并损害了英王室在货币兑换中建立起来的权威,所以中世纪晚期的英国反对在本国使用汇票。③ 由此推知,在中世纪晚期的英国汇票的使用没有得到政府的支持,其发展程度并不高。N. J. 马修认为,信贷制度的最终结算还是依靠货币,因此信贷制度最终反映的还是货币的供给而不是补偿货币供给。④ P. 斯普福德认为,在正常的货币流通情况下,信贷能增加货币量,但是中世纪晚期的银荒严重影响了货币流通,进而导致了信贷制度的衰落。⑤ 帕梅拉·南丁格尔也认为,货币供应量影响着信贷制度的发展,在经济发展中信贷不能代替货币。⑥ 约翰·戴伊也认为,在17世纪汇票和期票(promissory note)等信贷工具没有广泛使用之前,其作用是非常有限的。⑦

此外,波斯坦认为,随着中世纪晚期贸易的发展,英国的货币周转速度在加快,这在一定程度上也增加了英国的货币流通量。⑧ 对此,N. J. 马修认为,在中世纪晚期的英国,尽管国民总收入没有13世纪那么高,但是由于人口的下降人均收入出现了上涨;同时在中世纪晚期金币在流通中所占比例较高,银币的供给处于明显的短缺状态,由

---

① M. M. Postan, "[Money, Population and Economic Change in Late Medieval Europe]: Note", *The Economic History Review*, New Series, Vol. 12, No. 1, 1959, p. 77.

② W. C. Robinson, "Money, Population and Economic Change in Late Medieval Europe", *The Economic History Review*, New Series, Vol. 12, No. 1, 1959, p. 67.

③ John Munro, "Bullionism and the Bill of Exchange in England, 1272 – 1663: A Study in Monetary Management and Popular Prejudice", in Fredi Chiappelli, ed., *The Dawn of Modern Banking*, pp. 198 – 208.

④ N. J. Mayhew, "Money and prices in England from Henry II to Edward III", *Agricultural History Review*, Vol. 35, No. 2, 1987, p. 121.

⑤ P. Spufford, *Money and Its Use in Medieval Europe*, p. 347.

⑥ Pamela Nightingale, "Monetary Contraction and Mercantile Credit in Later Medieval England", *The Economic History Review*, New Series, Vol. 43, No. 4 (Nov., 1990), p. 574.

⑦ John Day, *The Medieval Market Economy*, p. 95.

⑧ M. M. Postan, "[Money, Population and Economic Change in Late Medieval Europe]: Note", *The Economic History Review*, New Series, Vol. 12, No. 1, 1959, p. 78.

于金币的面额较高，这在一定程度也降低了货币周转速度。① 约翰·蒙罗也认为在中世纪的英国，随着人口和货币总量的降低商品交易量出现了下降，进而导致货币周转速度的降低。②

从上述分析可以看出，M. M. 波斯坦对货币论的反驳是站不住脚的，中世纪晚期的银荒并没有因为之前积累的白银而缓解，货币量也没有因为信贷制度的发展和货币周转速度的变化而得到补充。

随着货币论对新人口论的批驳，新人口论的学者开始认识到了货币因素在中世纪英国经济社会发展中的作用，但是他们从根本上依然坚持原有的观点，即坚持人口因素是中世纪英国物价和工资变迁的根本原因。20 世纪的七八十年代，尤其是在 1981 年 M. M. 波斯坦去世之后，他的学生和支持者开始意识到在中世纪英国经济中的通货膨胀和通货紧缩时出现的价格波动，如 J. 哈彻认为，除了人口因素之外，一个国家的货币总量和其货币周转速度都能影响到价格和工资水平。但是他又认为不应该夸大货币因素的作用，中世纪晚期英国工资上涨的根本原因是人口的下降导致的劳动力短缺。③

货币论对 M. M. 波斯坦进行反驳的另外一个原因是其对价格的分析仅建立在谷物一种价格资料之上，而价格史的研究应该包括更多物品的价格，当然这也是与资料的匮乏有很大的关系，因为当时除了谷物价格的数据外，其他产品的价格资料较少，而且缺乏连续性。M. M. 波斯坦通过对谷物产品价格的微观研究，就得出人口的增减与物价变化之间的普遍规律，这也是很多学者反对其结论的一个重要原因。但是，后来随着菲尔普斯·布朗和霍普金斯对工资和价格数据的

---

① N. J. Mayhew, "Population, Money Supply, and the Velocity of Circulation in England, 1300 – 1700", *The Economic History Review*, New Series, Vol. 48, No. 2 (May, 1995), pp. 240 – 250.

② John Munro, "Bullion Flows and Monetary Contraction in Late-Medieval England and the Low Countries", in John F. Richards, ed., *Precious Metals in the Later Medieval and Early Modern Worlds*, Durham: Carolina Academic Press, 1983, p. 100.

③ John Hatcher, *Plague, Population, and the English Economy, 1348 – 1530*, London: Macmillan, 1977, pp. 48 – 54.

第三章 货币与工资、价格

研究,① 尤其是对除谷物之外的肉和鱼、奶酪和黄油、饮品、燃料和纺织品五大类产品的价格进行了总结,并做成了表格,为中世纪工资和价格的探讨奠定了基础。

菲尔普斯·布朗和霍普金斯对工资的研究采取的是长时段的方法,其探讨的时间范围为1300—1900年6个世纪的价格和工资的变迁,这有助于考察价格和工资的长期变化趋势。如果以菲尔普斯·布朗和霍普金斯制定的生活指数表为依据,其中以1451—1475年的价格和工资的指数为100,将会发现在整个中世纪英国的价格和工资变化不大,基本保持稳定。② 这似乎看起来与货币供给影响价格和工资的变化相矛盾,事实上并非如此。货币供给往往引起的是短期的价格和工资的波动,而菲尔普斯·布朗和霍普金斯则是从长期趋势来比较这些变化,得出的也是总体性的特征。对于14—15世纪价格变化较为稳定的原因,早在20世纪的30年代英国著名的经济史学家约翰·克拉潘就做出了解释,他认为,尽管在中世纪晚期英国的货币出现了贬值的趋势,但是由于银荒的出现以及"对白银的需要特别迫切而它的供应又相对地缺少,它的购买力因此提高了",这才是物价较为稳定的原因。③ 后来的学者中也有持相同观点的,如约翰·戴伊就认为,中世纪晚期由于贵金属的缺乏,导致其价值的上升。④

从以上对新人口和货币论的分析来看,人口因素对中世纪英国物价和工资的影响并不是决定性的,货币才是中世纪英国价格水平和工资变迁的主要原因,货币因素也是中世纪英国经济发展的

---

① E. H. Phelps Brown & Sheila V. Hopkins, "Seven Centuries of Building Wages", *Economica*, New Series, Vol. 22, No. 87 (Aug., 1955), pp. 195 – 206; E. H. Phelps Brown & Sheila V. Hopkins, "Seven Centuries of the Prices of Consumables, Compared with Builders' Wage Rates", *Economica*, New Series, Vol. 23, No. 92 (Nov., 1956) pp. 296 – 314.

② E. H. Phelps Brown & Sheila V. Hopkins, "Seven Centuries of the Prices of Consumables, Compared with Builders' Wage Rates", *Economica*, New Series, Vol. 23, No. 92 (Nov., 1956), pp. 311 – 312.

③ [英] 约翰·克拉潘:《简明不列颠经济史:从最早时期到1750年》,第241页。

④ John Day, *The Medieval Market Economy*, p. 63.

重要因素。F. 布罗代尔和 F. 斯普纳教授认为,"价格只有在货币系统中才能被理解,货币系统为价格充当框架和表达的方式,没有货币就没有价格"[1]。货币因素既包括货币供应量对物价和工资的影响,也应该包括货币本身成色的高低,即是否贬值对价格造成的影响。正如 N. J. 马修所言,"无论是从长期趋势,还是短期影响来看,尤其是在货币重铸的时间内,货币因素都对价格产生着重要影响"[2]。

第二节 货币供给与价格和工资的变迁

中世纪英国的价格和工资的资料相对较为缺乏,盎格鲁—撒克逊和诺曼王朝时期几乎不存在有关价格和工资的数据。到目前为止,中世纪英国最早的价格记载为 1160—1208 年财政署收支卷档案里国王为王室庄园和军队购买牲畜和谷物的记录,最早的农业工资的记载出现在 1208—1209 年温切斯特庄园的"收支卷档"中。在 1208 年之后的 60 年里,有关价格和工资的数据主要来自温切斯特主教庄园的账簿,从 13 世纪 70 年代开始有关价格和工资的记录才丰富起来。[3] 所以本节对中世纪英国的价格和工资的探讨的起始时间分别为:1160 年和 1208 年。同时,在 12 世纪末至 14 世纪初期间英国的货币供给一直处于不断增加的状态之中,大概从 14 世纪 30 年代开始英国的货币供给开始受到白银短缺的影响,尤其是在 14 世纪 70 年代之后银荒的影响,使得货币的供给出现下降,直到 16 世纪初才有所缓和。因此本节对中世纪英国价格水平和工资变迁的探讨划分为前后两个阶段:1160—1320 年和 1330—1500 年。

---

[1] E. E. Rich & C. H. Wilson, *Cambridge Economic History of Europe*, Vol. 4, Cambridge: Cambridge University Press, 1967, p. 378.

[2] N. J. Mayhew, "Money and Prices in England from Henry Ⅱ to Edward Ⅲ", *Agricultural History Review*, Vol. 35, No. 2, 1987, p. 129.

[3] D. L. Farmer, "Prices and Wages", in H. E. Hallam, ed., *The Agrarian History of England and Wales*, Vol. 2, pp. 715 – 717.

第三章 货币与工资、价格

一 1160—1320年货币供给的增减与价格和工资的变化

（一）价格的变迁

任何以贵金属为基础的货币制度运行的先决条件是稳定的货币供给。① 中世纪英国是一个贵金属比较匮乏的国家，北部的奔宁山脉的银矿仅在12世纪为货币铸造提供了一定的支持；西南部的德文郡和康沃尔郡的银矿分别在13世纪90年代和15世纪中期为铸币所提供过一定的白银，由于在这两个时期英国都出现了白银短缺的现象，所以这两个郡的银矿显得尤为重要，在1292—1299年其银矿的总开采量为7101英镑，约占当时总货币铸造量的16.3%，在1445—1451年开采量为5207英镑，约占当时总货币铸造量的9.8%。② 可见，英国本土的银矿开采量对货币铸造的贡献并不大。

既然中世纪的英国自身是一个贵金属相对稀缺的国家，那么它又是通过何种方式来解决其自身白银不足的问题的呢？M. 艾伦认为在1086—1500年维持其货币供给的贵金属主要来自输入的货币和金银。③ N. J. 马修认为中世纪的英国主要是通过对外贸易获得贵金属，并因此认为货币流通与对外贸易之间的联系是中世纪英国货币制度最根本的特征。④ 中世纪英国向欧洲大陆出口的主要商品有羊毛、呢绒、矿产品⑤以及粮食。⑥

从盎格鲁—撒克逊晚期到14世纪初，英国的白银流动大概经历了如下的过程。在盎格鲁—撒克逊晚期白银以丹麦金的形式大量的流

---

① N. J. Mayhew, *Sterling: The History of A Currency*, p. 5.
② M. Allen, "Silver Production and the Money Supply in England and Wales, 1086 - c. 1500", *Economic History Review*, Vol. 64, No. 1, 2011, pp. 123 - 127.
③ M. Allen, "Silver Production and the Money Supply in England and Wales, 1086 - c. 1500", *Economic History Review*, Vol. 64, No. 1, 2011, p. 126.
④ N. J. Mayhew, *Sterling: The History of A Currency*, p. 5.
⑤ 在1240年之前，英国西部康沃尔等郡开采的锡矿是欧洲大陆唯一锡的来源地，因此在当时出口中占据着重要的地位。
⑥ M. M. Postan & Edward Miller, *Cambridge Economic History of Europe*, Vol. 2, p. 282; N. J. Mayhew, "Coinage and Money in England, 1086 - c. 1500", in Diana Wood, ed., *Medieval Money Matters*, p. 72.

出，这在一定程度上减少了白银的积累，但是到了12世纪末，随着羊毛和谷物的出口以及安茹王朝在欧洲大陆上征收赋税，使得白银大量流入英国。尽管亨利二世时期的战争和理查德一世的十字军东征以及政治赎金消耗了一定数量的白银，但是随着白银的流入，英国的货币量反而出现了增加。在布汶战争（1214）之后的80年，由于贸易的平衡，使得欧洲大陆的白银源源不断地流入英国，而且在这一时期也是中世纪欧洲白银开采最为繁荣的一个时期，仅在隆美尔斯贝格（Rommelsberg）一地每年开采白银就达到50吨。① 在13世纪的大部分时间里，羊毛出口到低地国家，佛兰德尔的商人把大量的白银带到了英国。② 当然，这种贸易有时也要受到战争或是禁运政策的影响，进而导致英国铸币所铸币量的减少。此外，来自加斯科涅的税收和铸币税的征收，都增加了英国的贵金属的存储量。总之，由于国际贸易的繁荣发展，在12世纪60年代至14世纪20年代的英国是欧洲大陆白银的接收者。③

对于1351年之前英国货币量的变化，不同的学者进行了估算，其中最著名的是 N. J. 马修和 M. 艾伦。由于 N. J. 马修主要是根据伦敦和坎特伯雷两个铸币所的铸币记录进行估算的，不包括其他小的铸币所的铸币量，而且也没有把货币的流失率等问题考虑进去，因此其估算可能偏低。相比 N. J. 马修，M. 艾伦的估算可能更为周密。

从表3-1来看，在12世纪末到14世纪初期间，英国的货币流通量出现了大幅上涨。根据费希尔公式 $MV = PT$，流通领域货币量（M）的增加势必对当时的价格（P）和工资造成极大的影响。接下来就对这一时期的货币量与工资和价格的关系进行探讨。

---

① D. L. Farmer, "Prices and Wages", in H. E. Hallam, ed., *The Agrarian History of England and Wales*, Vol. 2, pp. 723 – 724.
② C. E. Challis, *A New History of the Royal Mint*, p. 131.
③ P. Spufford, *Money and Its Use in Medieval Europe*, p. 160.

表 3-1　　　　1158—1470 年英国货币流通量　　　（单位：百万英镑）

时间（年）	N. J. 马修的估算	M. 艾伦的估算		
		银	金（1331 年之前忽略不计）	总量
1158	—	0.03—0.08	—	—
1180	0.1 或更少	0.07—0.19	—	—
1205	0.25	—	—	—
1210	—	0.2—0.5	—	—
1218	0.3	—	—	—
1247	0.4	0.425—0.45	—	—
1278	0.606 或 0.674	—	—	—
1279	—	0.5—0.6	—	—
1282	—	0.8—0.9	—	—
1290	—	1.0—1.3	—	—
1299	—	1.1—1.4	—	—
1300	0.9	—	—	—
1310	—	1.5—1.9	—	—
1311	1.1	—	—	—
1319	—	1.9—2.3	—	—
1324	1.1	—	—	—
1331	—	1.5—2.0	—	1.5—2.0＋金币
1351	0.5	0.7—0.9	0.1—0.2	0.8—1.1
1356	0.788	—	—	—
1417	0.639	—	—	—
1422	—	0.15—0.2	0.8	0.95—1.0
1470	0.9 或 1.0	0.35—0.45	0.4—0.5	0.75—0.95

资料来源：N. J. Mayhew, "Modelling Medieval Monetisation", in R. H. Britnell & B. M. S. Campbell, eds., *A Commercialising Economy*: *England 1086 to c.1300*, pp. 57 - 72; M. Allen, "The Volume of the English Currency, 1158 - 1470", *The Economic History Review*, New Series, Vol. 54, No. 4（Nov., 2001）, p.607。

12世纪上半期，由于戈斯拉尔（Goslar）银矿的枯竭，欧洲经历了半个多世纪的白银短缺的时期。这也影响到了英国，导致货币量出现了明显下降，有学者估算在1000年时，尽管需要向丹麦人支付大量的丹麦金，但是英国流通领域大概仍有2亿枚便士，到了1158年便士的总量已下降到1亿枚。大概从13世纪60年代开始，随着弗莱贝格（Freiberg）新银矿的开采，欧洲发生的白银短缺的问题得到解决。这些白银也随着对外贸易的发展不断流入英国，尤其是在12世纪80年代之后。这促进了货币铸造的活跃，当时的铸币量是之前的6—8倍。①

正是由于大量白银的流入，才导致1180—1220年间白银自身的价值下降了1/3，即出现了严重的通货膨胀。② 英国的物价出现了上涨，从表3-2可以看出，谷物的价格上涨了2—3倍左右；其中在1200—1210年，小麦价格是1160—1170年平均水平的3倍多，上涨幅度更大。除了谷物外，公牛和马等牲畜以及亚麻和葡萄酒等其他商品的价格也出现了上涨。③ 如在1180—1195年，财政署购买每8厄耳（Ell）④呢绒的价格在11先令8便士到14先令1便士之间，但之后出现了大幅的上涨，1211—1212年达到了42先令3便士，之后直到1220—1221年，其价格基本维持在40先令1便士。⑤

在接下来的半个世纪里，英国的货币量基本变化不大。从表3-1可以得知，在1270年之前，英国的货币量没有超过50万英镑，这也是1220—1270年英国物价保持基本稳定的原因。从表3-2可以看出，1220—1230年每夸脱小麦的价格为4.82先令，到了1260—1270年为4.38先令，波动不大。在亨利三世即位之

---

① P. Spufford, *Money and Its Use in Medieval Europe*, pp. 95 – 99, 197.
② P. D. A. Harvey, "The English Inflation of 1180 – 1220", *Past & Present*, No. 61 (Nov., 1973), p. 26.
③ Paul Latimer, "Early Thirteenth-Century Prices", in S. D. Church, ed., *King John: New Interpretations*, Woodbridge: Boydell Press, 1999, pp. 48 – 53.
④ 中世纪的长度单位，每厄耳约等于45英寸。
⑤ Paul Latimer, "Early Thirteenth-Century Prices", in S. D. Church, ed., *King John: New Interpretations*, p. 63.

时，呢绒的价格基本保持在 40 先令 2 便士，与之前的价格相比基本保持稳定。①

表 3-2　　　　　1160—1320 年英国谷物价格　　　（单位：先令/夸脱）

时间（年）	小麦	黑麦	大麦	燕麦	豌豆
1160—1170	1.55	—	—	—	—
1170—1180	2.03	—	—	0.83	1.39
1180—1190	2.34	—	—	1.00	—
1190—1200	2.24	—	1.00	1.27	0.83
1200—1210	5.64	—	3.95	2.11	2.94
1210—1220	3.67	2.82	2.30	1.29	2.24
1220—1230	4.82	3.89	3.02	1.30	3.07
1230—1240	3.81	3.25	2.57	1.10	2.66
1240—1250	4.35	3.80	2.81	1.74	2.99
1250—1260	4.90	4.13	3.28	1.71	3.39
1260—1270	4.38	3.41	3.11	1.98	3.04
1270—1280	6.17	4.98	4.39	2.46	4.31
1280—1290	5.09	3.92	3.50	2.15	3.34
1290—1300	6.46	5.12	4.68	2.39	4.73
1300—1310	5.37	4.18	3.94	2.30	3.68
1310—1320	7.94	6.23	5.67	3.18	5.22

注：从米迦勒节（9 月 29 日）到来年的米迦勒节为一年。

资料来源：D. L. Farmer, "Prices and Wages", in H. E. Hallam, ed., *The Agrarian History of England and Wales*, Vol. 2, Cambridge: Cambridge University Press, 1988, p.734。

---

① Paul Latimer, "Early Thirteenth-Century Prices", in S. D. Church, ed., *King John: New Interpretations*, p.63.

表 3-3　　　　　　　　1160—1320 年英国牲畜价格

（单位：先令/头、匹、只）

时间（年）	公牛	奶牛	耕马	拉车马	母羊	阉羊	猪
1160—1170	3.04	2.57	3.30	—	0.34		—
1170—1180	3.05	2.76	3.35	—	0.33		—
1180—1190	4.00	3.25	3.28	—	0.50		—
1190—1200	3.40	3.47	3.31	—	0.50		0.93
1200—1210	6.63	6.55	5.31	—	0.79		2.27
1210—1220	6.93	6.39	6.38	11.91	0.83	1.00	2.19
1220—1230	7.66	6.92	7.55	12.70	0.99	0.90	2.59
1230—1240	8.84	7.11	7.95	14.04	1.30	—	2.82
1240—1250	9.04	7.86	8.38	14.58	1.20	1.09	2.59
1250—1260	8.97	7.15	8.59	14.15	1.10	0.94	2.42
1260—1270	10.39	7.05	8.83	13.97	1.23	0.87	2.48
1270—1280	12.53	8.57	11.91	16.41	1.44	1.42	2.87
1280—1290	10.47	7.29	10.46	16.23	1.40	1.27	2.61
1290—1300	11.92	8.55	10.63	17.21	1.50	1.41	2.67
1300—1310	12.73	9.36	11.56	19.75	1.60	1.41	2.99
1310—1320	15.99	11.52	14.50	23.41	1.55	1.29	3.32

注：（1）母羊和阉羊均为绵羊；（2）从米迦勒节（9月29日）到来年的米迦勒节为一年。

资料来源：D. L. Farmer, "Prices and Wages", in H. E. Hallam, ed., *The Agrarian History of England and Wales*, Vol. 2, p. 748。

1270 年之后，货币量大增，引起了谷物和牲畜价格的增长，直到该世纪结束，英国的物价都处于一个较高的水平。[①] 1247—1251 年的货币重铸，仅在伦敦和坎特伯雷两个铸币所的铸币量就达到了 30

[①] J. L. Bolton, "Inflation, Economics and Politics in Thirteenth-Century England", in P. R. Coss & S. D. Lloyd, eds., *Thirteenth Century England*, Vol. 4, Woodbridge: Boydell Press, 1992, p. 7.

第三章　货币与工资、价格

万英镑，再加之其他 18 个小铸币所的铸造量，当时流通领域里的货币量至少达到了 40 万英镑；到了 1279—1281 年的货币重铸之时，英国的货币量至少达到了 60 万英镑以上。① 1299—1301 年英国再次进行了部分的货币重铸。到了爱德华一世去世之时，英国的流通领域里的货币量已经达到了 160 万英镑。② 也就是说，英国的流通领域中货币量从爱德华一世即位之初的 40 万英镑，到其统治末期已经猛增至 160 万英镑，足足增加了 4 倍。在 13 世纪下半期便士的总量比之后 500 年任何时候的银币还要多，甚至在 16 世纪晚期也没有超过 13 世纪。③ 在 14 世纪的前 20 年，尤其是 1310—1320 年，英国的货币量进一步增加。尽管在 1309 年之后大量白银流入的现象停止，但是在此之前的 5 年里铸造的大部分货币还在流通；同时，国王禁止白银输出的政策在一定程度上阻止了货币的流失；此外，国王还采取鼓励商人把白银带到铸币所的政策。④ 这些因素使得英国的货币总量并未减少，从表 3-1 也可以看出还出现了一定程度的增加。

流通中货币量的增加毫无疑问将会导致物价的上涨，从表 3-2 和表 3-3 可以发现物价上涨主要体现在 1270—1280 年、1290—1310 年和 1310—1320 年。其中每夸脱小麦的价格已经从 4.38 先令上涨至 1270—1280 年的 6.17 先令，到了 1290—1300 年又上涨至 6.46 先令，到了 1310—1320 年为 7.94 先令，牲畜的价格也出现了类似的上涨。这些上涨毫无疑问与货币量的增加有着直接的关系，同时也与货币流通状况的好坏有着密切的联系。

货币流通的状况是否良好，也在一定程度上影响着物价水平的波动。货币流通稳定，物价也相对稳定；当货币流通恶化，尤其是货币贬值时，物价就会出现较大的波动。在 13 世纪下半期就出现

---

① P. Spufford, *Money and Its Use in Medieval Europe*, p. 204.
② Sir John Craig, *The Mint: A History of the London Mint from A. D. 287 to 1948*, p. 58.
③ J. L. Bolton, "Inflation, Economics and Politics in Thirteenth-Century England", in P. R. Coss & S. D. Lloyd, eds., *Thirteenth Century England*, Vol. 4, p. 6.
④ M. Mate, "High Prices in Early Fourteenth-Century England: Causes and Consequences", *The Economic History Review*, New Series, Vol. 28, No. 1 (Feb., 1975), p. 11.

了货币贬值的现象，进而导致物价的上升，但是随着货币重铸的完成，新铸货币逐渐代替劣质货币，物价再次趋于稳定。如在爱德华一世即位之初，由于货币剪边和伪币泛滥，再加之长期没有进行重铸导致货币自然磨损严重，货币贬值，这在一定程度上致使物价上涨。而在1281年货币重铸结束之后，良币代替劣币，货币流通得以改善，物价又趋于稳定。而在13世纪的最后十年，由于大量的国外仿造的劣质货币的流入，使得货币再次贬值，物价再次上涨，到1300年进行重铸之后，物价水平有所缓和。这些物价变化的状况可以通过表3-2和表3-3得知，在每一次大规模重铸之后，物价水平就会有所恢复。除了这些变化之外，还可以通过其他物价的变化得以体现，如在1276年，平均每英石（stone）奶酪的价格为9先令10.75便士，到了1278年已经上涨到11先令0.5便士；每头猪的价格也从1276年的2先令1便士，上涨到了1278年的3先令9.5便士。经过1279—1281年的重铸，英国的货币流通恢复其稳定性，物价也开始下降。奶酪的价格从11先令0.5便士下降到了9先令9便士，猪的价格从3先令9.5便士下降到了2先令9.5便士。在1281年货币重铸之后，由于外国仿造货币的大量流入，再次导致物价居高不下，甚至比1278年时还要高。譬如，奶酪的价格在1278年经济危机时为11先令0.5便士，而在1298年通货膨胀时为12先令4.5便士。[①]但是，随着1300年重铸的结束，优质货币代替了劣币，物价又随之下降。

　　1310—1320年物价的上涨除了货币供给增加的原因外，同样与货币贬值有着密切的关系，因为商人并不总是把自己携带的劣质货币和国外货币拿到皇家货币兑换所兑换为英国的货币，因此导致了一定数量的劣质货币流入英国，再加之剪边过的货币和伪币的大肆增加，当时的货币出现了贬值的现象。[②] 此外，恶劣天气导致的谷物歉收以

[①] M. Mate, "Monetary Policies in England, 1272 – 1307", *The British Numismatic Journal*, Vol. 41, 1972, pp. 41 – 66.

[②] M. Mate, "High Prices in Early Fourteenth-Century England: Causes and Consequences", *The Economic History Review*, New Series, Vol. 28, No. 1 (Feb., 1975), pp. 12 – 13.

及发生在1315—1317年的大饥荒,都在一定程度上加剧了1310—1320年物价的上涨。如在1315—1316年的萨顿(Sutton)和奥尔斯福德(Alresford)主教区,每夸脱小麦的价格上涨至26先令8便士,3年之后下降到了5先令以下;同样,在1315—1316年的拜弗利特(Byfleet),每夸脱黑麦的价格为18先令,3年之后仅为4先令8便士。①

从以上分析可以看出,随着货币量的变化以及短时间内货币的贬值等因素的影响,在12世纪末至14世纪初英国的物价最高上涨了4倍左右。

(二)工资的变迁

随着物价的上涨,在13世纪至14世纪初的这一时期,英国的名义工资出现了小幅的上涨。首先是农业工资出现了上涨,尤其是脱粒工、收割工和割草工的工资。如1210—1310年,温切斯特主教地产上的脱粒和扬壳的工人的工资大概上涨了20%。② 其次是工匠的工资也出现了上涨,如在13世纪五六十年代,茅屋匠及其帮工每天的工资是2.5便士;1280—1310年,他们每天可以获得3.5便士的工资,到了14世纪的前10年上升到了4便士。③ 木匠的工资也出现了类似的上涨,如在威特尼(Witney)庄园,1305年木匠每天的工资为1.5便士,1306年为2—2.5便士,1307年为2—3便士,在埃斯特(Esther)庄园,1304—1305年每天3便士,1307年为3.5—4便士。④

从表3-4可以看出,在13世纪90年代之前,英国的工资水平相对较为稳定,几乎没有变化。但是从13世纪90年代开始,英国的工资才出现了一定程度的上涨。这主要是因为随着谷物价格的上涨,

---

① D. L. Farmer, "Prices and Wages", in H. E. Hallam, ed., *The Agrarian History of England and Wales*, Vol. 2, pp. 734 – 735.
② William Beveridge, "Wages in the Winchester Manors", *The Economic History Review*, Vol. 7, No. 1 (Nov., 1936), p. 38.
③ D. L. Farmer, "Prices and Wages", in H. E. Hallam, ed., *The Agrarian History of England and Wales*, Vol. 2, p. 769.
④ William Beveridge, "Wages in the Winchester Manors", *The Economic History Review*, Vol. 7, No. 1 (Nov., 1936), p. 30.

领主更愿意支付雇工工资而不是谷物。① 同时，随着食品和其他商品价格的上升，人们自然也需要高工资才能满足他们的需求。② 但是，当时的实际工资出现了一定程度上的下降，如1320年与1210年相比，脱粒和扬壳工人的工资购买力下降了25%—40%。③ 这与13世纪初货币量供给过多导致的通胀有着一定的关系，由于通货膨胀，货币的购买力出现下降。此外，从表3-5可以看出，1208—1320年英国其他雇工的实际工资也出现了下降，如购买1夸脱大麦，在13世纪前20年木匠需要工作11天，到了14世纪前10年需要工作22天；同样购买1夸脱大麦，茅屋匠和他的帮工在13世纪50年代需要工作6天，到了14世纪的第二个10年需要工作12天。

总之，在整个13世纪，英国的物价和工资都是相对稳定的，只是到了13世纪末和14世纪的前25年，物价和名义工资才出现了上涨，但是并没有出现大幅的波动。

表3-4　　　　　　　1208—1320年英国雇工工资

时间（年）	脱粒和扬壳（便士/3夸脱）	收割和打捆（便士/英亩）	割草和翻晒（便士/英亩）	木匠（便士/日）	茅屋匠和帮工（便士/日）	石板瓦匠和帮工（便士/日）
1208—1220	3.28	3.54	3.06	2.44	2.50	4.50
1220—1230	3.65	4.37	3.38	—	—	—
1230—1240	3.53	4.84	3.51	3.27	—	3.50
1240—1250	3.59	4.61	3.51	2.50	3.50	5.13
1250—1260	3.71	4.77	4.12	3.08	2.25	6.71
1260—1270	3.53	4.67	4.62	2.78	2.85	5.61
1270—1280	3.72	4.61	3.98	3.17	3.21	5.90
1280—1290	4.00	4.81	4.28	2.47	3.53	5.68

① D. L. Farmer, "Prices and Wages", in H. E. Hallam, ed., *The Agrarian History of England and Wales*, Vol. 2, p. 762.
② M. Mate, "High Prices in Early Fourteenth-Century England: Causes and Consequences", *The Economic History Review*, New Series, Vol. 28, No. 1 (Feb., 1975), p. 14.
③ S. H. Rigby, *Englsih Society in the Later Middle Ages*, Houndmills: Macmillan Press, 1995, p. 73.

第三章 货币与工资、价格

续表

时间（年）	脱粒和扬壳（便士/3夸脱）	收割和打捆（便士/英亩）	割草和翻晒（便士/英亩）	木匠（便士/日）	茅屋匠和帮工（便士/日）	石板瓦匠和帮工（便士/日）
1290—1300	4.55	4.90	4.65	2.80	3.49	5.44
1300—1310	4.73	5.45	4.97	2.89	3.55	5.17
1310—1320	4.82	6.65	5.46	3.10	4.06	5.82

注：从米迦勒节（9月29日）到来年的米迦勒节为一年。

资料来源：D. L. Farmer, "Prices and Wages", in H. E. Hallam, ed., *The Agrarian History of England and Wales*, Vol. 2, p. 768。

表3-5　　　　1208—1320年1夸脱大麦的价格及各工种购买所需工作时间

时间（年）	大麦价格（便士/夸脱）	脱粒和扬壳（天）	收割和打捆（天）	割草和翻晒（天）	木匠（天）	茅屋匠和帮工（天）	石板瓦匠和帮工（天）
1208—1220	27.5	8	8	9	11	11	6
1220—1230	36.25	10	8	11	—	—	—
1230—1240	31	9	6	9	9	—	9
1240—1250	33.75	9	7	10	13	10	7
1250—1260	39.25	11	8	10	13	17	6
1260—1270	37.25	11	8	8	13	13	7
1270—1280	52.5	14	11	13	17	16	9
1280—1290	42	11	9	10	17	12	7
1290—1300	56	12	11	12	20	16	10
1300—1310	46.75	10	9	9	16	13	9
1310—1320	68	14	10	13	22	17	12

注：从米迦勒节（9月29日）到来年的米迦勒节为一年。

资料来源：D. L. Farmer, "Prices and Wages", in H. E. Hallam, ed., *The Agrarian History of England and Wales*, Vol. 2, p. 774。

二 1320—1500 年货币供给的增减与价格和工资的变化

（一）1320—1347 年

1. 价格的变迁

在黑死病出现之前的 20 年，由于百年战争（1337—1453 年）的爆发，英国的海外军费开支增多，导致白银的外流。1337—1342 年，英国从羊毛出口中获得的关税不少于 100 万英镑，其中的大部分用于海外战争的花费。① 同时，金银兑换率较高，也是导致白银外流的主要原因。13 世纪 90 年代金银的兑换率为 1∶12，到了 14 世纪 20 年代中期上升至 1∶14.2。② 在 1344 年之前，英国并未铸造金币，但是在 14 世纪 40 年代之前英国国内贸易开始使用金币弗洛林，而欧洲大陆的金银兑换率较低，这直接导致白银的流出。③ 在议会请愿书中，曾记载了因为金币价值较高，导致英国在对外贸易中损失了商品价值的 1/3。④ 此外，再加上自然磨损和人为的剪边等原因，使得英国出现了货币紧缩的局面。

由于以上原因，在 14 世纪的第二个 25 年，英国出现了贵金属的相对短缺。从当时的铸币量就可以看出一些端倪，年平均铸币量（银币）从 1306—1310 年的 125836 英镑下降到了 1326—1330 年的 381 英镑，直到 1346—1350 年仅为 7091 英镑。⑤ 一些学者对当时的货币量进行了估算，N.J. 马修认为平均货币量从 1311—1324 年的 110 万

---

① A. Feavearyear, *The Pound Sterling: A History of English Money*, pp. 15–16.

② John Munro, "Before and After the Black Death: Money, Prices, and Wages in Fourteenth-Century England", in Troels Dahlerup & Per Ingesman, eds., *New Approaches to the History of Late Medieval and Early Modern Europe*, København: Royal Danish Academy of Sciences and Letters, 2009, p. 341.

③ Michael Prestwich, "Currency and the Economy of Early Fourteenth Century England", in N. J. Mayhew, ed., *Edwardian Monetary Affairs (1279–1344)*, p. 47.

④ Sir John Craig, *The Mint: A History of the London Mint from A.D. 287 to 1948*, p. 63.

⑤ John Munro, "Before and After the Black Death: Money, Prices, and Wages in Fourteenth-Century England", in Troels Dahlerup & Per Ingesman, eds., *New Approaches to the History of Late Medieval and Early Modern Europe*, p. 341.

英镑，下降到了14世纪40年代的50万英镑。① 而另外一位学者M. 艾伦也进行了估算，尽管其估算结果相对较高，但是也可以看出当时出现了明显下降，他认为在1319年的货币量为190万—230万英镑，到了1351年就下降至70万—90万英镑。②

货币量的下降引起了价格的下跌。从表3-6和表3-7中可以看到，谷物和牲畜出售的价格在黑死病出现之前的20年均出现了下跌，其中每蒲式耳小麦的年平均价格从1310—1320年的7.94先令下降到1340—1347年的4.88先令，下跌幅度近40%；每头公牛的价格从1310—1320年的15.99先令，下跌到了1340—1347年的12.14先令，下跌幅度近25%。

表3-6　　　　　　1310—1500年英国谷物价格　　　（单位：先令/夸脱）

时间（年）	小麦	黑麦	大麦	燕麦	豌豆
1310—1320	7.94	6.23	5.67	3.18	5.22
1320—1330	6.90	5.02	4.68	2.76	4.35
1330—1340	5.24	4.22	3.92	2.29	3.79
1340—1347	4.88	3.81	3.57	2.19	3.24
1350—1360	7.05	4.89	5.18	3.15	4.41
1360—1370	8.16	5.43	5.82	3.13	4.94
1370—1380	6.67	4.57	4.73	2.60	3.87
1380—1390	5.25	3.60	3.52	2.22	3.30
1390—1400	5.46	4.11	4.08	2.49	3.69
1400—1410	6.47	4.24	4.24	2.44	3.64
1410—1420	6.01	4.15	3.89	2.34	3.67
1420—1430	5.57	4.45	3.51	2.10	3.38

---

① N. J. Mayhew, "Money and Prices in England from Henry Ⅱ to Edward Ⅲ", *Agricultural History Review*, Vol. 35, No. 2, 1987, p. 125.

② M. Allen, "The Volume and Composition of the English Silver Currency, 1279 - 1351", *British Numismatic Journal*, Vol. 70, 2000, p. 43.

续表

时间（年）	小麦	黑麦	大麦	燕麦	豌豆
1430—1440	7.33	5.47	3.84	2.23	4.20
1440—1450	4.93	3.36	2.73	1.83	2.74
1450—1460	5.63	4.04	2.97	1.74	2.67
1460—1470	5.60	4.10	3.39	1.77	3.00
1470—1480	5.76	4.30	3.01	1.68	3.18
1480—1490	6.85	4.22	3.60	1.85	4.61
1490—1500	5.39	4.67	3.33	1.67	2.59

注：从米迦勒节（9月29日）到来年的米迦勒节为一年。

资料来源：D. L. Farmer, "Prices and Wages, 1350 – 1500", in Edward Miller, ed., *The Agrarian History of England and Wales*, Vol. 3, Cambridge: Cambridge University Press, 1991, p. 444。

表3–7　　1310—1500年英国牲畜价格　　（单位：先令/头、匹、只）

时间（年）	公牛	耕马	拉车马	奶牛	阉羊	猪
1310—1320	15.99	11.52	14.50	23.41	1.29	3.32
1320—1330	15.38	11.81	18.28	11.72	1.63	2.98
1330—1340	12.61	10.26	17.51	9.60	1.12	2.81
1340—1347	12.14	9.45	14.65	9.32	1.11	2.23
1350—1360	13.41	10.34	17.95	9.75	1.43	2.82
1360—1370	16.31	13.50	25.58	11.55	1.85	3.09
1370—1380	16.15	15.72	25.76	11.50	2.25	3.28
1380—1390	13.76	13.54	22.36	10.34	1.66	2.66
1390—1400	13.47	14.89	23.01	10.64	1.63	2.80
1400—1410	14.31	16.42	24.30	10.50	1.83	2.82
1410—1420	13.19	14.37	21.94	8.92	1.80	2.85
1420—1430	14.05	12.51	20.37	8.37	1.43	2.57
1430—1440	13.72	12.62	21.46	8.25	1.64	2.81
1440—1450	12.74	12.04	18.92	7.76	1.59	2.80
1450—1460	13.67	6.20	18.65	7.24	1.24	2.74

续表

时间（年）	公牛	耕马	拉车马	奶牛	阉羊	猪
1460—1470	14.28	8.00	28.33	9.26	1.70	2.66
1470—1480	14.73	10.00	13.79	8.81	1.73	2.69
1480—1490	14.01	10.00	16.36	9.56	1.92	2.71
1490—1500	12.96	—	—	7.48	1.86	2.75

注：从米迦勒节（9月29日）到来年的米迦勒节为一年。

资料来源：D. L. Farmer, "Prices and Wages, 1350－1500", in Edward Miller, ed., *The Agrarian History of England and Wales*, Vol.3, p.457。

2. 工资的变化

1320—1347年通货紧缩的局面也对当时的工资造成了一定的影响，即雇工的名义工资出现了小幅下降，而实际工资出现了上涨。从表3－8中可以发现，除了脱粒和扬壳工人的工资保持相对稳定之外，其他工种的工资均出现了下降，如在1320—1330年收割工收割并打捆1英亩混合谷物可以得到工资6.40便士，到了1340—1347年可以得到5.87便士；同样，在1310—1320年木匠的日工资为4.82便士，到了1340—1347年为3.03便士。这些下降只是名义工资的变化，从表3－8就可以发现，在黑死病出现之前的20余年间，英国雇工的实际工资出现了上涨。1310—1320年，收割工需要工作10天才能购买1夸脱大麦，到了1340—1347年则只需要工作7天就可以购买相同重量的大麦；而木匠在1310—1320年购买1夸脱的大麦需要工作22天，到了1340—1347年则只需要工作14天。

（二）1348年至14世纪70年代晚期

1348—1351年黑死病的暴发导致英国的人口出现了大幅度的下降，对于人口下降的具体幅度学者们有着不同的看法，但是大多数历史学家赞同30%—40%的观点。[①] 由于人口减少，很多小村庄出现了荒无人烟

[①] Harry A. Miskimin, "Monetary Movements and Market Structure: Forces for Contraction in Fourteenth- and Fifteenth-Century England", *The Journal of Economic History*, Vol.24, No.4 (Dec., 1964), p.472.

的景象，因此对于马和牛的需求也出现了下降的趋势。在黑死病出现之前的6年，每头公牛的价格超过了12先令，但是在1348—1350年其价格下降到了8先令；同样，与黑死病出现之前相比，黑死病期间每头母牛的价格下降了44%，每匹马的价格下降了31%。但是，谷物价格并没有出现太明显的下跌，劳动力的短缺导致当时农业收成降低。据1348—1349年的记载，农业雇工的工资上涨了75%。在接下来的几年，工资再次下降，价格也上升至比黑死病出现之前更高的水平。①

表3-8　　　　　　　　1310—1500年英国雇工工资

时间（年）	木匠（便士/日）	茅屋匠和帮工（便士/日）	石板瓦匠和帮工（便士/日）	泥瓦匠（便士/日）	收割和打捆（便士/英亩）	脱粒和扬壳（便士/3夸脱）	割草和翻晒（便士/英亩）
1310—1320	4.82	6.65	5.46	3.10	4.06	5.82	—
1320—1330	3.12	3.70	5.04	—	6.40	5.27	5.82
1330—1340	3.20	3.83	5.38		6.16	5.32	5.56
1340—1347	3.03	3.60	5.22	—	5.87	5.38	4.95
1350—1360	3.74	4.64	6.05	3.97	7.22	6.00	6.32
1360—1370	4.26	5.51	6.77	4.27	8.17	6.46	6.96
1370—1380	4.20	5.98	7.36	4.60	9.22	7.56	7.58
1380—1390	4.26	6.15	7.50	4.50	9.14	7.77	7.60
1390—1400	4.27	6.28	7.28	4.46	8.73	7.69	6.79
1400—1410	4.69	6.70	7.93	4.80	9.54	8.59	7.04
1410—1420	4.47	6.72	8.06	5.08	9.95	8.37	6.85
1420—1430	4.82	6.92	8.30	5.37	9.21	8.27	6.95
1430—1440	5.11	8.10	7.72	5.24	9.48	9.16	6.46
1440—1450	5.17	8.74	8.23	5.38	10.45	9.16	6.35
1450—1460	5.45	9.41	9.63	5.54	9.93	9.95	6.72
1460—1470	5.42	9.00	9.75	5.73	10.00	10.59	6.58

① D. L. Farmer, "Prices and Wages", in H. E. Hallam, ed., *The Agrarian History of England and Wales*, Vol. 2, p. 721.

续表

时间（年）	木匠（便士/日）	茅屋匠和帮工（便士/日）	石板瓦匠和帮工（便士/日）	泥瓦匠（便士/日）	收割和打捆（便士/英亩）	脱粒和扬壳（便士/3夸脱）	割草和翻晒（便士/英亩）
1470—1480	5.83	8.92	9.82	5.92	—	1.92	6.25
1480—1490	5.71	10.00	9.17	5.49	10.00	—	6.13
1490—1500	5.25	9.58	9.00	5.64	—	—	—

注：从米迦勒节（9月29日）到来年的米迦勒节为一年。

资料来源：D. L. Farmer, "Prices and Wages, 1350–1500", in Edward Miller, ed., *The Agrarian History of England and Wales*, Vol. 3, p. 471。

在黑死病出现之后的25年里，英国并没有由于人口的下降而出现价格的下跌，主要是由于当时出现了通货膨胀，而造成通胀的原因有以下几方面：

第一，人均货币量的上升。在1348—1351年黑死病之后，1361—1362年和1369年再次发生瘟疫，进一步导致人口的下降。[1] 人口减少的一个直接的后果就是人均货币量出现了上涨。在14世纪的上半期，英国的货币总量出现了下降，但是随着黑死病暴发后人口的下降，人均货币量反而上升。正如戴维·赫利希所言："人死了，但货币依然存在。"[2] 第二，金币的铸造和加莱铸币所的设立增加了货币量。从1344年开始，英国开始铸造金币，且发行量在不断增加，年平均铸币量从1346—1350年的26479英镑，上升到了1351—1360年的78831英镑。金币的铸造及其在国际贸易中的使用，不仅促进货币周转速度的增长，也在一定程度上增加了流通领域中的货币量。同时，加莱铸币所的设立也对当时货币量的增加有所裨益。从1363年2月至1373年11月，加莱铸币所共铸造金币27968英镑，银币3068

---

[1] D. L. Farmer, "Prices and Wages, 1350–1500", in Edward Miller, ed., *The Agrarian History of England and Wales*, Vol. 3, p. 441.

[2] John Munro, "Before and After the Black Death: Money, Prices, and Wages in Fourteenth-Century England", in Troels Dahlerup & Per Ingesman, eds., *New Approaches to the History of Late Medieval and Early Modern Europe*, p. 349.

英镑，总计达 31036 英镑。① 第三，银币的贬值。1334 年便士的重量为 22 格令，到了 1344 年下降为 20 格令，1351 年进一步降为 18 格令。② 第四，贸易顺差增加了货币量。在 14 世纪五六十年代，英国以羊毛为主的出口贸易再次繁荣，平均每年出口所得超过 30 万英镑，除去支付商品进口的一半，每年的贸易顺差还有 15 万英镑。③ 这些贸易所得，一部分用于英王室的海外花费，另外一部分以货币的形式流入国内，增加了本土的货币量。第五，百年战争中的阶段性胜利，也有利于英国货币量的增加。如在 1356 年的普瓦提埃战役中，"黑太子"爱德华（爱德华三世的长子）俘虏了法王约翰二世（1350—1364 年在位），因而得到大量的赎金，其金额约为 25 万英镑。同时，英国还从这次战争中获得了大批的战利品，城市财富也因此增加。④

正是由于以上诸原因，尤其是人均货币量的增加，使得在黑死病暴发之后的 25 年之内出现了通货膨胀的局面，物价上涨。⑤ 此外，物价上涨的另外一个原因就是黑死病暴发之后人们在消费观上的改变。黑死病和战争的破坏性，尤其是黑死病给人们的心灵造成极大的创伤，使得人们的社会心理发生改变，人们开始注重享乐，尤其是注重对奢侈品的消费，而黑死病之后人们突然继承的遗产，为他们的消费提供了便利。⑥

价格出现全面的上涨。从表 3-6 和表 3-7 中可以发现，每夸脱

---

① C. E. Challis, *A New History of the Royal Mint*, p. 151.
② S. H. Rigby, *Englsih Society in the Later Middle Ages*, p. 100.
③ T. H. Lloyd, "Overseas Trade and the English Money Supply in the Fourteenth Century", in N. J. Mayhew, ed., *Edwardian Monetary Affairs (1279 – 1344)*, p. 115.
④ Harry A. Miskimin, "Monetary Movements and Market Structure: Forces for Contraction in Fourteenth- and Fifteenth-Century England", *The Journal of Economic History*, Vol. 24, No. 4 (Dec., 1964), p. 486; Sir John Craig, *The Mint: A History of the London Mint from A. D. 287 to 1948*, p. 78.
⑤ John Day, *The Medieval Market Economy*, p. 113.
⑥ Harry A. Miskimin, "Monetary Movements and Market Structure: Forces for Contraction in Fourteenth- and Fifteenth-Century England", *The Journal of Economic History*, Vol. 24, No. 4 (Dec., 1964), pp. 486 – 487; John Munro, "Before and After the Black Death: Money, Prices, and Wages in Fourteenth-Century England", in Troels Dahlerup & Per Ingesman, eds., *New Approaches to the History of Late Medieval and Early Modern Europe*, p. 352.

小麦的价格从 1340—1347 年的 4.88 先令上升至 1360—1370 年的 8.16 先令，每夸脱大麦的价格从 1340—1347 年的 3.57 先令上升至 1360—1370 年的 5.82 先令；每头公牛的价格从 1340—1347 年的 12.14 先令上升至 1360—1370 年的 16.31 先令，每匹拉车马的价格从 1340—1347 年的 14.65 先令上升至 1360—1370 年的 25.58 先令。除了谷物和牲畜的价格出现上涨之外，羊毛、奶酪、食盐和建筑材料等的价格均出现了上涨。如在 14 世纪 70 年代，每英担（Stone）① 羊毛的价格约为 5 先令，基本与 14 世纪初物价高涨的时候持平；建筑材料中的板条钉（lath-nail）从黑死病出现之前的每 1 千个 9 便士，上升至 14 世纪 50 年代的 20 便士，上涨了 2 倍多。②

通货膨胀也使得雇工的名义工资出现了上涨；同时，庄园主为了吸引劳动者，也纷纷提高工资，这也成为工资上涨的重要原因。③ 从表 3-8 就可以看出，雇工工资出现了普遍上涨。其中，收割工收割并打捆 1 英亩混合谷物的工资从 1340—1347 年的 5.87 便士，上升至 1360—1370 年的 8.17 便士，木匠的日工资从 1340—1347 年的 3.03 便士上升至 1360—1370 年的 4.26 便士。雇工工资的这些变化只是名义上，如果换算成实际工资并非如此。从表 3-9 可以看出，雇工的实际工资与之前则出现了下降的情况。如 1340—1347 年，收割工获得 1 夸脱大麦的时间为 7 天，到了 1360—1370 年为 9 天；茅屋匠及其帮工获得 1 夸脱的大麦需要工作 8 天，到了 1360—1370 年则需要工作 13 天。

总之，在黑死病之后的 25 年，由于通货膨胀，英国的价格水平和雇工的名义工资均出现了上升，但也正是由于通货膨胀的原因，雇工的实际工资出现了一定幅度的下降。

---

① 英石，重量单位，用于羊毛时等于 24 磅；用于肉类等商品时等于 8 磅；用于奶酪时等于 16 磅；麻是 32 磅；玻璃是 5 磅。

② D. L. Farmer, "Prices and Wages, 1350 – 1500", in Edward Miller, ed., *The Agrarian History of England and Wales*, Vol. 3, pp. 461 – 466.

③ John Munro, "Before and After the Black Death: Money, Prices, and Wages in Fourteenth-Century England", in Troels Dahlerup & Per Ingesman, eds., *New Approaches to the History of Late Medieval and Early Modern Europe*, p. 347.

表 3-9　　　　　1320—1500 年 1 夸脱大麦价格
及各工种购买所需工作时间

时间（年）	大麦价格（便士/夸脱）	脱粒和扬壳（天）	收割和打捆（天）	割草和翻晒（天）	木匠（天）	茅屋匠和帮工（天）	石板瓦匠和帮工（天）	泥瓦匠（天）
1320—1330	56.0	11	9	10	18	15	11	—
1330—1340	47.0	9	8	8	15	12	9	—
1340—1347	43.0	8	7	9	14	8	—	—
1350—1360	62.2	10	9	10	17	13	10	16
1360—1370	69.8	11	9	10	16	13	10	16
1370—1380	56.8	8	6	7	14	9	8	12
1380—1390	42.2	5	5	6	10	7	6	9
1390—1400	49.0	6	6	7	11	8	7	11
1400—1410	50.9	6	5	7	11	8	6	11
1410—1420	46.7	6	5	7	10	7	6	9
1420—1430	42.1	5	5	6	9	6	5	8
1430—1440	46.1	5	5	7	9	6	6	9
1440—1450	32.8	4	3	5	6	4	4	6
1450—1460	35.6	4	4	5	7	4	4	6
1460—1470	40.7	4	4	6	8	5	4	7
1470—1480	36.1	3	—	6	6	4	4	6
1480—1490	43.2	—	4	7	8	4	5	8
1490—1500	40.0	—	—	—	8	4	4	7

注：从米迦勒节（9 月 29 日）到来年的米迦勒节为一年。

资料来源：D. L. Farmer, "Prices and Wages, 1350-1500", in Edward Miller, ed., *The Agrarian History of England and Wales*, Vol. 3, p. 494。

（三）14 世纪 70 年代晚期至 1500 年

中世纪晚期欧洲出现了银荒，并蔓延到英国，对自 1376 年之后的物价和工资产生了深远的影响。中世纪欧洲银荒的出现主要是白银开采量的大幅下降造成的。由于开采技术低下，无法进行深层的开采，使得中欧银矿的开采量出现急剧的下降；同时在东西方贸易中，欧洲处于逆差的地位，大量的贵金属流向东方。从14世纪70年代晚期开始，欧洲的白银总量出现了下降，进而出现通货紧缩的局面。而对于以依靠羊毛和呢绒的出口来获得白银的英国也不例外，甚至比欧洲大陆其他国家所受影响还要大。从1376年之后，直到15世纪末，英国都经历了漫长的货币短缺。从货币铸造的情况就能推测当时货币缺乏的程度。伦敦铸币所在1402年9月至1403年9月共铸造金银币498英镑。一些铸币所也因为贵金属的缺乏而一度关闭，如加莱铸币所就曾在1404—1421年被迫关闭，且从1442年开始被永久性关闭。① 如果我们把1301—1350年银币的年平均铸币量设为100，那么在接下来的3个50年内的年平均铸造量分别为：32.2、27.8和28；如果我们把1351—1400年的金币的年均铸造量设为100，那么在15世纪的前50年金币的年均铸造量下降为66.5，在之后的50年进一步下降为38.1。② 有学者对英国的货币量进行了估算，1417年约为63.9万英镑，1422年为95万—100万英镑，1470年为75万—95万英镑。③ 这些货币量的变化也反映了当时真实的货币状况。

为了增加货币的供给，同时也为了增加收入，英王在1412年降低了货币的标准，便士的重量从18格令下降到15格令，金币诺波尔从120格令下降到108格令，便士和金币诺波尔分别下降了1/10和1/6。④ 在1464年英王再次降低货币的标准，主要是银币的标准，便士的重量从15格令下降到了12格令。⑤ 在这两次货币标准降低的同时，还进行了部分的货币重铸，分别在两次货币标准降低之后的

---

① C. E. Challis, *A New History of the Royal Mint*, pp. 149 – 151; M. M. Postan & Edward Miller, *Cambridge Economic History of Europe*, Vol. 2, p. 858.
② S. H. Rigby, *Englsih Society in the Later Middle Ages*, p. 100.
③ M. Allen, "The Volume of the English Currency, 1158 – 1470", *The Economic History Review*, New Series, Vol. 54, No. 4 (Nov., 2001), p. 607.
④ Sir John Craig, *The Mint: A History of the London Mint from A. D. 287 to 1948*, p. 83.
⑤ C. H. V. Sutherland, *English Coinage 600 – 1900*, p. 99.

1415—1435 年和 1465—1480 年，重铸使货币供应量有了一定的增加。① 但是，由于贵金属的缺乏，货币重量的下降并没有引起通货膨胀；同时，由于货币剪边较为严重，重量降低之后的新铸造货币与流通中被剪边的货币的重量基本一致，货币重铸并没有改善货币流通，因此 15 世纪两次货币标准降低并没有对物价造成太大的影响。② 从表 3-6 和表 3-7 中可以发现，在 1410—1435 年和 1465—1480 年两个阶段内货币出现一些变化，但是谷物和牲畜价格并没有出现大的波动。

从总体上来看，14 世纪末至 15 世纪结束，货币供应量的下降，使得英国出现货币紧缺的局面，与黑死病出现之后的 25 年相比，当时的价格出现了下降。从表 3-6 和表 3-7 中可以看出，14 世纪最后 25 年至 15 世纪末谷物和牲畜的价格出现了一定幅度的下降。如每夸脱小麦的价格在 1360—1370 年为 8.16 先令，1390—1400 年为 5.46 先令，之后的一个世纪基本上低于 6 先令；每头公牛的价格从 1360—1370 年的 16.31 先令，下降到 1390—1400 年的 13.47 先令，1490—1500 年的 12.96 先令，在 14 世纪末至 15 世纪末公牛的价格保持在 12.74—14.73 先令之间。可见，当时英国的谷物和牲畜的价格下降幅度并不大。同时，其他物品的价格也出现了下降。在 14 世纪 70 年代，每英担羊毛的价格为近 5 先令，到了该世纪末，每英担羊毛的价格为 14 世纪 70 年代的 70%，到了 15 世纪 50 年代下降到 2 先令 4 便士，还不到 1370 年时的一半，在 15 世纪的下半期的大部分时间内都保持在这样的低水平。同时，建筑材料中的每 1000 个板条钉的价格从 14 世纪 50 年代的 20 便士，下降到了 14 世纪末的 16 便士，到了 15 世纪中期下降为 14 便士，到了 15 世纪 70 年代及之后下降到了 12 便士甚至低于 12 便士。③

---

① John Munro, "Bullion Flows and Monetary Contraction in Late-Medieval England and the Low Countries", in John F. Richards, ed., *Precious Metals in the Later Medieval and Early Modern Worlds*, pp. 115-117.

② A. F eavearyear, *The Pound Sterling: A History of English Money*, pp. 37-44.

③ D. L. Farmer, "Prices and Wages, 1350-1500", in Edward Miller, ed., *The Agrarian History of England and Wales*, Vol. 3, pp. 462-466.

第三章 货币与工资、价格

中世纪晚期，英国的货币量虽因贵金属的缺乏出现了下降，但是幅度并不大，如 1422 年就与 1351 年相似，约为 100 万英镑，1470 年可能不到 100 万英镑；① 同时，自从 1344 年英国引入金币，银币在铸币量中就退居第二，在 1344—1509 年的铸币量中金币占据 60% 以上的比例。② 金币的大量铸造，在一定程度上缓和了贵金属的短缺。黑死病出现之后导致人口的下降还没有恢复，雇工处于供不应求的情况。因此，从 14 世纪最后 25 年至 15 世纪末，雇工的名义工资出现了稳定的小幅上涨。从表 3-8 可以发现雇工名义工资的上涨，脱粒工脱粒和扬壳 3 夸脱混合谷物（小麦，大麦和燕麦各 1 夸脱）的工资从 14 世纪 70 年代的 7.56 便士上升至 15 世纪初的 8 便士多，到了 15 世纪中期超过了 9 便士。同样，温切斯特庄园木匠的日工资在 14 世纪六七十年代为 4 便士，到了 15 世纪上涨至 5—6 便士。③

货币紧缩也在一定程度上促进了雇工实际工资的上升。如果雇工工资中有食物，饮料或是服装作为补充，尽管这些物品并未记载在货币工资中，但在客观上提高了雇工的工资；同时，由于劳动力的减少，雇工在与雇主之间的斗争时处于有利的地位，他们往往通过谈判而使得他们的工作时间得以缩短，休闲时间延长，并争取了较为舒适的工作环境，这些都在客观上提高了实际工资。④ 从表 3-9 中可以发现在黑死病出现之后，尤其是从 14 世纪最后 25 年开始，雇工的实际工资得到一定的改善。如在 1360—1370 年收割工获得 1 夸脱大麦需要工作 9 天，到了 1390—1400 年为 6 天，到了 1450—1460 年和 1480—1490 年为 4 天；1360—1370 年茅屋匠及其帮工获得 1 夸脱的

---

① M. Allen, "The Volume of the English Currency, 1158 – 1470", *The Economic History Review*, New Series, Vol. 54, No. 4 (Nov., 2001), pp. 606 – 608.

② M. Allen, "Silver Production and the Money Supply in England and Wales, 1086 – c. 1500", *Economic History Review*, Vol. 64, No. 1, 2011, p. 127.

③ D. L. Farmer, "Prices and Wages, 1350 – 1500", in Edward Miller, ed., *The Agrarian History of England and Wales*, Vol. 3, pp. 469 – 475.

④ John Munro, "Before and After the Black Death: Money, Prices, and Wages in Fourteenth-Century England", in Troels Dahlerup & Per Ingesman, eds., *New Approaches to the History of Late Medieval and Early Modern Europe*, pp. 353 – 356.

大麦需要工作 13 天,到了 1390—1400 年则需要工作 8 天,到了 1450—1460 年和 1480—1490 年则需要 4 天。同时,再加之当时价格出现小幅下降,这也在客观上有利于雇工实际工资的上升。

综上所述,中世纪英国货币供应量的变化影响着价格和工资的波动,在货币供给充裕时,通常价格出现上涨,而当货币过于充足就会出现通货膨胀,此时不仅价格上涨,而且雇工的实际工资将会下降;反之,当货币供给紧缩时,价格将会出现下降,而雇工的实际工资将会出现上升。当然这只是从长期趋势来看货币供给与价格和工资的关系,在短时间内,货币贬值、货币重铸以及国外劣质货币的流入,都有可能引起价格和工资的波动。无论是从长期趋势,还是短期的波动来考察,货币因素都在中世纪英国的价格和工资变迁中起着重要的作用,但是我们也不能忽视其他因素的影响,譬如金融工具的改进,人口的增减而导致的市场供需的变化,和平的政治环境,等等。[1]

第三节 价格和工资的相对稳定

一 价格和工资稳定的表现

在 13—15 世纪的 300 年间,英国的物价和工资的波动并不是很大,尤其是与欧洲大陆诸国相比。

从表 3-5 与表 3-6 可以发现,在 12 世纪末和 13 世纪初之间,谷物价格出现了大幅的上涨,其中小麦价格的上涨达到了 3.6 倍之多,而其他谷物的上涨大都在 2—3 倍之间,从 13 世纪初直到 15 世纪末,尽管谷物的价格出现了波动,但是上涨幅度并不大。从表 3-10 就可以看出在 13—15 世纪之间的 300 年里,小麦、黑麦、大麦、燕麦和豌豆等谷物的价格波动都在 3 倍以内,其中小麦和黑麦的价格涨幅仅为 2.2 倍,而小麦的价格从 13 世纪末开始大多维持在 5—6 便

---

[1] John Hatcher & Mark Bailey, *Modelling the Middle Ages: the History and Theory of England's Economic Development*, Oxford: Oxford University Press, 2001, p.189; M. M. Postan, "The Rise of a Money Economy", in M. M. Postan, ed., *Essays on Medieval Agriculture and General Problems of the Medieval Economy*, p.34.

士之间。除了个别年份之外,小麦的价格在1160—1500年上涨幅度约在4倍之内,其他谷物的价格上涨幅度大都低于这一范围。

表3-10　　1200—1500年英国谷物价格波动幅度　　（单位：先令/夸脱）

谷物类别	最低价格	最高价格	波动幅度
小麦	3.67（1210—1220）	8.16（1360—1370）	2.2
黑麦	2.82（1210—1220）	6.23（1310—1320）	2.2
大麦	2.30（1210—1220）	5.82（1360—1370）	2.5
燕麦	1.10（1230—1240）	3.18（1310—1320）	2.9
豌豆	2.24（1210—1220）	5.22（1310—1320）	2.3

同时从表3-3和表3-7可以发现,在12世纪末至14世纪初的一二十年间,牲畜的价格上涨幅度大概在5倍以内,而到了14世纪中期直到15世纪末,牲畜的价格波动不大,如果以12世纪末至15世纪末的公牛价格波动为例,其上涨幅度也在5.4倍以内,但是从14世纪初直到15世纪末,公牛的价格在12.14—16.31先令之间,波动幅度仅为34%。同时,从表3-11可以发现,在13—15世纪,公牛等牲畜的价格上涨幅度都在1.5—2.6倍之间,其中猪的价格的上涨幅度仅为1.5倍,奶牛的价格波动为1.8倍。

从总体上来说,自从有价格记载开始,在长达340年的时间内,谷物和牲畜的价格上涨幅度最高在4—5倍之内,而且在中世纪的最后3个世纪,价格的变动远远低于这一幅度。

表3-11　　1200—1500年英国牲畜价格波动幅度　　（单位：先令/头、匹、只）

牲畜类别	最低价格	最高价格	波动幅度
公牛	6.93（1210—1220）	16.31（1360—1370）	2.4
奶牛	6.39（1210—1220）	11.72（1320—1330）	1.8
耕马	6.20（1450—1460）	16.42（1400—1410）	2.6
拉车马	11.91（1210—1220）	28.33（1460—1470）	2.4
阉羊	0.87（1260—1270）	2.25（1370—1380）	2.6
猪	2.19（1210—1220）	3.32（1310—1320）	1.5

从表 3-12 可以发现，在 13 世纪初至 15 世纪末期间，木匠每天的工资在 2.44—5.83 便士之间波动，上涨幅度为 2.4 倍，脱粒工的工资在 3.28—10.92 便士间波动，上涨幅度为 3.3 倍多，除了茅屋匠及其帮工的工资上涨了 4 倍外，其他雇工的工资上涨幅度也都在 3 倍左右，工资的波动并不剧烈。

表 3-12　　　　1208—1500 年英国雇工名义工资波动幅度

职业	最低工资	最高工资	波动幅度
木匠（便士/日）	2.44（1208—1220）	5.83（1470—1480）	2.4
茅屋匠及其帮工（便士/日）	2.25（1208—1220）	10（1480—1490）	4.4
石板瓦匠及其帮工（便士/日）	3.50（1230—1240）	9.82（1470—1480）	2.8
收割和打捆工（便士/英亩）	3.54（1208—1220）	10.45（1440—1450）	3.0
脱粒和扬壳工（便士/3 夸脱）	3.28（1208—1220）	10.92（1480—1490）	3.3
割草和翻晒工（便士/英亩）	3.06（1208—1220）	7.60（1380—1390）	2.5

同时，如果把雇工的名义工资折算为实际工资，将是另外一番状况。如菲尔普斯·布朗和霍普金斯对英国南部建筑工人的工资进行了购买力的估算，他们以 1451—1475 年的工资消费价格指数为 100，1264 年为 60，1275 年为 50，1300 年为 44，1325 年为 53，1350 年为 49，1375 年为 66，1400 年为 80，1425 年为 92，1450 年为 98，1475 年为 111，1500 年为 106。[①] 可见，工资的购买力在 1350 年之前比较稳定，1350—1500 年工资的购买力出现了上涨，但是上涨幅度并不大，保持了大体的平稳。

总之，中世纪英国农产品的价格除了在 12 世纪末上涨较快之外，在 13—15 世纪的 300 年内，其波动都在 3 倍以内；而自从 1208 年有工资资料的记载以来，雇工的名义工资上涨幅度很少超过 4 倍，而他

---

① E. H. Phelps Brown & Sheila V. Hopkins, "Seven Centuries of the Prices of Consumables, Compared with Builders' Wage Rates", *Economica*, New Series, Vol. 23, No. 92 (Nov., 1956), pp. 311–312.

第三章 货币与工资、价格

们的实际工资波动幅度更小。中世纪英国的价格和工资的变化可谓"稳定"。

中世纪英国的物价和工资波动并不大,甚至可以用相对稳定来形容,尤其是与16—17世纪的价格和工资以及中世纪欧洲其他地区的物价和工资相比。当英国进入16世纪,随着1503年葡萄牙的香料船出现在泰晤士河上,美洲的白银就开始源源不断地流入英国,再加之亨利八世推行货币贬值的政策,英国的物价开始出现大幅飙升。其中,1490—1500年平均每夸脱小麦的价格为5.39先令,到了伊丽莎白女王统治的最后10年,其价格上升至近35先令,也就是说在113年的时间内,小麦的价格上涨幅度达到了近6倍。① 学者菲尔普斯·布朗和霍普金斯认为,雇工的工资消费价格指数在1500为94,1525年为129,1550年为262,1576年为309,1601年为536,1650年为839。② 在一个半世纪中,工资的消费价格指数上涨了8倍多。Y. S. 布伦纳的估算有着相似的估算结果,他以1491—1500年的食品价格指数为100,1501—1510年为106,1551—1560年为527,1601—1610年为527,1641—1650年为723,1651—1660年为687,食品价格的涨幅在7倍左右。③ 同时,N. J. 马修对近代早期的工资率④进行了估算,1526年为4便士,1561年为6便士,1600年为8便士,1643年为9便士,1670年为12便士。⑤ 也就是说在一个半世纪里,工资率就上涨了3倍。可见,在16—17世纪中期的一个半世纪中,

---

① D. L. Farmer, "Prices and Wages, 1350 - 1500", in Edward Miller, ed., *The Agrarian History of England and Wales*, Vol. 3, p. 444;[英]约翰·克拉潘:《简明不列颠经济史:从最早时期到1750年》,第260页。
② E. H. Phelps Brown & Sheila V. Hopkins, "Seven Centuries of the Prices of Consumables, Compared with Builders' Wage Rates", *Economica*, New Series, Vol. 23, No. 92 (Nov., 1956), p. 312.
③ Y. S. Brenner, "The Inflation of Prices in England, 1551 - 1650", *The Economic History Review*, New Series, Vol. 15, No. 2, 1962, p. 270.
④ 工资率,即指单位时间内的劳动价格。
⑤ N. J. Mayhew, "Population, Money Supply, and the Velocity of Circulation in England, 1300 - 1700", *The Economic History Review*, New Series, Vol. 48, No. 2 (May, 1995), p. 244.

英国的工资和价格的上涨幅度远远超过了从13世纪初至15世纪末的300年的波动，从这一点也可以看出中世纪时期英国物价和工资的相对稳定性。

同时，中世纪欧洲其他地区的物价和工资的波动较为剧烈，这也能反映出英国物价和工资的相对稳定性。由于欧洲大陆有关价格和工资的记载较晚，譬如，有关佛兰德尔地区价格和工资的记录就是从1349—1350年开始。如果以1451—1475年综合价格指数为100，并对以每5年的平均综合价格指数进行研究，可以发现在1349—1350年为50.57，1386—1390年为124.72，上涨了146.6%，到了1401—1405年为88.5，又下降了32%；之后出现了一系列的波动，1461—1465年为88.71，达到了15世纪的最低点，但是之后出现上升，尤其是在1486—1490年高达184.51。从这些价格指数的变化来看，佛兰德尔地区的价格指数在短短的一个半世纪内上涨了近4倍，上涨幅度要比黑死病之后英国相对稳定的价格来说高很多。同样，在欧洲大陆的布拉班特，价格在短时间内也出现较大的波动，在1401—1405年谷物的价格指数50.9，1431—1435年为103.4，1456—1460年为132.5，1481—1485年为201.3，1486—1490年为229.4。[①] 从这些数据可以看出，布拉班特的谷物价格在短短的一个世纪中，涨幅达到了5倍以上。除了佛兰德尔和布拉班特之外，其他地方的价格的波动也较大，如在15世纪的法国，由于货币贬值严重，小麦的价格出现较大的波动，如在1428年的小麦价格是15世纪最初几年的20倍。[②]

此外，中世纪晚期欧洲大陆的工资波动也超过了英国。如1401—1500年，安特卫普的泥瓦匠平均每5年的夏季最低工资为1401—1405年的7.75便士，最高为1486—1490年间的12.90便士，其波动

---

① John Munro, "Wage Stickiness, Monetary Changes, and Real Incomes in Late-Medieval England and the Low Countries, 1300 – 1500: Did Money Matter?", *Research in Economic History*, Vol. 21, 2003, pp. 249 – 251.

② Harry A. Miskimin, *Money and Power in Fifteenth-Century France*, New Haven and London: Yale University Press, 1984, pp. 57 – 68.

幅度接近 2 倍。① 从表 3-8 可知，在 15 世纪英国泥瓦匠的工资维持在 5 便士左右，变化不大。

中世纪英国的物价和工资相对比较稳定，无论是与 16 世纪相比，还是与同时期欧洲其他地区相比。造成这种历史现象的原因是多方面的，既有货币重量和成色相对较好的因素，也有货币供给较为稳定和贵金属价值上升的因素。接下来，将对这些原因进行分析和考察。

二 价格与工资稳定的原因

（一）中世纪英国的货币重量足、成色高

中世纪时期，货币多为贵金属铸造，因此被称为"硬通货"，其优劣通常是按照货币的重量和成色来衡量的，而货币标准是否稳定就成为价格和工资变化的重要原因。

中世纪英国的货币，使用以格令为基础的重量体系铸造；而货币成色则是指货币中贵金属在合金中所占的比例。自从奥法引入第一枚便士，直到盎格鲁—撒克逊其他王国的国王铸造和发行，英国便士的重量标准并没有严格的统一，大概在 20—28 格令之间波动。② 尽管在盎格鲁—撒克逊时期便士的重量并不固定，但成色较高，含银均在 97.5% 以上。③ 到了诺曼征服之后，便士的重量才固定为 22.5 格令，直到 1344 年才出现了重量下降的现象。④ 银币的成色虽然有少许的下降（92.5%），但仍然非常高，且一直保持到了 1672 年。⑤

从 1344 年爱德华三世铸造金币开始，便士的重量开始出现下降，从表 3-13 中可以看到中世纪晚期便士重量下降的具体情况，1344—

---

① John Munro, "Wage Stickiness, Monetary Changes, and Real Incomes in Late-Medieval England and the Low Countries, 1300–1500: Did Money Matter?", *Research in Economic History*, p. 259.
② George C. Brooke, *English Coins: from the Seventh Century to the Present Day*, pp. 48–50.
③ Sir John Craig, *The Mint: A History of the London Mint from A. D. 287 to 1948*, p. 24.
④ George C. Brooke, *English Coins: from the Seventh Century to the Present Day*, p. 82.
⑤ M. M. Postan & Edward Miller, *Cambridge Economic History of Europe*, Vol. 2, p. 868; Thomas J. Sargent & François R. Velde, *The Big Problem of Small Change*, Princeton: Princeton University Press, 2002, p. 46.

1351年英王对货币的重量做了一系列调整，便士的重量下降到了18格令，此后继续下降，1413年约为15格令，1464年约为12格令。用另一种方式来表达就是，为了铸造的便利将1塔磅（Tower Pound）分为5400格令（含银92.5%），在14世纪40年代之前1磅银可以铸造240—243便士，到了1340年代可以铸造270便士，1351年为300便士，1413年为360便士，1464年为450便士。①

表3-13　　　　　　1200—1464年英国银币的重量和价值

时间	1便士的重量 克	1便士的重量 格令	1塔磅的价值
1200—1300	1.44	22.2	243便士
1346	1.3	20	270便士
1351	1.17	18	300便士
1413	0.97	15	360便士
1464	0.78	12	450便士

资料来源：N. J. Mayhew, *Sterling*: *The History of A Currency*, p. 28。

中世纪晚期英国便士重量标准的降低具有一定的阶段性，即英国的货币并不是每年都出现变化，而是每次降低之后的几十年不变。当1351年重量降低1/6之后61年没有改变。当1412年货币重量降低1/5之后保持52年不变，1464年建立起来的货币标准62年没有改变。每两代人之间货币重量降低1/5或是1/6，要低于货币磨损导致的下降。②

中世纪晚期英国便士的重量和成色是在逐渐下降的。但是，这种现象需要放在更广泛的欧洲范围内来考察，因为欧洲其他地方——法国、佛兰德尔、意大利和德国的货币的下降幅度更大。从表3-14可以发现，与英国的便士相比，吕贝克的货币芬尼（Pfennig）的重量和成色下降更为严重，其中银的含量还不足原来的1/4，出现了严重的

---

① N. J. Mayhew, *Sterling*: *The History of A Currency*, p. 28.
② P. Spufford, *Money and Its Use in Medieval Europe*, p. 317.

贬值。同样，从表 3-15 可以发现，在 14—15 世纪的 200 年间，佛罗伦萨的银币里拉（Lira）的成色下降到仅为原来的1/3多一点。

表 3-14　　　　　1255—1492 年吕贝克芬尼的重量　　　　　（单位：克）

时间（年）	总重量	银的重量
1255	0.501	0.474
1350	0.405	0.335
1403	0.405	0.227
1422	0.340	0.170
1492	0.270	0.101

资料来源：N. J. Mayhew, *Sterling*: *The History of A Currency*, p. 28。

表 3-15　　　　　1300—1500 年佛罗伦萨里拉的重量　　　　　（单位：克）

时间（年）	所含银
1300	19.0
1350	11.1
1400	9.6
1450	8.8
1500	6.6

资料来源：Carlo M. Cipolla, *Money in Sixteenth-Century Florence*, Berkeley: University of California Press, 1989, p. 59。

中世纪晚期的法国也出现了严重的货币贬值。中世纪法国银币的成色为96%，其他成分为4%，这一标准大概是在 13 世纪货币相对稳定的时期得以保持的。为了获得进行国际战争的费用，菲力四世（1285—1314 年在位）曾采取货币贬值的政策。而到了百年战争爆发后，同样为了获得战争的费用，菲力六世（1328—1350 年在位）也采取了大肆贬值货币的政策，至其统治的 1342 年时，法国新铸造银币的重量和成色分别比标准的货币下降了一半，而到了 1355 年银币的成色仅为20%，其他贱金属达到了80%。1360 年法国恢复了原有的货币标准，但是从 14 世纪初开始，货币的成色下降到了 20%—50%，1422 年甚至一度下降到了 3%。①

对比英国和法国货币贬值的次数和程度，也能看出中世纪英国货币的稳定性。1285—1490 年，法国的银币贬值了 123 次，其中有 112 次货币成色的下降超过了原有的 5%，法国的金币也经历了 64 次贬值，其中有 48 次成色的下降幅度超过了 5%。而相比法国，英国的货币表现出了较强的稳定性。尽管在 14—15 世纪英国的银币和金币也经历了贬值的过程，但是其次数则远不如法国。此外，英国的铸币税相对较低，货币贬值的间隔较长，而且每次银币贬值的幅度从来没有超过 20%。英国货币的稳定性直到亨利八世的"大贬值"（the Great Debasement）才被终结。②

总之，中世纪英国的便士表现出了相对的稳定性，这主要体现在以下两点：首先是中世纪英国货币的成色较高，即使在中世纪晚期便士的重量出现了下降趋势，银币的成色也大多保持在 92.5% 以上。③其次是中世纪晚期英国银币重量的下降具有合理性。1344—1526 年的近两个世纪里，英国的银币重量下降近 50%，平均每年下降的幅度，并没有超过货币的自然磨损造成的损失。无论与同时代的其他国家相比，还是与今天相比，其货币标准的每一次降低或是总体的降低幅度都是适度的。④英国银币的重量虽然在不断降低，可是它仍旧几乎是纯银的，而且便士重量的降低是非常缓慢的，较轻的新便士时常和那些原来分量较重的经过剪边和磨损的旧便士重量差不多。⑤正如我们所看到的，尽管银币重量出现了下降，但是 1500 年的银币相比 1300 年能买到更多的商品。这意味着随着白银价值的上升，货币的价值得以保持，而其他国家的货币的价值出现了下降，继而导致了价

---

① P. Spufford, *Money and Its Use in Medieval Europe*, pp. 300 – 310.
② Arthur J. Rolnick, Francois R. Velde & Warren E. Weber, "The Debasement Puzzle: An Essay on Medieval Monetary History", *The Journal of Economic History*, Vol. 56, No. 4 (Dec., 1996), p. 793.
③ N. J. Mayhew, *Sterling: The History of A Currency*, p. 8.
④ Sir John Craig, *The Mint: A History of the London Mint from A. D. 287 to 1948*, p. 74.
⑤ [英] 约翰·克拉潘：《简明不列颠经济史：从最早时期到 1750 年》，第 250 页。

第三章 货币与工资、价格

格的大幅上升。①

中世纪英国银币相对较为稳定的原因除了第二章中所列举的抵制货币贬值和贵金属外流等各种措施之外，与中世纪英国有着一个良好且复杂的征税系统和英王并不希望依靠货币重铸或是贬值来补充自己的财政收入有着密切的联系。英国有着良好的征税传统，主要是征收世俗补助金和出口关税。大概从12世纪末开始，英国就建立起了直接征税的传统，而且在亨利三世和爱德华一世时期补助金的征收巩固了这一传统，补助金按财产的1/15征缴。这一传统直到17世纪晚期还在继续。当英王需要增加收入的时候，往往通过动员英国的贵族并以征收世俗补助金的手段而达到目的（当然在中世纪晚期这也需要经过议会的批准）。因此通过直接征收出口关税和世俗补助金等手段，英国在中世纪晚期免于遭受货币贬值的困扰。同时，中世纪英王并不依靠货币重铸来获得大量的收入。如在1345—1346年货币重铸期间，爱德华三世从铸币所获得的总收入为1827英镑，再减去铸币费，国王仅获得827英镑的纯收入。而同时期的法王腓力六世（1328—1350年在位）与爱德华三世形成鲜明的对比，他曾在3年内从货币贬值中获得522000里弗（1里弗约等于2先令8便士）的收入，约为爱德华三世收入的100倍。②

货币重量和成色的稳定性是中世纪英国价格和工资相对稳定的根本原因。"与其他地方货币严重贬值相比，英国货币的稳定性是独一无二的。"③ 而这种极具稳定性的货币制度势必对英国的价格和工资水平产生重大的影响。无论银币还是金币，它们都是硬通货，其自身所含的贵金属的比例对物价和工资的波动起着决定性的影响。中世纪英国货币的稳定性是欧洲大陆其他地区的货币所不能相比的，这也就从根本上决定了物价和工资稳定的总体特征。当然，这种稳定性是从

---

① N. J. Mayhew, *Sterling: The History of A Currency*, p. 29.
② P. Spufford, *Money and Its Use in Medieval Europe*, pp. 317–383.
③ Ronald D. Ware, "Monetary Movements and Market Structure: Forces for Contraction in Fourteenth- and Fifteenth-Century England: Discussion", *The Journal of Economic History*, Vol. 24, No. 4 (Dec., 1964), p. 494.

长期趋势来看的,并不否定短期内货币数量和成色的变化而引起的价格和工资的变化。

(二)货币总供给的相对稳定

12世纪末至14世纪初是英国货币供应量大增的一段时间,但是在1300年之后的200余年内,尽管经历了银荒,但是英国的货币供应量并没有出现太大的变化。从表3-1可以看到,1299年英国的货币供应量为110万—140万英镑,1319年为190万—230万英镑,1331年为150万—200万英镑,1351年为80万—110万英镑,1422年为95万—100万英镑,1470年为75万—95万英镑。从1300年之后货币供应量的变化来看,仅在14世纪的二三十年代货币供给量较高,其余时间变化并不大。在14世纪末和15世纪银荒期间,货币的供应量出现了一定程度的下降。但是从总体上来看,1300年之后英国的货币供应量并未出现剧烈波动,即使在中世纪晚期银荒的时候,其货币供应量也保持在近100万英镑,货币总供给相对稳定。

同时,中世纪晚期的一些其他因素在一定程度上缓解了由于银荒导致的货币短缺。首先是金币的铸造,由于金币的面额大、价值高,因此在一定程度上缓解了银币的短缺。其次是贵金属价值的上升。白银的短缺使得银币的购买力出现一定程度的上涨。同时,金币的价值也出现了一定的上涨。如在1465年3月6日在黑斯廷斯(Hastings)签署的一个铸币协议中,金的价值上升了10%。[①]

由上可知,在中世纪晚期英国的货币总供给是相对稳定的,而这种稳定对于中世纪英国物价和工资的稳定也起着重要的作用。

综上所述,中世纪英国物价和工资的变迁是由多种因素引起的,但是货币因素是其最主要的原因。从短时段来看,货币量供应充足之时,将会引起价格水平的上升,同时名义工资出现上升,实际工资出现下降;而当货币短缺之时,价格将会出现下降,而名义工资出现下降,实际工资将出现上升。从长时段来看,由于中世纪英国的货币重量足、成色高,且在长达几百年的时间里保持相对的稳定性;同时,

---

[①] Sir John Craig, *The Mint: A History of the London Mint from A. D. 287 to 1948*, p. 92.

在中世纪晚期的 200 余年间，英国的货币供给波动并不大，可以说保持了相对的稳定性，再加之金币的铸造以及由于贵金属价值的上升。这些因素使得中世纪英国的价格和工资并未出现大幅的波动。总之，从货币因素的角度来考察中世纪英国价格和工资变化的特征，进而探讨中世纪英国经济社会的变迁，可以得出一些异于以往的结论。这种从货币因素出发对中世纪英国经济史进行的考量，应该成为一种新的研究理路。

第四章　货币化与经济社会变迁

中世纪英国货币经济的出现经历了一个缓慢的过程。在中世纪早期，自然经济或是物物交换经济（barter economy）占据着绝对的主导地位，尤其是在地方贸易中，与货币交易相比，物物交换更为普遍。到了中世纪中后期，随着货币使用的普及，人们逐渐认识到了货币在经济社会发展中的作用。[1]

在12世纪之前，英国主要是区域性的货币流通，还没有形成全国性的货币流通系统。[2] 在盎格鲁—撒克逊时期，货币化是在货币流通形成的基础之上发展起来的。国王赋税的征收、王室的消费和商业贸易的发展，是促进不同区域之间货币流通的重要原因。[3] 在中世纪英国货币流通的发展过程中，就交换中货币的使用程度上来讲，东部和东南部与西部和北部有很大的不同。东部和东南部低地地区农业水平发展较高，且又有众多优良的沿海港口，工商业贸易相对繁荣。同时，这里也居住着英国的大部分人口。这些因素使得东部和东南部的经济相对西部和北部经济比较发达，也是较早出现货币使用和货币交换的地方。[4] 显然，中世纪早期英国货币流通的发展经历了一个过程，

---

[1] Roy C. Cave & Herbert H. Coulson, *A Source Book for Medieval Economic History*, p. 126.
[2] Richard Britnell, "Uses of Money in Medieval Britain", in Diana Wood, ed., *Medieval Money Matters*, p. 20.
[3] D. M. Metcalf, "Continuity and Change in English Monetary History, c. 973 – 1086", *The British Numismatic Journal*, part Ⅰ, Vol. 50, 1980, p. 24; D. M. Metcalf, *An Atlas of Anglo-Saxon and Norman Coin Finds, c. 973 – 1086*, pp. 42 – 43, 276.
[4] James Bolton, "What is Money? What is a Money Economy? When did a Money Economy Emerge in Medieval England?", in Diana Wood, ed., *Medieval Money Matters*, p. 5.

在 8 世纪的时候，货币的使用仅限于东部和南部的部分地区。到了 9 世纪的上半期，随着与加洛林帝国之间贸易的发展，东部和南部的货币流通得到了进一步发展。由于丹麦人的入侵，尤其是大量丹麦金的缴纳，使得 9 世纪末和 10 世纪初英国货币使用的范围出现了一定的缩小。①

但是到了 10 世纪中后期，随着市场特许状的颁布，尤其是"一个城市设有一个铸币所"的严格规定，使得西部和北部也出现铸币所，因此铸币活动得到了极大的发展。大概到了 11 世纪早期，货币的使用已经蔓延至整个英国。② 南部铸造的货币传入林肯和约克等郡，而北部铸造的货币也开始进入南部地区的货币流通中。③ 根据已经发掘的地方窖藏货币来看，1017—1087 年，60% 的货币是由其他地区的铸币所铸造。这在客观上说明了不同区域之间的货币流通在加强，而导致这一现象的主要原因就是不同区域之间贸易的发展。同时，与斯堪的那维亚半岛和欧洲大陆等地的贸易，使得大量的货币流入英国，这在客观上弥补了因支付丹麦金而出现的货币短缺，更重要的是证明了当时贸易的发展程度。④

当然，我们也必须看到，当时的交换还是以物物交换为主，市场交换仅为补充。盎格鲁—撒克逊时期的货币主要用于估算财物和劳役的价值，用于市场交换的只是一部分。在诺曼征服之前，牛、谷物和蜂蜜等物品都有确定的价格。制作供 100 人吃的面包所需小麦的价值为 1 先令，一头公牛的价值为 1 先令，一只羊的价值为 4 便士，供 20 匹马吃的饲料的价值约为 4 便士。⑤ 同时，赋税开始以货币的形式进行征收。

大概从 12 世纪开始，英国的货币量出现了增加，货币流通也有

---

① P. Spufford, *Money and Its Use in Medieval Europe*, pp. 41 – 64.
② P. Spufford, *Money and Its Use in Medieval Europe*, pp. 75 – 90.
③ D. M. Metcalf, *An Atlas of Anglo-Saxon and Norman Coin Finds*, c. 973 – 1086, p. 46.
④ D. M. Metcalf, "Continuity and Change in English Monetary History, c. 973 – 1086", *The British Numismatic Journal*, part Ⅰ, Vol. 50, 1980, pp. 24 – 27.
⑤ Reginald L. Poole, *The Exchequer in the Twelfth Century*, London: Frank Cass, 1973, p. 27.

一定的改善,这在客观上促使货币使用范围进一步扩大。本章首先对中世纪不同时期的人均货币量进行估算,并在此基础之上来探讨货币化在农民经济和国内外贸易发展中的作用。

第一节 人均货币量的估算

尽管根据人口总量和货币流通量来计算人均货币量的方式有些"瑕疵",但仍然是研究"货币化"问题的有效方法。[1] 在计算人均货币量之前,应该对货币量进行估算。

D. M. 梅特卡夫曾对盎格鲁—撒克逊时期的货币进行过乐观的估计,他认为在埃塞尔雷德和克努特(1016—1035年在位)时期,英国的货币量为6万—8万英镑。[2] D. M. 梅特卡夫的估算得到了菲利普·格里森的赞同,他首先认为在盎格鲁—撒克逊晚期出现了支付巨额丹麦金的记载,表明当时出现大量的银币。如在991年为1万英镑,994年为1.6万英镑,1002年为2.4万英镑,1007年为3.6万英镑,1012年为4.8万英镑,1018年为7.2万英镑,此外还向伦敦市民额外征收1.05万英镑。据此,他认为,在正常情况下,货币量也有6万—8万英镑。他也认为货币量并未与经济社会需求产生密切的联系,因为以正常的贸易对货币的需求量来说,丹麦金的支付占据了铸币量的绝大部分。在丹麦金征收之前,货币使用也仅限于很小的一个区域,货币量也非常少。[3] 除了丹麦金的支付之外,当时的货币还主要用于战争。因此可以说,在盎格鲁—撒克逊晚期,有效的货币量远远低于6万英镑。[4] 其他一些学者的估算也证明

---

[1] James Bolton, "What is Money? What is a Money Economy? When did a Money Economy Emerge in Medieval England?", in Diana Wood, ed., *Medieval Money Matters*, p. 10.

[2] James Bolton, "What is Money? What is a Money Economy? When did a Money Economy Emerge in Medieval England?", in Diana Wood, ed., *Medieval Money Matters*, p. 10.

[3] Philip Grierson, "The Volume of Anglo-Saxon Coinage", *The Economic History Review*, New Series, Vol. 20, No. 1 (Apr., 1967), pp. 159 – 160.

[4] James Bolton, "What is Money? What is a Money Economy? When did a Money Economy Emerge in Medieval England?", in Diana Wood, ed., *Medieval Money Matters*, p. 10.

了这一点，M. 艾伦就对 973—1158 年的货币量进行了估算，973—1016 年为 1.5 万—3 万英镑，1016—1042 年为 1.5 万—3 万英镑，1042—1066 年为 2 万—5 万英镑。① M. 多利估算 1086 年的货币供应量仅为 3.75 万英镑。②

盎格鲁—撒克逊晚期英国的货币量并不高，而在诺曼征服之后的一个多世纪里有所增加，但幅度不大。M. 艾伦认为 1066—1135 年为 1 万—2.5 万英镑，1135—1158 年为 2 万—5 万英镑；1158 年为 3 万—8 万英镑，1180 年为 10 万英镑。③

总之，1000—1180 年英国的货币流通量不超过 12 万英镑，人均货币量不超过 1 先令。④ 曾有学者对 1086 年的人均货币量进行了估算，1086 年的货币量约为 3.75 万英镑；同时，根据《末日审判书》中有关人口的记录，对当时的人口总量做出了估算，其中较低的估算为 150 万人，较高的估算为 225 万人，如果以前者为人口总数，那么 1086 年的人均货币量约为 6 便士，如果以后者为人口总数，人均货币量应为 4 便士。⑤

在 1180 年之后的 40 年，流通领域里的货币量出现了大幅度增加，在 12 世纪六七十年代的正常年份里，平均每年铸造的货币不低于 100 万枚便士，1180—1204 年平均每年铸造的便士的数量为 400 万枚，到了 1234—1247 年，上升至 1000 万枚，到了 13 世纪 50 年代，进一步上升至 1500 万枚。⑥ 流通领域里的货币量也从 1180 年的 12.5

---

① M. Allen, "The Volume of the English Currency, C. 973 – 1158", in Barrie Cook & Gareth Williams, eds., *Coinage and History in the North Sea World c. 500 – 1250*, Leiden: Brill, 2006, pp. 497 – 501.

② Michael Dolley, *The Norman Conquest and the English Coinage*, p. 14.

③ M. Allen, "The Volume of the English Currency, 1158 – 1470", *The Economic History Review*, New Series, Vol. 54, No. 4 (Nov., 2001), pp. 497 – 607; James Bolton, "What is Money? What is a Money Economy? When did a Money Economy Emerge in Medieval England?", in Diana Wood, ed., *Medieval Money Matters*, p. 8.

④ R. H. Britnell, *The Commercialisation of English Society*, *1000 – 1500*, p. 29.

⑤ N. J. Mayhew, "Modelling Medieval Monetisation", in R. H. Britnell & B. M. S. Campbell, eds., *A Commercialising Economy: England 1086 to c. 1300*, pp. 57 – 72.

⑥ P. Spufford, *Money and Its Use in Medieval Europe*, pp. 196 – 197, 202 – 203.

万英镑上升至 1205 年的 25 万英镑，1218 年的 30 万英镑，甚至更多，1247 年约为 40 万英镑。之后的 80 余年间，英国的货币量还在不断增加。1278 年约为 67.4053 万英镑，1311 年和 1324 年约为 110 万英镑。① 这些货币量的变化可以通过一些窖藏货币的发掘得以证明。

12 世纪末至 13 世纪初的人口为 300 万—350 万人，当时的人均货币量为 17—20 便士，与 1086 年相比，至少上涨了 3 倍以上；1247 年的人口为 400 万—450 万人，当时的人均货币量应为 21.3—24 便士。② 到了 13 世纪末，货币量约为 90 万英镑，当时的人口最高约为 600 万人，可得知人均货币量为 36 便士。③ 而在 14 世纪初，人口变化不大，当时货币量继续增加，使得人均货币量达到了 4 先令。

总之，1180—1330 年英国的人口出现了 2—3 倍的增长，约从 1180 年的 230 万人，上升至 1330 年的 600 万人。④ 据此，J. 哈彻认为人均货币量上涨了 3 倍多，从 1180 年的不足 12 便士上升至 1330 年的 36—48 便士。⑤

中世纪晚期的货币铸造量出现了一定的波动，其再也没有超过 14 世纪初的水平。⑥ 1351—1356 年的货币供应量还不及 1311—1321 年的 4/5，而且在之后还出现了进一步下降的趋势，到了 1417 年，货币流通量仅为最高峰的 3/5。在 15 世纪的最后半个世纪，尤其是在 1470 年之后，货币流通量再次出现上升，直到 1544 年才再次超过 100 万英镑。14 世纪 50 年代以来英国的铸币量大体经历了如下的变化，1350 年约为 50 万英镑，1356 年约为 78.8 万英镑，1417 年约为

---

① N. J. Mayhew, "Money and Prices in England from Henry II to Edward III", *Agricultural History Review*, Vol. 35, No. 2, 1987, p. 125.
② James Bolton, "What is Money? What is a Money Economy? When did a Money Economy Emerge in Medieval England?", in Diana Wood, ed., *Medieval Money Matters*, p. 10.
③ N. J. Mayhew, "Modelling Medieval Monetisation", in R. H. Britnell & B. M. S. Campbell, eds., *A Commercialising Economy: England 1086 to c. 1300*, p. 72.
④ John Hatcher, *Plague, Population, and the English Economy*, p. 71.
⑤ R. H. Britnell, *The Commercialisation of English Society, 1000 – 1500*, p. 103.
⑥ John Day, *The Medieval Market Economy*, p. 64.

63.9万英镑，1469年约为70万英镑，1544年约为119万英镑。① 但是由于黑死病的出现，导致英国的人口总数出现了大幅度的下降，1377年英国的人口为250万—300万人，在整个15世纪英国的人口基本维持在这一水平。② 人口的下降反而使得人均货币量出现了上升。1351年的人均货币量达到了60—84便士，1467年约为72便士。③

从总体上来看，12世纪末至14世纪初英国的货币量出现了较大幅度的上升，且货币量的上升幅度超过了人口总数的上涨，因此人均货币量是增加的，从1000—1180年的不足12便士，到1324年的36—48便士。到中世纪晚期，由于黑死病的暴发，使得人口出现了大幅度的下降，尽管这一时期货币量也出现了下降，但是由于人口下降的幅度更大，这就使得人均货币量反而出现了进一步的上升，如1351年为60—84便士，1467年为72便士。由于银荒的暴发，在中世纪晚期的个别年份，货币量较低，因此也出现了人均货币量下降的现象。比如在1422年的人均货币量仅为12—24便士。④ 但是从总体上来说，除了个别年份之外，英国的人均货币量处于一个不断增加的趋势中。

人均货币量的上升是中世纪英国货币化的最根本表现。货币的使用范围的扩大和贸易规模的增加，也都是以人们手中掌握的货币量为基础的。货币量的变化，尤其是人均货币量的增加，是人们参与市场活动的前提条件，同时也是中世纪英国工商业发展的基石。

第二节 货币化与农民经济变迁

学者们通常认为，中世纪时期的经济是自给自足的，较少出现商

---

① R. H. Britnell, *The Commercialisation of English Society*, 1000 – 1500, pp. 179 – 180.
② John Day, *The Medieval Market Economy*, pp. 68 – 71.
③ M. Allen, "The Volume of the English Currency, 1158 – 1470", *The Economic History Review*, New Series, Vol. 54, No. 4（Nov., 2001）, p. 607; R. H. Britnell, The Commercialisation of English Society, *1000 – 1500*, p. 185.
④ M. Allen, "The Volume of the English Currency, 1158 – 1470", *The Economic History Review*, New Series, Vol. 54, No. 4（Nov., 2001）, p. 607.

品交换，即使存在也是低水平的。事实上并非如此，中世纪的英国随着劳役地租的折算，主要是货币地租的征收，农民从最初的被动进入市场，到之后为了获利而主动地进入市场进行交换，农业的商业化得到了发展；同时农民的日常生产和生活中所需的物品也逐渐依靠市场的供给。这些乡村经济的发展变化，都是与货币流通密切相关的。

一 劳役折算与货币地租的缴纳

中世纪英国自营地的存在就是为了满足封建领主的需要，但是庄园上生产的产品通常较为粗糙，而领主不仅仅满足于消费这些产品，他们也需要一些奢侈品，例如精美的纺织品、美酒、精细的手工业品等。[①] 封建领主为了得到购买商品所需要的货币，逐渐开始把劳役折算为货币，即开始征收货币地租。13世纪是英国货币地租较为盛行的时期，其占所有地租总量的2/3之多，即使在劳役地租得到充分发展的密德兰地区，货币地租也占据着优势。[②]

事实上，在诺曼征服之前，英国已经出现了货币地租，当时是多种地租形式并存。例如在10世纪著名的拉姆齐修道院虽然以实物地租为主，但也出现了实物地租折算成货币地租缴纳的情况。[③] 在同时期的伍斯特主教地产上，除了实物地租之外，还存在着劳役地租和货币地租。[④] 货币地租在《末日审判书》中就有所记载，在主教的多个庄园中，至少有22个庄园的佃农缴纳的地租是固定的，且其中18个涉及货币地租。[⑤] 同时，R. H. 布伦特纳尔认为，不同庄园上的佃农每年都要向领主缴纳部分的货币地租，《末日审判书》中记载的不同

[①] 马克垚：《英国封建社会研究》，第252页。

[②] E. A. Kosminsky, *Studies in the Agrarian History of England in the Thirteenth Century*, Oxford: Basil Blackwell, 1956, pp. 191 – 195.

[③] J. A. Raftis, *The Estates of Ramsey Abbey: A Study in Economic Growth and Organization*, Toronto: Pontifical Institute of Mediaeval Studies, 1957, p. 10.

[④] Christopher Dyer, *Lords and Peasants in a Changing Society: the Estates of the Bishopric of Worcester, 680 – 1540*, Cambridge: Cambridge University Press, 1980, pp. 28 – 29.

[⑤] Reginald Lennard, *Rural England, 1086 – 1135: A Study of Social and Agrarian Conditions*, Oxford: Clarendon Press, 1959, p. 115.

地产上庄园的价值,有可能就是所收的货币地租的总额。①

诺曼征服之后直到爱德华一世统治期间,用货币折算劳役的做法越来越普遍。11世纪,开始出现某些佃农缴纳货币地租的现象,尤其是佃户缴纳小额货币地租的现象更为普遍。② 在12世纪中期的格罗斯特郡的克立夫(Cleeve)庄园,维兰依靠惯例把其劳役折算为4先令货币进行缴纳;在特里丁顿(Tredington)庄园,持有1份地或半份地的维兰的劳役折算成每年5先令的货币地租。③ 到了13世纪末和14世纪上半期,在温切斯特主教地产上的奥查德(Orchard)庄园,占有1/4维尔格特土地的维兰的劳役具体折算如下,冬季每周的劳役约为0.5便士,6月和7月割草的劳役约为10便士,8月和9月收割庄稼的劳役约为3先令4便士。④

随着农产品价格的上涨,12—13世纪英国的领主开始直接经营自营地。⑤ 同时,由于农村劳动力相对充足,工资率较低,领主更多地采用雇工的方式在其自营地上劳作。这样,维兰的劳役逐渐被雇佣劳动所代替,庄园内部劳役货币化的趋势进一步加强。在庄园的收入中,不仅货币地租压倒了劳役地租,而且保存下来的劳役也以固定的等值货币进行登记。⑥

货币地租并非都是劳役折算的结果,因为劳役地租并没有普及到全国。除了劳役折算之外,中世纪英国的农民为了承租份地每年需要向领主缴纳租金。在12世纪的最初25年,在埃塞克斯郡的弗尔斯特德(Felstead)规定5位索克曼(sokeman)需要缴纳17先令7便士,

---

① R. H. Britnell, *The Commercialisation of English Society*, 1000 – 1500, p. 40.
② Reginald Lennard, *Rural England*, pp. 375 – 387.
③ Christopher Dyer, *Lords and Peasants in a Changing Society: the Estates of the Bishopric of Worcester*, 680 – 1540, pp. 98 – 99.
④ Phillipp R. Schofield, *Peasant and Community in Medieval England 1200 – 1500*, New York: Palgrave Macmillan, 2003, p. 27.
⑤ P. D. A. Harvey, "The English Inflation of 1180 – 1220", *Past & Present*, No. 61 (Nov., 1973), p. 7.
⑥ R. H. Britnell & B. M. S. Campbell, *A Commercialising Economy: England 1086 to c. 1300*, p. 13.

24位维尔格特农①每人每年要向领主缴纳6便士,其中4位缴纳的总金额达到了4先令4便士;另外,39位小土地持有者,每人缴纳2便士。② 有学者认为,在12、13世纪,英国货币地租的征收通常保持在每英亩6—8便士之间。1维尔格特农每年大约缴纳8—10先令租金,半维尔格特农民大约缴纳4—5先令租金。③

13世纪,在靠近苏格兰的诺森伯兰的劳役地租只占10%,实物地租和独占权收入占36%,自由持有地和维兰的货币地租共占54%。④ 尽管北方的经济比南方落后,但是13世纪诺森伯兰的货币地租仍然占优势,这至少说明北方有一定的货币流通,且佃农手中有货币可缴纳。同时,这也说明货币地租已经遍布整个英国。

13世纪末和14世纪上半期,货币地租已经在整个英国占据着绝对的优势,在小骑士的领地上尤其突出。⑤ 在温切斯特主教地产上的奥查德庄园,佃农和茅舍农所缴纳的货币地租占55.7%,而劳役地租仅为5%。⑥ 即使到了15世纪,英国不同的区域之间也保持这一趋势。⑦ 而城市工商业的发展使这种趋势不可逆转。

货币地租的缴纳,使得中世纪英国领主和佃农之间的依附关系出现了松弛,也就是说他们之间出现了有别于之前"正式关系"(formal relationship)的一种非正式关系,这也成为中世纪英国货币化过程的转折点。⑧

领主和佃农之间,由于货币地租的缴纳形成了货币流通。中世纪的任何地产记录都可以解释领主和佃农之间收入的转移。货币地租通

---

① 维尔格特(virgater),即英国旧土地面积单位,约合30英亩;维尔格特农,即为租种30英亩土地的农民。
② R. H. Britnell, *The Commercialisation of English Society, 1000 – 1500*, p. 44.
③ 谢丰斋:《英国市场发育导论:12—14世纪的"扩张"时期》,世界知识出版社2004年版,第144页。
④ 蒋孟引主编:《英国史》,第202页。
⑤ 蒋孟引主编:《英国史》,第168页。
⑥ Phillipp R. Schofield, *Peasant and Community in Medieval England 1200 – 1500*, p. 27.
⑦ Richard Britnell, "Uses of Money in Medieval Britain", in Diana Wood, ed., *Medieval Money Matters*, p. 22.
⑧ N. J. Mayhew, *Sterling: The History of A Currency*, pp. 19 – 20.

常有固定的缴纳时间，例如在达勒姆的普法尔兹（Palatinate），地租要在收获后的圣马丁节（11月11日）和第二年的圣卡斯伯特节（St. Cuthbert，3月20日）缴纳。其他地方的佃农也可以分为3次或是4次进行缴纳。①

在缴纳货币地租的同时，农民还要缴纳塔利税、继承税、进入税和结婚税等其他的税收。② 为此，农民需要获得大量的货币，而他们获得货币的最好方式就是出售剩余农产品。

二 农民参与市场买卖

大量乡村市场的设立，为农民参与市场的行为提供了可能。在1200年之前，英国存在600个市场，黑死病出现之前市场数量超过了1800个。③ 其中，诺福克郡有130个小市场，格罗斯特郡至少有53个，兰开夏郡有特许状授权的市场和集市的数量超过85个，另外该地还有50个自然形成的市场。④ 诺丁汉郡，13世纪下半期至14世纪上半期存在30个市场，其中多个位于小村庄中。⑤ 理查德·莫蒂默认为，在1300年之前小市场的数量超过了1200个，每5—6个村庄就拥有一个小市场。乡村市场的大量建立，为每一个人参与商业活动提供了机会。⑥ 同时，市场之间较短的距离，也有利于人们参与市场交易。13世纪的法学家亨利·布拉克顿认为，相邻市场的最佳距离

---

① Richard Britnell, "Uses of Money in Medieval Britain", in Diana Wood, ed., *Medieval Money Matters*, p. 22.

② Christopher Dyer, "Peasants and Coins: the Uses of Money in the Middle Ages", *British Numismatic Journal*, Vol. 67, 1997, p. 41.

③ D. L. Farmer, "Marketing the Produce of the Countryside, 1200–1500", in Edward Miller, ed., *The Agrarian History of England and Wales*, Vol. 3, Cambridge: Cambridge University Press, 1991, p. 329.

④ A. Everitt, "The Marketing of Agriculture Produce, 1500–1640", in J. Thirsk, ed., *The Agrarian History of England and Wales*, Vol. 4, Cambridge: Cambridge University Press, 1967, p. 469.

⑤ T. Unwin, "Rural Marketing in Medieval Nottinghamshire", *Journal of Historical Geography*, Vol. 7, No. 3, 1981, pp. 249–250. 转引自谢丰斋《英国市场发育导论：12—14世纪的"扩张"时期》，第14页。

⑥ Richard Mortimer, *Angevin England, 1154–1258*, Oxford: Blackwell, 1994, p. 175.

应该保持在 6.67 英里，这也是卖主能在一天内往返的距离。13—14 世纪诺丁汉郡周市（Weekly Market）之间平均距离为 6.21 英里，这一研究验证了亨利·布拉克顿的观点。① 此外，也存在着与亨利·布拉克顿观点不一致的情况，尤其是在一些存在着更多市场的地方，例如在德比郡，市场之间的距离在 1—7 英里之间，当地的生产者可以在 2 个小时内到达目的地。② 据财政署 1297 年世俗补助金中有关贝德福德郡的 44 个维尔（vill）③ 的记载，每一个维尔距离每周开放一次的市场都在 6 英里的范围之内，平均距离为 3.7 英里。④

中世纪英国的农民为何参与市场买卖？除了支付货币地租之外，满足自己的生活所需也是很重要的原因，因为"农民既是生产者，也是消费者"⑤。以往的观点认为，中世纪英国农民的生活必需品几乎完全依靠自给自足，但是还是有一些物品是无法生产的，例如食盐、铁器、陶器等。⑥ 实际上，在中世纪的中晚期，农民从市场上购买的商品远不止这些。农民购买这些物品所需要的货币，也主要是通过出售自家的农产品获得。

在中世纪英国农民出售的诸多农产品中，大麦和燕麦等谷物主要用于日常的饮食，其中大部分大麦用来酿酒，剩下的大麦连同部分燕麦用来做面包，其余的燕麦则成为农民每日的燕麦粥的原料。⑦ 而小麦由于价格较高，则主要用于销售，因此小麦也被称作"现金谷物"

---

① 谢丰斋：《英国市场发育导论：12—14 世纪的"扩张"时期》，第 15 页。
② Edward Miller & John Hatcher, *Medieval England: Rural Society and Economic Change, 1086 - 1348*, London: Longman, 1978, p. 77; D. L. Farmer, "Marketing the Produce of the Countryside, 1200 - 1500", in Edward Miller, ed., *The Agrarian History of England and Wales*, Vol. 3, p. 330.
③ 中世纪英国的一种较小的行政区划，包括 2—4 个村庄，后来被教区所代替。
④ Kathleen Biddick, "Medieval English Peasants and Market Involvement", *The Journal of Economic History*, Vol. 45, No. 4 (Dec., 1985), pp. 825 - 827.
⑤ Phillipp R. Schofield, *Peasant and Community in Medieval England 1200 - 1500*, pp. 136, 147.
⑥ 马克垚：《英国封建社会研究》，第 253 页。
⑦ [英] 亨利·斯坦利·贝内特：《英国庄园生活：1150—1400 年农民生活状况研究》，龙秀清等译，上海人民出版社 2005 年版，第 69 页。

(cash crop)①。在正常的年份下,在扣除磨坊税(磨坊主收取磨坊税的比例一般为1/16),一个拥有20英亩土地的农民还可以获得48蒲式耳小麦,并根据索罗德·罗杰斯计算1261—1400年小麦的平均价格为5先令10.75便士,如果该农民出售其全部的小麦,他将可能得到35先令4.5便士。②

中世纪中晚期英国农民农业生产往往出现剩余。1299年,在格罗斯特郡的克立夫庄园,一位名为罗伯特的佃农,租种1雅兰(yardland,约合30英亩)土地,当时有可能采取二圃制或是三圃制,因此估算其谷物(小麦、大麦、燕麦和豌豆)的剩余为两种数据,分别为23.5夸脱和28夸脱3蒲式耳。③ 如果扣除下一年的种子和一家人一年的正常消费之外,剩余的谷物产量分别为7夸脱5蒲式耳和10夸脱4蒲式耳。根据当时的价格进行估算,在二圃制或三圃制不同的耕作制度下,罗伯特可以通过出售谷物所得分别为32先令和46先令。④

1283年,根据世俗补助金的记载,在东盎格利亚的布莱克本(Blackbourne)百户区约有1363名农民纳税者。其中,每一个家庭都出现了谷物的大量剩余,平均不到4蒲式耳的小麦,不到1夸脱的黑麦,多于3蒲式耳的大麦,不到6蒲式耳的豆类,多于2蒲式耳的燕麦。1279年,依据世俗补助金可知,在贝德福德郡的巴福德(Barford)、比格尔斯韦德(Biggleswade)和弗里特(Flitt)三个百户区的农民都出现了谷物的剩余。在巴福德百户区,每个农民家庭剩余的谷物为:不到10蒲式耳的小麦、超过1蒲式耳的大麦、不到10蒲式耳

---

① M. M. Postan, *The Medieval Economy and Society: An Economic History of Britain in the Middle Ages*, Harmondsworth: Penguin, 1975, p.137.
② [英]亨利·斯坦利·贝内特:《英国庄园生活:1150—1400年农民生活状况研究》,第68—69页。
③ 依照常用谷物品种国际单位换算标准,1蒲式耳大麦=21.772公斤,1蒲式耳小麦=26.309公斤;1蒲式耳燕麦=14.515公斤;同时,根据贝内特的计算,把小麦、大麦和其他谷物进行混合计算,1蒲式耳混合谷物的重量为20.865公斤;1夸脱=8蒲式耳。
④ Christopher Dyer, *Standards of Living in the Later Middle Ages: Social Change in England, c.1200-1520*, Cambridge: Cambridge University Press, 1989, pp.110-114.

的燕麦、不到 1 蒲式耳的黑麦、不到 4 蒲式耳的蜜饯（dredge）和不到 1 蒲式耳的豆类。在比格尔斯韦德百户区，每个农民家庭剩余的谷物为：超过 10 蒲式耳的小麦、1/5 蒲式耳的大麦、不到 4 蒲式耳的燕麦、不到 3.5 蒲式耳的黑麦、14 蒲式耳的蜜饯和超过 2 蒲式耳的豆类。在弗里德百户区，每个农民家庭剩余的谷物为：超过 1 夸脱的小麦、接近 1 蒲式耳的大麦、不到 4 蒲式耳的燕麦、接近 1 蒲式耳的黑麦、大约 6.5 蒲式耳的蜜饯和 3 蒲式耳的豆类。①

在中世纪晚期，位于英国北部的达勒姆主教地产上的佃农种植的谷物也出现了大量的剩余。对于这些剩余的谷物，1371 年的法规规定修道院具有优先购买权。当地的"收支卷档"记载了修道院购买单个佃农谷物的数量，尤其是对 15 世纪后半期的此类行为记载更为详细。1455—1480 年比林厄姆（Billingham）的佃农们平均每年出售的大麦不低于 100 夸脱，在一些年份接近 200 夸脱，甚至在 1467—1468 年出售的大麦总量达到了 213 夸脱 7 蒲式耳。小麦也有出售，每年的数量不低于 40 夸脱。同时，当地的佃农经常是连续多年出售谷物。如在沃尔维斯顿（Wolviston），向修道院出售谷物的佃农中有 30% 以上，曾连续数十年出售谷物。如在牛顿·比利（Newton Bewley），佃农罗伯特·柯卡姆（Robert Kirkham）在 1494—1500 年曾向修道院连续出售谷物，1498—1499 年其出售谷物所得为 2 英镑 7 先令 3 便士，扣除 4 先令 9 便士的地租，还有相当的剩余。②从谷物的出售情况可知，达勒姆的佃农除了供给整个家庭的消费，缴纳什一税和磨坊税，并为下一年耕作留存充足的种子之外，谷物仍有大量的剩余供出售。

从以上对中世纪英国农民谷物生产与销售的分析来看，可知农民有多种谷物的剩余，这为他们参与市场买卖提供了前提条件。同时，谷物的出售也给他们带来了一定收入。

---

① H. E. Hallam, *Rural England, 1066 – 1348*, Sussex: Harvester Press, 1981, pp. 62 – 119.
② P. D. A. Harvey, *The Peasant Land Market in Medieval England*, Oxford: Clarendon Press, 1984, pp. 320 – 321.

第四章 货币化与经济社会变迁

除了谷物之外,牲畜和其他生产和生活所需要的原材料也是农民出售的重要商品。牲畜为农民提供了第二种适宜在市场上出售的产品。① 在谷物出现剩余的同时,牲畜的生产也出现了剩余。如在1283年的东盎格利亚的布莱克本百户区,每一个家庭饲养4头母牛,11—12只绵羊;每4个家庭饲养一头小公牛,3匹以上的马,3头以下的猪;每5个家庭饲养1头公牛。德比郡的米克洛弗(Mickleover)庄园,1279—1280年有39户典型的维兰家庭,每家拥有1头公牛、1头母牛、3头猪和13只绵羊。在1279年约克郡的西莱丁地区一个农民去世时留下来的财产中,仅绵羊就有55只;1349—1350年达勒姆一个佃农家庭的寡妇去世时,留下来的牲畜有5匹马、3头公牛和1头母牛,以及其他牲畜3头。在1332年的苏塞克斯百户区,每个农民家庭平均拥有近4头的奶牛、超过1头的猪、33只绵羊,每4个家庭拥有3头公牛。② 14世纪初,在萨福克郡的科尼·韦斯顿(Coney Weston)庄园,44名维兰拥有60匹马、51头猪、117头牛和342只绵羊。在该庄园附近的沃勒萨姆(Waltham),佃农饲养更多的牲畜,其中一位名为威廉的佃农,就曾饲养过72只绵羊,由于他只能饲养4只绵羊,为此还支付了2先令的罚金。③

牲畜的饲养首先是满足自己的需要,例如奶牛主要是为了挤奶,公牛和马匹可以用于耕作和运输。同时,这些动物可以被宰杀用于制作腌肉。由于饲养数量较多,往往出现剩余,佃农会把这些牲畜带到市场上进行出售。在13世纪和14世纪,公牛的平均价格为13先令,奶牛和小牛的售价为10先令。④ 居住在达勒姆主教地产上的佃农吉尔伯特·福克斯(Gilbert Fawkes),1358—1359年向当地修道院出售一匹白马得到3英镑6先令8便士,12年之后,他再次出售一匹马,所

---

① Kathleen Biddick, "Medieval English Peasants and Market Involvement", *The Journal of Economic History*, Vol. 45, No. 4 (Dec., 1985), p. 830.
② H. E. Hallam, *Rural England, 1066–1348*, pp. 62–90, 163, 209–210.
③ Phillipp R. Schofield, *Peasant and Community in Medieval England 1200–1500*, pp. 141–142.
④ [英]亨利·斯坦利·贝内特:《英国庄园生活:1150—1400年农民生活状况研究》,第70—71页。

得为 2 英镑 13 先令 4 便士。① 1435 年，在伍斯特郡阿尔韦斯顿（Alveston）庄园的一份农民起诉书中，一位名叫理查德·汉布鲁克的农民被控告，因为他在公共牧场上放牧多只牲畜，且这些牲畜是为市场而生产的。② 这些史料证明，牲畜的出售是农民参与市场的重要组成部分，同时也是他们获得货币的重要手段。除了在市场上出售牲畜之外，农民的牲畜也直接卖给其所在的庄园领主，如在 1414—1415 年的伯恩霍恩（Barnhorne）庄园账簿的记载中，记录了购买牲畜的 1/3 都来自当地的佃农，其中主要包括 3 匹 1 岁的耕马、3 匹马驹（1 岁以下）、12 头牛犊、2 匹成年耕马、2 头公牛、3 头母牛。在出售牲畜的同时，牲畜的毛皮也是农民出售的商品之一。其中，除了出售羊毛和兽皮之外，一些农民的妻女还把这些羊毛纺织成呢绒进行销售。可见，牲畜是农民们稳定收入的来源之一。③ 1299 年，克立夫庄园的佃农罗伯特，就从出售牲畜以及它们的毛皮上得到了 1 英镑 13 先令 4 便士的收入。④

居住在埃克赛特周围村庄的农民，经常把他们剩余的一些其他产品拿到当地市场上销售。例如，距离埃克赛特东北不到 3 英里处的皮尼奥（Pinhoe）庄园上的维兰，经常携带奶酪、黄油、鸡蛋、木材和麦酒来到埃克赛特市场上进行出售。而托普瑟姆庄园上的名为杰弗里（Geoffrey）的维兰，经常在埃克赛特市场上出售鱼。⑤ 15 世纪初，在康诺克（Cannock）森林地区，就曾出现了农民出售木材的现象。⑥ 达勒姆主教地产东南部的佃农自制食盐出售，1478—1479 年，他们

---

① P. D. A. Harvey, *The Peasant Land Market in Medieval England*, p. 322.

② R. H. Hilton, *The English Peasantry in the Later Middle Ages*, Oxford: Clarendon Press, 1975, pp. 43 – 44.

③ D. L. Farmer, "Marketing the Produce of the Countryside, 1200 – 1500", in Edward Miller, ed., *The Agrarian History of England and Wales*, Vol. 3, pp. 384 – 418.

④ Christopher Dyer, *Standards of Living in the Later Middle Ages: Social Change in England, c. 1200 – 1500*, p. 114.

⑤ Maryanne Kowaleski, *Local Markets and Regional Trade in Medieval Exeter*, Cambridge: Cambridge University Press, 1995, pp. 286 – 287.

⑥ R. H. Hilton, *The English Peasantry in the Later Middle Ages*, p. 43.

曾以每夸脱 4 先令的价格向当地修道院出售了 73 夸脱的食盐。①

中世纪晚期英国的农民还种植经济作物，因为它们的市场效益比谷物更高，例如蔬菜、水果和亚麻。② 在 1342 年的萨福克郡的西部就曾出现了亚麻的种植，当地教区曾对种植亚麻的农民征收什一税。③ 在黑死病出现之后的一个世纪，亚麻的种植范围越来越大。在 15 世纪的克立夫、哈特尔伯里（Hartlebury）、肯普西（Kempsey）和威克（Wick）庄园上，都种植了亚麻。克立夫庄园的卷宗曾记载，一名佃农因浸泡亚麻而导致当地的一条小溪出现了污染。④ 随着亚麻种植规模的扩大，其商业化的趋势也在加强，即越来越集中，这有利于亚麻的生产和销售。

农民除了出售谷物、牲畜等原材料外，还出售一些制成品，例如面包、麦酒、白条肉以及呢绒和陶器等耐用产品。⑤

从上述分析来看，中世纪英国的农民在领主的迫使下逐渐进入市场，但凡是能够出现剩余的农户，通常是拥有全额或是半额份地的中等以上农户。在 13 世纪的末期，大约半数的农民拥有 15—30 英亩的土地，其生产的可供出售的谷物和牲畜产品的价值在 2 英镑至 10 先令之间。在 13 世纪里，谷物、羊毛和牲畜的价格至少上涨了 2 倍，因此这也在客观上鼓励了农民参与市场的买卖。⑥ 在汉普郡的一个名为克劳雷（Crawley）的畜牧业村庄，在好年景里一个持有 16 英亩土地的农民家庭收入的近一半来自畜牧业。从该农民 1257—1258 年收支表中可知牲畜收入所得为 25 先令 4 便士，粮食收入为 36 先令。在这一实例中，农民的畜牧业收入已经超出了粮食收入。该村的农户每

---

① P. D. A. Harvey, *The Peasant Land Market in Medieval England*, p. 322.
② Nigel Saul, *The Oxford Illustrated History of Medieval England*, Oxford: Oxford University Press, 1997, p. 151.
③ Nesta Evant, *The East Anglian Linen Industry: Rural Industry and Local Economy, 1500 – 1850*, Aldershot: Gower Publishing Company, 1985, pp. 43 – 44.
④ Christopher Dyer, *Lords and Peasants in a Changing Society: the Estates of the Bishopric of Worcester, 680 – 1540*, p. 321.
⑤ Phillipp R. Schofield, *Peasant and Community in Medieval England 1200 – 1500*, p. 148.
⑥ Nigel Saul, *The Oxford Illustrated History of Medieval England*, p. 151.

年有下列牲畜可以出售：马 2 匹，可以出售 1 匹、绵羊 25 只，可以出售 4 只，另有若干羊毛出售；同时，还有 2 头牛以及 2 头小牛，每年可以出售 1 头小牛；有 10 头猪，可以出售 4 头。① 此外，还有一些牲畜及其产品没有计入收入，如饲养的鸡、鹅以及羊皮、牛奶、奶酪和鸡蛋等，都假定全部自用或亲戚朋友之间的馈赠。从当时中等以上农户用于日常花销上的钱的总数上，也能在一定程度上反映出他们通过出售农产品而得到收入的状况。在 13 世纪末期，在格罗斯特郡的克立夫庄园上，一个标准农户一年中可以拿出 1 英镑的钱来修葺房屋、制作衣物和购买其他家用。②

  除了大量的中等及以上的农户之外，还存在一定数量的只拥有 5 英亩及其以下耕地的农户。在二圃制耕作制度下，一个标准农户（4.5 口人）维持生活需要 13.5 英亩耕地，在三圃制耕作制度下，则需要 10 英亩耕地。③ 由于这些农户的份地较小，无法满足他们日常生活的需要，因此他们主要依靠出卖自己的劳动来获得收入，并用于购买生活用品。这些人中大部分为村庄中的木匠、纺织工、裁缝，或是在当地被雇用来采矿、捕鱼、挖泥煤（peat），或是为制作木炭而开采森林，或是制作木桶、绳索和陶器的人；另外一小部分人也是顺应商业化的需要成为小零售商人，主要从事酿造和销售麦酒。④ 在中世纪晚期，拥有小额份地且依靠从事其他行业来贴补家用的农民占到人口总数的 60%—70%。⑤ 这些农民除了受雇于当地的大农户外，同时他们还受雇于城市的各个行业之中，尤其是到了 14 世纪末和 15 世

---

① N. S. B. Gras, *The Economic and Social History of an English Village (Crawley, Hampshire), A. D. 909 - 1928*, Cambridge: Harvard university press, 1930, pp. 69 - 73. 转引自侯建新《现代化第一基石：农民个人力量增长与中世纪晚期社会变迁》，天津社会科学院出版社 1991 年版，第 69 页。

② Christopher Dyer, *Standards of Living in the Later Middle Ages: Social Change in England, c. 1200 - 1500*, pp. 115 - 116.

③ D. L. Farmer, "Prices and Wages", in H. E. Hallam, ed., *The Agrarian History of England and Wales*, Vol. 2, p. 772.

④ Nigel Saul, *The Oxford Illustrated History of Medieval England*, p. 151.

⑤ Christopher Dyer, "Peasants and Coins: the Uses of Money in the Middle Ages", *British Numismatic Journal*, Vol. 67, 1997, p. 31.

第四章 货币化与经济社会变迁

纪，这种趋势更甚。同时，毛纺织业的发展是中世纪晚期乡村社会的一个重要的特征，少地或是无地的农民受雇于发展起来的乡村毛纺织业是当时的一个重要历史现象，尤其是在萨默塞特郡的部分地区，伯克郡以及萨福克郡和埃塞克斯郡的边界地区。① 尽管这些人不能通过农业生产获得足够的食物，但是他们往往通过出卖自己的劳动而获得足够的现金，因此与中等农户相比，这些人更多地参与到现金经济（cash economy）之中。②

对于中世纪英国农民的商品率究竟达到了多高的程度，国内学者侯建新教授对该问题进行了考察。他把中等农户的家庭经济分为收入部分、直接消费部分和进入市场流通的部分，并分别进行了核算和考察。经过估算，他认为13—14世纪英国中等农户的商品率达到了44%，也就是说一个中等农户生产的产品有近一半进入了市场。③ 由于出现了较多的剩余，在14世纪中期以前的萨福克郡，农民生产的产品的2/3进入市场。④ 同样，在农业生产率较高的地区，农民份地上的产出至少有一半是为市场而生产的，而且农民的谷物种植结构也发生了变化，越来越多的农民开始种植小麦。⑤ 到了15世纪，大多数农户的主要经济活动已经与市场联系在一起，农产品的商品率进一步提高。⑥

事实上，在国王和领主的压迫下，农民进入市场出售自己的谷物和牲畜等产品，并用所得来支付地租和各种税赋。与此同时，农民也利用市场。13世纪末农民进入为市场而进行生产的阶段，他们集体出售的农产品要比领主自营地上出售的更多，因此在市场份额

---

① Phillipp R. Schofield, *Peasant and Community in Medieval England 1200–1500*, pp. 151–155.

② Christopher Dyer, "Peasants and Coins: the Uses of Money in the Middle Ages", *British Numismatic Journal*, Vol. 67, 1997, p. 42.

③ 侯建新：《现代化第一基石：农民个人力量增长与中世纪晚期社会变迁》，第68—74页。

④ Phillipp R. Schofield, *Peasant and Community in Medieval England 1200–1500*, p. 142.

⑤ M. M. Postan, *The Medieval Economy and Society: An Economic History of Britain in the Middle Ages*, p. 225.

⑥ 侯建新：《现代化第一基石：农民个人力量增长与中世纪晚期社会变迁》，第76页。

上也占据着优势。在1279年的一项调查中,在亨廷顿郡、剑桥、贝德福德、白金汉、牛津和沃里克等郡,在自营地上仅有1/3的土地耕种谷物,而且在绝大多数地产上收获的谷物中进入市场的还不到一半,市场上进行出售的谷物中的一半以上应为农民出售。而在13世纪末,农民仅出售1夸脱谷物就可以完全满足所有强征的税收。① 因此在正常的年景,农民是可以从当地市场和集市上出售农产品而获利的。而到了中世纪晚期,农民对于市场需求的及时反映,谷物产量的提高,运输条件的改善,以及马拉车的使用,都有利于谷物的销售。②

农民参与市场的买卖,往往有所积累。13—14世纪平均每一个中等农户每年的积累可达到14.8先令。③ 一些富裕农民的积累更高,之前提到克立夫庄园上的佃农罗伯特,在1299年除缴纳地租和什一税等赋税和扣除家庭所需之外,他的收入为1英镑18先令(二圃制下)和2英镑11先令(三圃制下)。④ 1351年,康沃尔郡赫尔斯顿(Helston)的农民马修(Matthew)的财产达到了3英镑6先令8便士。1327年,财政署记载的有关白金汉郡丁顿(Dinton)的16户村民的财产清册中,财产总额在3英镑以上的有5户,其中有2户的财产总额达到了5英镑以上,最高财产的农户为尼古拉斯·布兰特(Nicholas Bluet),其财产总额为5英镑15先令10便士,分别为价值10先令的2匹马,价值26先令8便士的4头公牛,价值10先令的2头小母牛,价值4先令的2头猪,价值18先令的12只母羊,价值10先令的10只小母羊,价值15先令的5夸脱小麦,价值14先令的6夸脱的蜜饯,价值5先令4便士的2夸脱豆类谷物,价值2先令10便士的草料;在1—3英镑之间的有9户,1英镑以下的有2户,分别

---

① R. H. Britnell, *The Commercialisation of English Society*, 1000 – 1500, pp. 117 – 123.
② Christopher Dyer, "Peasants and Coins: the Uses of Money in the Middle Ages", *British Numismatic Journal*, Vol. 67, 1997, p. 42.
③ 侯建新:《现代化第一基石:农民个人力量增长与中世纪晚期社会变迁》,第73页。
④ Christopher Dyer, *Standards of Living in the Later Middle Ages: Social Change in England, c. 1200 – 1520*, p. 115.

第四章　货币化与经济社会变迁

为16先令8便士和12先令6便士。① 到了15世纪，农户的积累进一步提高。1498年，伍斯特郡坎普西（Kempsey）的农民沃尔特·比特（Walter Byrte）曾被人从家中偷走3英镑现金。② 汉普顿（Hampton）一位拥有1雅兰土地的佃农的遗嘱财产为13英镑6先令2便士，一位拥有半雅兰土地的佃农的遗嘱财产为9英镑2先令。③

可见，绝大多数农民出售谷物、羊毛、奶酪和牲畜等剩余的农产品并不仅仅为了支付地租，也是为了获利。同时他们也使用这些货币来购买土地以及修建自己的房屋，修建一幢房子的费用在1300年至少需要2英镑，到了15世纪大概需要3—4英镑；购买农业生产和生活所需的设备以及衣物。在中世纪的早期，乡村中的妇女通常是自己制作衣物的，但是到了13世纪，她们的衣物绝大多数是在市场上购买的，当时一件外套大概需要2—3先令，一双鞋需要6便士。除此之外，还用于购买食物。对于那些拥有几英亩土地的小土地持有者来说，由于土地的产出不能满足家庭需求，因此需要购买食物。在1348年之前的东盎格利亚，一个大村庄中的小土地持有者曾经一次购买食物的价格达到了20先令。对于那些可以自给自足的农民来说，他们也需要购买海鱼，甚至为了省钱而购买邻居酿造的麦酒。④

农民参与乡村市场的交换中，而这种交换的本质是地方产品的再分配。⑤ 乡村市场为当地的农民进行交易提供了便利，他们可以在乡村市场上买卖谷物、牲畜、面包、麦酒等物品，同时也可以购买陶器、铁器制品和丝绸等高质量的物品。⑥ 因此，乡村市场不仅满足了

---

① B. W. Clapp, H. E. S. Fisher & A. R. J. Juřica, *Documents in English Economic History: England from 1000 to 1760*, London: G. Bell & Sons Ltd, 1977, pp. 106 – 108.

② Christopher Dyer, "Peasants and Coins: the Uses of Money in the Middle Ages", *British Numismatic Journal*, Vol. 67, 1997, p. 45.

③ Christopher Dyer, *Lords and Peasants in a Changing Society: the Estates of the Bishopric of Worcester, 680 – 1540*, p. 353.

④ Christopher Dyer, "Peasants and Coins: the Uses of Money in the Middle Ages", *British Numismatic Journal*, Vol. 67, 1997, p. 42.

⑤ Phillipp R. Schofield, *Peasant and Community in Medieval England 1200 – 1500*, p. 137.

⑥ Edward Miller & John Hatcher, *Medieval England: Towns, Commerce, and Crafts, 1086 – 1348*, London; New York: Longman, 1995, pp. 160 – 170; Phillipp R. Schofield, *Peasant and Community in Medieval England 1200 – 1500*, p. 148.

绝大多数农民的需要，而且也使得农民获得了货币，并在客观上促进了货币在乡村市场上的流通。同时，农民通过地方的乡村市场与区域贸易和长途贸易联系起来。农民主要通过中间人——谷物商、羊毛商和呢绒商与长途贸易发生联系。例如，供给伦敦的谷物就是来自全国各地，主要是通过谷物商把它们从全国各地的农民手中购买过来，再运抵伦敦。同样，英国大宗出口的羊毛中的一部分也是从农民手中购买过来的，在14世纪初，羊毛出口中的一半是从农民手中购买的。[①]总之，农民参与市场交换，不仅促进了货币在乡村中的流通，而且也提高了中世纪英国的商业化水平。

三 乡村中使用货币的特点

中世纪英国乡村经济逐渐货币化的过程中，呈现了不同的特点。

（一）季节性

中世纪英国乡村中货币的使用具有季节性。乡村社会依照季节变化安排生产和生活，"春生夏长，秋收冬藏"，收获之后农民出售自己的产品。只有在这些时候，农民手中才能有相对多的钱。而对于无法自给自足的小土地持有者来说，他们的收入也体现了季节性，因为在收获的季节，他们才能依靠出卖自己的劳动挣到较多的钱，而在这些时候他们的生活也会有所改善。但是到了早春，由于农活较少和食品价格的上升，他们往往陷入债务之中。[②]

农民的货币通过货币地租和补助金等方式流入领主手中。在英国的南部，货币地租必须在秋收后不久的米迦勒节（9月29日）缴纳；同时，一部分地租也可以在复活节缴纳，大概是因为小羊羔在春天出售后农民手中又有些钱。[③] 地租以及其他税收的缴纳，使得乡村中的货币进入领主手中，而领主通常居住在城市，也就是说乡村中的货币流入了城市。

[①] Phillipp R. Schofield, *Peasant and Community in Medieval England 1200 – 1500*, p. 150.

[②] Christopher Dyer, "Peasants and Coins: the Uses of Money in the Middle Ages", *British Numismatic Journal*, Vol. 67, 1997, p. 45.

[③] P. Spufford, *Money and Its Use in Medieval Europe*, p. 384.

当货币地租被征收之后,部分的货币又再次流入乡村。与当地的市场和集市相比,在一些较大城市里的农产品和牲畜的价格较高,这吸引了部分希望获利的领主。这些人经常是从乡村购买谷物、羊毛和牛等牲畜,并把它们运往一些大城市进行销售。① 这种交易使得一部分农民缴纳的货币地租再次流入乡村。

货币支付的季节性是随着货币向城市的集中和之后再次向外扩散而体现出来的。这种模式是在13世纪建立起来的,并贯穿整个前工业社会。②

(二) 用货币来表示其他物品的价值

在中世纪的记录中,并不是所有的交易都需要支付货币。货币具有价值尺度的职能,这实际上为交换提供了便利。例如在《末日审判书》中,庄园的财产就用货币来衡量,实际上庄园财产只是一个总额,尤其是对庄园上的佃农来说,除了货币外,他们可以向领主缴纳各种物品,如谷物、肉和乳制品。但是向领主缴纳的各种物品都有其价值规定,如在12世纪末的埃塞克斯郡的圣保罗大教堂的佃农贝尔彻姆和理查德,在他们的一生中共需要缴纳以下物品:18头公牛,每头价值3先令;同样价值的6匹耕马;80只母羊,每只价值4便士;同样价值的40头猪;等等。③ 用货币来估算庄园的财产,尤其是来估算佃农缴纳的各种租税,给领主带来了很大的便利性,即佃农可以采取各种方式来支付租税,这在一定程度上满足了领主的需求。④

在不涉及货币的交易活动中,农民往往用货币来估算商品的价值。正如当时的知识分子所言,使用货币衡量交换的公正性使得货币的使用成为一种实际的需要,使它在乡村也和商人的账房里一样获得了道德力量。比如,中世纪的农民经常通过延迟付款来和自己的邻居

---

① P. Spufford, *Money and Its Use in Medieval Europe*, p. 384.
② P. Spufford, *Money and Its Use in Medieval Europe*, p. 385.
③ Richard Britnell, "Uses of Money in Medieval Britain", in Diana Wood, ed., *Medieval Money Matters*, p. 25.
④ Reginald Lennard, *Rural England, 1086 – 1135: A Study of Social and Agrarian Conditions*, p. 115.

就日常买卖进行大量的无货币的交换，通过"记账"的方式进行定期的结算。但是这些结算表明，即使他们没有立即使用货币付款，但是每一笔交易或服务都有一个货币价值。①

保存下来的遗嘱证实，农民和工匠持有的任何东西都有一定的货币价值，且货币也可以通过动产和地产的形式来积累。1446年，在格罗斯特郡韦斯顿苏贝齐的琼·吉法德死后，他的遗嘱执行人用羊而不是货币来解决她所有的债务和各种遗赠，因为她饲养了很多的羊。他们把13只羊交给那个曾经出售呢绒给琼·吉法德的商人，用4只羊支付修理屋顶的费用。再比如，萨福克郡霍普顿村的约翰·布兰死于1453年，他像其他农民一样，把麦芽留给了当地的教堂。他可能认为教堂的管理人员将用麦芽酿酒，并在教堂聚餐时出售以换取货币。他还给他的每个教子留下1蒲式耳的麦芽，也给他的朋友和亲戚留下一些财产。他特别指出，他的妻子可以获得一块终生持有地，并在她去世以后可以出售。另外一块持有地（包括家具和马车、犁等农具）留给他的儿子约翰，条件是在4年的时间里平均分期付款10英镑。这笔钱是用来清偿债务、赡养他的母亲和支付其他款项，尤其是用来支付牧师为期一年的祷告费用。这笔钱还可能用于年度开支，所以分几年支付，同时也使约翰不需要立即支付一大笔钱。② 像琼·吉法德和约翰·布兰这样立遗嘱的农民，即坚持子女继承土地必须支付一定的现金的做法相当普遍。有时，农民要求执行遗嘱的人把土地以非常便宜的价格卖给家庭成员，不过必须支付现金。因为他们要用货币还债或是抚养遗孀及其未成年子女。13世纪时一般都以谷物的形式作为抚养遗孀及子女的条件，而到了15世纪货币现金为主要的形式。③

农民（或是更大规模的生产者）希望参与市场交易行为，但是他们却避免使用货币。他们往往参与商品的买卖、雇佣劳动力和缴纳转

---

① ［英］克里斯托弗·戴尔：《转型的时代：中世纪晚期英国的经济与社会》，莫玉梅译，社会科学文献出版社2010年版，第176页。
② ［英］克里斯托弗·戴尔：《转型的时代：中世纪晚期英国的经济与社会》，第172—176页。
③ 杨杰：《从下往上看：英国农业革命》，中国社会科学出版社2009年版，第97页。

第四章 货币化与经济社会变迁

租土地的租金等各种交易，却不需要支付任何货币，或者只需要支付几便士的定金便可达成一项交易。一段时间过后，债务人和债权人会聚在一起进行清算，让双方互不拖欠或者是支付少量的货币。[1] 同时，农民之间的单笔交易超过 10 先令，可以分期付款。1360 年 3 月 24 日，理查德·梅尔沃德（Richard Meleward）租种伍斯特郡的卡斯尔莫顿（Castlemorton）庄园上的 1 雅兰（30 英亩）土地，租金为 10 先令，每次所付金额相同，但分三次付清，即 1360 年 9 月 21 日、1361 年 3 月 25 日和 1361 年 9 月 21 日。[2] 同时，农民和乡村工匠之间也可以进行分期付款，例如在诺福克郡的布利克灵（Blickling）庄园，1316 年的 6 月 19 日，罗伯特·凯尼恩（Robert Kenyng）购买了价值 12 先令的呢绒，他立即支付了 6 先令，允诺在当年的 8 月 1 日支付另外的 6 先令，但是后来因没有按时支付而被起诉。农民出卖他们的产品，也是分期得到货款的。1501 年的夏天，来自格罗斯特郡东北部的约翰·斯密斯向羊毛商人托马斯出售 7 托德[3]的羊毛，总售价为 3 英镑 16 先令 2 便士，托马斯首先向他支付了 20 先令的"诚信保证金"，同年的 11 月 30 日再次支付 10 先令，1502 年的复活节又支付了 20 先令，在圣灵降临节（Whitsun）支付了另外的 20 先令，就是到了下一次修剪羊毛时，托马斯还有 6 先令 2 便士没有支付。而出售羊毛可能只是约翰·斯密斯现金的一个来源。[4]

庄头每年编撰的庄园账簿也是以货币形式记载的。中世纪庄园的庄头进行一年一次的庄园收支记录的编撰，都是在实际支付货币数量的基础上进行核算的。这些账簿不仅记载了法定租金、磨坊的收入、出售谷物和牲畜所得，而且也记载了法庭罚金和遗产税等其他收入。[5]

---

[1] [英]克里斯托弗·戴尔：《转型的时代：中世纪晚期英国的经济与社会》，第 172 页。
[2] Christopher Dyer, "Peasants and Coins: the Uses of Money in the Middle Ages", *British Numismatic Journal*, Vol. 67, 1997, p. 43.
[3] 托德（tod），羊毛重量单位，1 托德约等于 28 磅（12.7 公斤）。
[4] Christopher Dyer, "Peasants and Coins: the Uses of Money in the Middle Ages", *British Numismatic Journal*, Vol. 67, 1997, p. 43.
[5] [英]亨利·斯坦利·贝内特：《英国庄园生活：1150—1400 年农民生活状况研究》，第 161 页。

如果庄头不能足额收取地租或罚金，并交给他的领主，他将自掏腰包来补足这些钱，一些庄头也因此陷入债务之中。在 13 世纪末和 14 世纪初，由于租金和罚金较易征收，因此这些记录并未出现异常。同时，财政署所有税收清单的最终估算都是以货币的形式记录。① 比如动产税的征收，就经常使用货币来估算。大约从 12 世纪末开始，国王开始大规模地征收动产税。在征收之前，首先应该对农民的财产进行估算。在 1292—1293 年的阿伯弗劳（Anglesey）、蒂迪尔（Tudur）和戴维兹（Dafydd）所拥有的财产为：3 头母牛，每头价值 3 先令 4 便士；一头 3 岁的用于耕作的挽畜，价值为 2 先令 6 便士；一头 2 岁的用于耕作的挽畜，价值为 2 先令；等等。② 他们要把财产的 1/15 缴纳给国王，即动产税。同样的估算在整个英国都在进行。

（三）农民之间的债务

"农民之间的债务是乡村货币化最显著的特征之一。"③ 庄园法庭记录当时有关的债务问题，比如工资没有支付，商品拿走了却没有付钱，按照合同进行服务，却没有得到工资，等等。这些关于债务的记载有利于研究农民之间的各种交易。在庄园法庭中的 100 多份的债务记载中，只有 7%—8% 是关于谷物的，其余都是关于货币的，其中就包括直接的货币借贷。当时借贷的数额比较大，尤其是与日工资 4 便士来比较，其中数额在 1—5 先令之间的诉讼约占 40%，低于 1 先令的诉讼约占 10%，在 5—10 先令之间的诉讼约占 20%，在 10—26 先令 8 便士之间的诉讼约占 16%，超过 26 先令 8 便士的诉讼约占 7%。④

在 1323 年多赛特郡的村庄库西奇（Gussage），村民威廉·拉塞尔（William Russell）为了收回约翰·普莱恩的遗孀乔安娜所欠的 20

---

① Christopher Dyer, "Peasants and Coins: the Uses of Money in the Middle Ages", *British Numismatic Journal*, Vol. 67, 1997, p. 41.
② Richard Britnell, "Uses of Money in Medieval Britain", in Diana Wood, ed., *Medieval Money Matters*, p. 26.
③ R. H. Hilton, *The English Peasantry in the Later Middle Ages*, p. 46.
④ R. H. Hilton, *The English Peasantry in the Later Middle Ages*, pp. 46 – 47.

先令 11 便士而起诉她。威廉·拉塞尔曾在两年前借给约翰·普莱恩 2 蒲式耳小麦,并在他去世时还借给乔安娜 11 便士的现金。在威廉·拉塞尔向法庭起诉的同时,他提供了当时谷物交易的证据符木(tally,上有刻痕记载交货、欠款等的数量),并声称要 5 先令的补偿。乔安娜承认了 11 便士和 20 先令债务中的 7.5 便士,其余予以否决,法庭判决乔安娜的 1 袋羊毛归威廉·拉塞尔所有。① 同时,规模较大的交易往往以土地作为抵押。在 1360 年,亨利·阿尔文(Henry Alwyne)和妻子抵押了半英亩草地和半英亩耕地才得到了 11 先令 8 便士的借款,之后再次抵押了 7 英亩的耕地和草地获得了 3 先令 8 便士。②

农民之间的债务,一方面反映了他们之间的交易,另一方面也反映了农民逐渐利用借贷来为自己的生产和生活服务。这些都在客观上反映了农民使用货币的情况,更重要的是反映了货币和借贷在中世纪英国社会的最底层中使用的普遍性,这是乡村货币化的一个重要方面。

(四)小面额货币的流通

小面额货币在中世纪晚期的乡村中占据着较高的比重。从对中世纪英国乡村聚落遗址的发掘中可以发现,除了便士之外,半便士和法寻占据着较高的比例。每一个人在日常交易中都需要小面额货币,例如用 1 法寻购买几条面包,半便士购买一只小家禽。1 便士可购买 1 加仑麦酒,但是贫穷的人通常不需要这么多,富裕的家庭可以用 1 便士购买 10 条鲱鱼,或是用 1 便士购买 24 个鸡蛋,但是贫困的家庭就希望购买较少的食品。同时,农民有时出售的商品也是少量的,例如 2 配克③谷物,酿酒的农户也是按照品脱④出售,蔬菜瓜果和乳制品等出售的价格也往往低于 1 便士。⑤ 也就是说,乡村中农民的日常买卖

---

① N. J. Mayhew, *Sterling: The History of A Currency*, p. 34.
② R. H. Hilton, *The English Peasantry in the Later Middle Ages*, p. 47.
③ 配克(peck),容量单位,约等于 2 加仑。
④ 品脱(pint),容量单位,约等于 1/8 加仑。
⑤ Christopher Dyer, "Peasants and Coins: the Uses of Money in the Middle Ages", *British Numismatic Journal*, Vol. 67, 1997, pp. 39 – 40.

需要大量小面额货币。这也与对中世纪英国乡村聚落点的发掘中发现大量的小面额货币的事实相吻合。

在1300年前后,1法寻可以购买一条标准的小麦面包,或是支付一个成年人一天的大部分生活所需。在英国南部的农村,1法寻还可以购买农民出售的0.25—0.5磅的黄油,或是6个鸡蛋,抑或是5品脱的麦酒。① 可见,小面额货币也有利于人们支付日常开销,便利了人们的日常生活。同样,小面额货币对于乡村工资劳动者也特别重要,因为他们每天的工资都比较低,特别是对于非熟练雇工来说就更是如此。② 劳工立法规定,工匠的工资应为其帮工的2倍。在13世纪的大部分时间内和14世纪初,茅屋匠的工资为3便士,其帮工的工资为1.5便士;石板瓦匠的工资为4便士,他的帮工的工资应为2便士。而事实上,在黑死病出现之前出现以及之后的一段时间内,工匠的工资通常为其帮工的2—2.5倍。③ 也就是说,帮工的工资实际上还不到工匠的一半。而小面额货币有利于他们结算工资,尤其是工资中不到1便士的部分。由此可见,小面额货币对人们日常生活的重要性,人们甚至抱怨半便士和法寻铸造的太少。④

四 乡村中货币化水平估算

由于资料的欠缺,中世纪英国乡村中货币化的水平无法用实际的数字来表示,但是可以通过农民使用货币的多样化来表示。农民从多个方面参与市场活动,并通过货币发生着密切的联系。

领主和国王为了得到货币而迫使农民进入市场,这一点可以通过税收和地租的记录得以证明。领主和国王设立城镇和市场,便于农民出卖其产品,这样农民才能支付地租和其他税收。13世纪晚期,英

---

① Richard Britnell, "Uses of Money in Medieval Britain", in Diana Wood, ed., *Medieval Money Matters*, p. 24.
② John F. Chown, *A History of Money: from A. D. 800*, p. 37.
③ D. L. Farmer, "Prices and Wages", in H. E. Hallam, ed., *The Agrarian History of England and Wales*, Vol. 2, p. 771.
④ Sir John Craig, *The Mint: A History of the London Mint from A. D. 287 to 1948*, p. 46.

第四章　货币化与经济社会变迁

国的农民进入商品生产之中，而且在市场上农民们所卖的产品总量已经超过了来自领主自营地上的产品的总量。① 他们还根据市场需求对生产做出调整，因此能够得到较高的回报，同时马拉车的使用，改善了交通条件，有利于农民把谷物和牲畜等产品运送到市场。② 谷物、羊毛等产品的出售是为了支付各种租税，但是更多的是为了获利。随着越来越多的农民参与到市场活动中来，他们也逐渐从完全依靠家庭生产生活所需的产品，开始从市场上购买部分的商品。

在农民通过出售农牧产品的收入中，除了缴纳货币地租和其他赋税以及购置家用之外，往往储存起来，以便为子女筹备婚礼、购买土地、修建房屋，或是支付军役。③ 这就体现出了农民使用货币的多样化。

首先，购置家用。为了购买自己无法生产的物品是中世纪英国的农民进入市场的一个重要原因。农民的财产清单中有着诸多的物品是他们无法自己生产的，例如马拉车和床单，这也可以作为他们使用现金货币的证据。另外，从聚落点的发掘中发现的锅和钉子等手工业产品，也是农民无法自己生产的。在一些市场型城镇（market town）的法庭记录中，记载了有关乡村消费者购买商品和服务而导致的一些财产纠纷。④ 这从侧面反映了农民在市场中活跃的消费活动。

其次，修建房屋。在领主允许的前提下，农民可以到领主的林地或是森林中采伐木材，这成为他们修缮房屋的最重要的实物。⑤ 但是，农民修建自己的房屋，实际上是需要木匠和泥瓦匠等，尤其是在1370之后的一个半世纪中，英国开始出现"最早的建筑"，即木结构

---

① R. H. Britnell, *The Commercialisation of English Society, 1000 – 1500*, pp. 117 – 123.
② Christopher Dyer, "Peasants and Coins: the Uses of Money in the Middle Ages", *British Numismatic Journal*, Vol. 67, 1997, p. 42.
③ Richard Britnell, "Uses of Money in Medieval Britain", in Diana Wood, ed., *Medieval Money Matters*, p. 28.
④ Christopher Dyer, "Peasants and Coins: the Uses of Money in the Middle Ages", *British Numismatic Journal*, Vol. 67, 1997, pp. 42 – 43.
⑤ ［英］亨利·斯坦利·贝内特：《英国庄园生活：1150—1400年农民生活状况研究》，第202页。

房屋。① 而对于那些用泥土和枝条的混合物建造的茅草房屋，经常由于风吹、雨淋或是小鸟等的啄食而导致屋顶受损，这就需要茅屋匠进行翻修。无论是房屋的建造，还是翻修，都需要木匠、泥瓦匠以及他们的帮工来参与其中，这就需要农户向他们支付工资。工匠的工资是在不断上涨的，木匠的日工资在1208—1220年为2.44便士，到了1347—1356年上涨至3.62便士；② 到了14世纪末已经超过了4便士，15世纪时维持在5—6便士。泥瓦匠的工资也出现了上升，黑死病出现之前日工资通常在3.25—3.5便士之间，到了14世纪末和15世纪，已经上升至6便士。③ 农户为了修建房屋而支付木匠、泥瓦匠等人的工资，说明他们拥有一定数量的货币。农民建造房屋的费用，在不同的情况下有很大的差别。1295—1306年在亨利·布雷（Henry de Bray）的地产上每座农舍的造价为10—30先令。④ 在1312年德比郡的一份结婚契约中，提到建造一座新房子的费用约为2英镑。⑤ 到了15世纪，房屋的建造费用有所增加，如在1406年，一座单开间的农舍造价约为3英镑4先令，而建造一座大型房屋需要花费5英镑15先令。⑥ 毫无疑问，建筑房屋的费用是农民消费支出的一个大项，其支出的多少在一定程度上也反映了农民的经济实力。

再次，雇工。除了拥有大量自营地的领主需要雇工之外，拥有较多土地的农户在农忙时节也需要雇工来完成收割和耕种。例如，耕种1雅兰土地的全额份地的农户，因缺少家庭劳动力经常雇用农仆。到了中世纪的晚期，随着领主自营地的出租和土地的不断集中，英国形

---

① Christopher Dyer, "Peasants and Coins: the Uses of Money in the Middle Ages", *British Numismatic Journal*, Vol. 67, 1997, p. 42.

② D. L. Farmer, "Prices and Wages", in H. E. Hallam, ed., *The Agrarian History of England and Wales*, Vol. 2, pp. 768 – 769.

③ D. L. Farmer, "Prices and Wages, 1350 – 1500", in Edward Miller, ed., *The Agrarian History of England and Wales*, Vol. 3, pp. 471 – 477.

④ Edward Miller & John Hatcher, *Medieval England: Rural Society and Economic Change, 1086 – 1348*, p. 157.

⑤ Christopher Dyer, *Standards of Living in the Later Middle Ages: Social Change in England, c. 1200 – 1520*, p. 166.

⑥ 杨杰：《从下往上看：英国农业革命》，第65页。

第四章 货币化与经济社会变迁

成了租地市场,因此一些富裕的农民和农场主就更需要大量的雇工为其工作。例如,1495年波顿达萨特村的农场主罗杰·霍里塔齐雇工人数不少:他常年雇用6个农仆,同时还雇用其他6个短工。另外,在农忙季节还需要大量的计件工人。[①] 1208—1220年,收割工收割和打捆1英亩混合谷物的日工资为3.28便士,到了1300—1310年为4.73便士,到了1347—1356年为6.29便士;[②] 在接下来的14世纪末和整个15世纪,收割工的工资继续上涨,但是总体上维持在9—10便士之间。[③] 农户支付雇工工资,也是其支出的一个重要方面。

最后,参与土地的买卖和嫁妆的购置也在一定程度上反映了农民参与市场的程度。土地是中世纪财富的象征,一旦农户手中有了一定数量的钱财,往往会购置土地。中世纪晚期土地市场的活跃,在很大程度上是由于农民的参与。1439年5月,在布利克林庄园档案记录的一份协议中,佃户威廉·布拉斯顿把他的宅院和3.875英亩土地转让给下一任佃户尼古拉斯·克拉克,条件是除了向领主缴纳13先令的进入税之外,还要分8年分期支付5英镑3先令4便士的现金,付款日期为每年的复活节,第一年先支付10先令,之后每年的复活节都需要支付13先令4便士。由于区域的不同,土地的售价也不尽相同。如在14世纪晚期的埃塞克斯郡,每英亩土地的价格从12—47先令不等;1454年和1486年的萨福克郡的遗嘱记录了土地售价为每英亩20先令、26先令8便士和52先令6便士不等;15世纪的东萨塞克斯的土地购买者每英亩需支付12先令6便士和13先令4便士。"土地可能是一个农民购买的最昂贵的东西"[④],因此土地的买卖是农民参与市场行为的一个重要体现。同时,购置嫁妆也是农民支出的一个重要项目。农民收入的一部分往往会储存起来,尤其是那些低收入

[①] 杨杰:《从下往上看:英国农业革命》,第87—97页。

[②] D. L. Farmer, "Prices and Wages", in H. E. Hallam, ed., *The Agrarian History of England and Wales*, Vol. 2, p. 768.

[③] D. L. Farmer, "Prices and Wages, 1350-1500", in Edward Miller, ed., *The Agrarian History of England and Wales*, Vol. 3, p. 471.

[④] [英]克里斯托弗·戴尔:《转型的时代:中世纪晚期英国的经济与社会》,第178—180页。

的农民家庭，这样做的一个重要原因就是为子女筹备婚礼。

中世纪的货币是国王为其臣属，尤其是农民所铸造。大量的货币在流通中经由农民之手，或储存，或使用，从当时一些居民聚落点的发掘中发现的货币就可以得知农民使用货币的情况。货币是农民受到统治的一个表现，因为农民支付的租金和其他税收，为领主和富人提供了便利。但是，农民作为商品的生产者和消费者，逐渐地适应和利用了市场，并把挣到的钱财再次拿到市场上进行消费。农民并没有因为市面上货币量的多少而受到较大的冲击，反而是他们逐渐地根据市场的需求来调整自己的生产，"农民和货币是相容的"①。可见，"乡村经济是建立在农户逐渐货币化的基础之上的"②，但是，我们也不能因为货币交易规模的扩大，而高估乡村经济的货币化程度。

第三节 货币化与贸易的发展

货币面额是货币流通的一个重要层面，经济活动的需求决定了货币面额的构成，同时它的变化也将对经活动产生深远影响。③ 中世纪英国的货币面额经历了一个从单一到多元的过程，这是与当时的经济活动，尤其是贸易活动密切相关的。本节就从货币面额的角度，来探讨货币化与中世纪英国贸易的发展。

一 银币的流通与国内贸易

自 8 世纪以来，便士一直是英国市面上唯一流通的货币，直到 13

---

① Christopher Dyer, "Peasants and Coins: the Uses of Money in the Middle Ages", *British Numismatic Journal*, Vol. 67, 1997, p. 47.

② R. H. Hilton, *The English Peasantry in the Later Middle Ages*, pp. 43 – 47.

③ John Munro, "Petty Coinage in the Economy of Late-Medieval Flanders: Some Social Considerations of Public Minting", in Eddy H. G. Van Cauwenberghe, ed., *Precious Metals, Coinage and the Changes of Monetary Structures in Latin-America, Europe and Asia（Late Middle Ages-Early Modern Times）*, Leuven: Leuven University Press, 1989, pp. 37 – 38; M. Allen, "The Proportions of the Denominations in English Mint Outputs, 1351 – 1485", *British Numismatic Journal*, Vol. 77, 2007, p. 190.

第四章　货币化与经济社会变迁

世纪后期随着爱德华一世的货币改革，尤其是半便士和法寻的引入，才改变了这一局面。而中世纪英国货币流通的这一变化是与贸易的发展，尤其是与城市贸易的极端复杂性密切相关。①

小面额货币的铸造是对商业需求的反映。② 城市中的中等规模的贸易，通常是以便士为媒介进行交换的，而与市民日常生活密切相关的零售贸易急需小面额货币。城市市民可能比农民更需要小面额货币，一方面是工资通常是按照天来支付的，尤其是非熟练工人工资的支付，因为他们的日工资可能低于 1 便士；另一方面是日常生活用品的购买需要大量的小面额货币。市民购买面包是按块的，而农民购买谷物是按照蒲式耳，面包需要反复购买，而谷物一年可以只购买一次；市民是按照磅购买肉的，而农民则是整只的来买卖牲畜的。③ 因此相比较农民而言，市民每一年都需要进行无数次的小额交易，因此更需要大量的小面额货币。

小面额货币的铸造和流通，是与货币流通量和经济发展水平密切相关的。13 世纪英国货币流通中的货币量有了大幅增加，农民和市民手中拥有更多的货币，这为他们进一步参与市场行为奠定了基础。在 13 世纪后期，越来越多的农户为了缴纳地租和其他税收，开始在市场上出售自家剩余的农产品，获得了一定数量的货币；同时少地和无地的农民，开始依靠出卖自己的劳动以挣取工资而过活，手中也拥有了一定数量的货币。除此之外，13 世纪的城市工商业得到了较快的发展，而且大多数市民也都是手工业者，因此他们手中也掌握着越来越多的货币。工商业发展的一个重要表现就是零售业的发展，这也是与人们的生活密切相关的，而人们手中的便士已经不适用小额交易，因此客观上急需铸造大量的小面额货币，这才是当时半便士和法

---

① P. Spufford, *Money and Its Use in Medieval Europe*, p. 339.

② John Munro, "Petty Coinage in the Economy of Late-Medieval Flanders: Some Social Considerations of Public Minting", in Eddy H. G. Van Cauwenberghe, ed., *Precious Metals, Coinage and the Changes of Monetary Structures in Latin-America, Europe and Asia (Late Middle Ages-Early Modern Times)*, p. 38.

③ P. Spufford, *Money and Its Use in Medieval Europe*, p. 386.

寻出现的真正的原因。

小面额货币在整个货币流通中占据着相当的比重。除了 1280 年 1 月 1 日至 1281 年 9 月 29 日铸造大量的小面额货币之外，在之后的几年，伦敦铸币所对小面额货币的铸造进行了限制。在 1285—1330 年，伦敦铸币所铸的小面额货币仅占其货币铸造总量的 3.8%，但是接下来伦敦铸币所铸造的小面额货币的比重有所上升，1331—1351 年，铸造小面额货币达 72327 英镑，占所铸便士总量（60 万—72 万英镑）的 8%—10%。从总体上来看，小面额货币的铸造比重也在上升。根据伦敦铸币所的铸币契约来看，铸造的小面额银币在所有银币中的比重出现了上升。在 1355—1361 年的铸币契约中，仅半便士的铸造比重就达到了 10.8%，到了 1361—1409 年上升至 22.9%，到了 1422—1445 年上升至 28.6%。[1]

由于小面额货币在人们的日常生活和零售贸易中占据着重要的地位，因此其需求量也较大。由于小面额货币的缺乏，议会卷档中经常记载有关下院要求铸造更多小面额货币的请愿书。最早出现有关公众关注这一问题的请愿发生在 1363 年，为了便于购买食品和其他商品，公众要求铸币所铸造更多的半便士和法寻，这一请愿在接下来的铸币契约中得以回应。[2] 在 1379 年的一份请愿书中，出现了抱怨半便士和法寻短缺的情况，因为它们的缺少给人们购买零售商品带来不便。这一问题很快得到了国王的关注，并增加了小面额货币的铸造量。[3] 同样，在 1380 年的请愿书中，因为用于购买面包和麦酒的半便士和法寻的短缺，民众要求铸币所在每铸造 1 英镑的新币中，应该包括价值 3 先令 4 便士的小面额货币。[4] 这一请愿很快得到了国王的批示，"铸币所的铸币师应该按照铸币契约铸造小面额货币"，以弥补小面额货

---

[1] M. Allen, "The Proportions of the Denominations in English Mint Outputs, 1351 – 1485", *British Numismatic Journal*, Vol. 77, 2007, p. 208.

[2] M. Allen, "The Proportions of the Denominations in English Mint Outputs, 1351 – 1485", *British Numismatic Journal*, Vol. 77, 2007, p. 192.

[3] Rogers Ruding, *Annals of the Coinage of Britain and Its Dependencies*, Vol. 2, p. 220.

[4] M. Allen, "The Proportions of the Denominations in English Mint Outputs, 1351 – 1485", *British Numismatic Journal*, Vol. 77, 2007, p. 193.

第四章 货币化与经济社会变迁

币的短缺。[①] 1382年伦敦市长从伦敦铸币所获得80英镑的法寻分发给行会大厅的面包师、酿酒师、旅馆主人和其他贩卖商品的小贩；同时，市长还发布公告，要求铸币所铸造小面额货币，以便面包师和酿酒师出售其商品，也有利于穷人购买这些物品。[②] 在1394年的议会请愿书中，人们抱怨由于半便士和法寻的缺乏导致了穷人的财产遭到损失，例如当他们购买价值为半便士的商品支付了1便士，但是无法得到零钱，同时也不利于教会的慈善施舍，国王命令应铸造更多的小面额货币。[③] 在1402年的一份议会请愿书中，人们再次抱怨半便士和法寻并没有进行大量的铸造，由于急需，人们开始使用流入的苏格兰和威尼斯等地的半便士，甚至把一些流入的其他国外贬值的货币作为小面额货币使用。这一请愿书迫使国王颁布法令，规定铸币所将1/3的白银要铸造成为半便士和法寻，同时还规定不准私自熔毁小面额货币。[④] 在1423—1424年和1445—1446年的议会请愿书中，人们仍然抱怨半便士等小面额货币太少，严重影响到了零售贸易的发展。[⑤] 英王对当时的请愿做出了回应，1445年伦敦铸币所铸造的半便士和法寻比以往增加了10%；[⑥] 从1446年4月8日开始之后的两年，半便士和法寻的铸造量大幅增加，仅半便士的铸造量就达到了2800英镑。[⑦] 由上可知，小面额货币是货币流通的重要组成部分，促进了零售贸易的发展，而且与人们的日常生活息息相关。

同时，在大城市需要比法寻更小的货币。在1428年的伦敦，1磅

---

① Rogers Ruding, *Annals of the Coinage of Britain and Its Dependencies*, Vol. 2, p. 229.
② M. Allen, "The Proportions of the Denominations in English Mint Outputs, 1351–1485", *British Numismatic Journal*, Vol. 77, 2007, p. 193.
③ Sir John Craig, *The Mint: A History of the London Mint from A. D. 287 to 1948*, p. 82.
④ Rogers Ruding, *Annals of the Coinage of Britain and Its Dependencies*, Vol. 2, pp. 259–260.
⑤ M. Allen, "The Proportions of the Denominations in English Mint Outputs, 1351–1485", *British Numismatic Journal*, Vol. 77, 2007, pp. 193–205.
⑥ John Munro, "Petty Coinage in the Economy of Late-Medieval Flanders: Some Social Considerations of Public Minting", in Eddy H. G. Van Cauwenberghe, ed., *Precious Metals, Coinage and the Changes of Monetary Structures in Latin-America, Europe and Asia (Late Middle Ages-Early Modern Times)*, p. 40.
⑦ Sir John Craig, *The Mint: A History of the London Mint from A. D. 287 to 1948*, p. 87.

重的小牛牛肉的价格为 5/8 便士，因此在交易中就需要 1/8 的便士，这就需要对半便士进行 4 次切割。在成书于 1465—1470 年的文学作品中，有这样的句子，"我钱包里有钱，但是我却没有等于半便士的 1/4 的钱币"①。

此外，13 世纪代币的出现，在一定程度上弥补了小面额货币的不足。代币通常由教会或是锡工行会使用锡或是锌等铸造而成，最早出现在 1200 年，其主要用于教会的施舍和救济活动。② 在中世纪晚期小面额货币缺乏的情况下，代币开始进入流通领域，并在一定程度上缓解了这一问题。在 13 世纪中期的伦敦就曾出现过用代币来代替小面额货币的情况。③ 到了 14 世纪，英国出现了更多的代币。从一些货币发掘来看，15 世纪代币的数量并没有增加，因此有学者认为这些代币可能缓解了小面额货币的短缺，但是并未从根本上解决银币的短缺问题。④

总之，1279 年半便士和法寻等小面额货币的铸造，开启了中世纪英国货币史上多种面额并存的局面。⑤ 同时，小面额货币在经济社会发展中所起的作用比今天要大，尤其是对于大多数人来说，小面额货币是他们参与市场行为的最主要的媒介，甚至对于多数人来说也是唯一的媒介，这主要是指在有关生活必需品的零售贸易的买卖中。⑥

---

① P. Spufford, *Money and Its Use in Medieval Europe*, p. 331.

② M. Mitchiner & A. Skinner, "English Tokens, c. 1200 to 1425", *British Numismatic Journal*, Vol. 53, 1983, pp. 29 – 37.

③ P. Spufford, *Money and Its Use in Medieval Europe*, p. 331.

④ N. J. Palmer & N. J. Mayhew, "Medieval Coins and Jettons from Oxford Excavations", in N. J. Mayhew, ed., *Edwardian Monetary Affairs (1279 – 1344)*, Oxford: British Archaeological Reports No. 36, 1977, pp. 87 – 89.

⑤ R. J. Eaglen, "The Evolution of Coinage in Thirteenth-Century England", in P. R. Coss & S. D. Lloyd, eds., *Thirteenth Century England*, Vol. 4, Woodbridge: Boydell Press, 1992, p. 19.

⑥ Thomas J. Sargent & François R. Velde, *The Big Problem of Small Change*, p. 47; John Munro, "Petty Coinage in the Economy of Late-Medieval Flanders: Some Social Considerations of Public Minting", in Eddy H. G. Van Cauwenberghe, ed., *Precious Metals, Coinage and the Changes of Monetary Structures in Latin-America, Europe and Asia (Late Middle Ages-Early Modern Times)*, p. 27.

第四章　货币化与经济社会变迁

在小面额银币出现的同时，大额的银币也开始铸造。由于货币贬值或是工资水平上涨而使便士的金额太小时，没有大额银币就显得很不方便。"低价格意味着低面额的货币，高价格则需要相对高面额的货币。"① 格洛特（4便士银币）最早是在1279年爱德华一世进行货币重铸时铸造的，但是由于经济发展水平较低，格洛特并不适用于日常交易以及工资的支付。事实上，在1279年的英国，便士足以支付工资，格洛特则因金额太大用起来很不方便，但是到了1351年，工资水平则出现了上涨，这就急需格洛特和半格洛特银币。② 在13世纪80年代，英国南部建筑工人的工资为每天1.5便士，如果一周工作6天，其周工资才为9便士。而到了14世纪50年代，他们的工资上涨了一倍，即每周为18便士，此时格洛特的使用就较为方便。同时，大额银币的铸造也有利于支付士兵的工资。1279年普通步兵的工资为每天2便士，使用便士支付较为适当；而到了1351年及其以后的多年，士兵的工资出现了上涨，格洛特成为支付普通士兵工资的最佳面额。但是相比之下，当时的半格洛特则更受欢迎，在发掘的1365年考文垂的一个窖藏货币中，半格洛特的数量是格洛特的两倍；同时，便士的数量又是半格洛特的两倍。③

银币是中世纪货币流通的基础，而小面额银币和大面额银币的铸造使其更具灵活性。④ 首先，银币面额的变化是与当时的经济发展密切相关的；其次，不同面额适应不同的经济需要，尤其是不同的贸易活动。小面额货币不但能促进零售贸易的发展，而且还能满足人们日常生活的需要，而大面额货币则适应中等规模的商品交易和上涨之后工资的支付。

---

① Philip Grierson, "The Monetary Pattern of Sixteenth-Century Coinage: The Prothero Lecture 1970", *Transactions of the Royal Historical Society*, Fifth Series, Vol. 21, 1971, pp. 47–48.
② M. M. Postan & Edward Miller, *Cambridge Economic History of Europe*, Vol. 2, p. 825.
③ P. Spufford, *Money and Its Use in Medieval Europe*, pp. 235–236.
④ Glyn Davies, *A History of Money: from Ancient Times to the Present Day*, p. 143.

二 金币的流通与国际贸易

在日常消费中出现小面额货币的同时，生产流通领域急需大额的货币。随着 13 世纪商业的发展，便士的使用带来了很大的不便。1207 年，为了解决与法王腓力二世（1180—1223 年在位）之间战争的费用，约翰王曾征收 5.74 万英镑的动产税。① 如果以当时的便士来进行计算，需要征收和运输 1380 万枚便士。在 13 世纪初，坎特伯雷大教堂的现金收入约合 340 万枚便士。② 运输这些财富需要高额的费用，因为既要用马进行驮运，而且还要提防拦路抢劫。

国际贸易的发展也需要金币。在英国正式引入金币之前，金币已经在意大利和其他西欧的商业中心流通了近一个世纪之久，即欧洲大陆主要的商业中心已经推行金银复本位制。也就是说当时的国际货币流通是以金币与银币的稳定兑换率为基础的，而英国的对外贸易仍然是以便士为基础，这无疑将给其国际贸易的发展带来极大的困难。1343 年英国与法国签订了布列塔尼协议，英法百年战争暂时停止，英国需要重构与佛兰德尔之间的羊毛贸易，但是佛兰德尔已经自由地使用金币，这就在客观上促使英王引入金币。③

政治性借款是促使英王引入金币的一个重要原因。百年战争爆发后，爱德华三世为了收买大陆的同盟军，曾向佛罗伦萨的银行家借贷 150 万枚弗洛林金币。④ 借贷的数额如此巨大，而偿还这一贷款，也成为英国引入金币的重要推力。

为了解决国内生产流通领域和国际贸易中对金币的需求，英王爱德华三世于 1344 年引入金币。事实上，1257 年亨利三世曾引入金便士，金银的比率为 1∶10，同时规定 1 金便士 = 20 便士，1265 年改为

---

① Richard Bonney, *The Rise of the Fiscal State in Europe, c.1200 – 1815*, Oxford: Oxford University Press, 1999, pp. 29 – 30.
② Richard Britnell, "Uses of Money in Medieval Britain", in Diana Wood, ed., *Medieval Money Matters*, p. 24.
③ C. H. V. Sutherland, *English Coinage 600 – 1900*, p. 71.
④ P. Spufford, *Money and Its Use in Medieval Europe*, pp. 277 – 278.

第四章　货币化与经济社会变迁

1金便士＝24便士，但是由于低估了金币的市场价值，很快市面上的金币被金匠融化掉，再加之国内经济发展并不需要如此大额的货币，很快这次金币改革以失败而告终。① 尽管中世纪英国首次金币改革失败，但是13世纪还是存在着一定数量的国外金币，这些金币并不是货币流通的一部分，它们只是用于非商业的目的，例如皇家和教会的施舍，或是作为财富进行储存。②

金币价值较高，大部分人用不到。金币的使用者主要是贵族、政府官员和大商人，尤其是在大规模贸易中。尽管建筑行业的雇工工资较高，但是一位熟练的建筑工人7天所挣的工资才能与半诺波尔金币相等，而普通的建筑工人则需要10天。③ 既然熟练工人的工资都无法用金币支付，更不用说普通工人了。在1344—1464年，最小的金币面值是1/4诺波尔，约等于20便士，同时也等于一位雇工5天的工资，但是绝大多数家庭在交易中不使用这种金币。④ 即使到了15世纪，绝大部分人也是不使用金币的。因为对于他们来说，银币更为重要。在15世纪早期，银币被用于绝大部分的日常支付，如工资、地租和税收等。⑤

金币的引入，彻底改变了英国的货币体系，同时，也在整个货币流通中占据着越来越重要的角色。首先，金币在铸币量中占据着绝对优势。自从1344年引入金币之后，银币的铸币量已经退居第二位，而金币超过了铸币量的60%以上，如在1351—1408年达到了82.7%；⑥ 在1412—1414年的货币重铸中，金币所占比重为97%，银币仅占3%。⑦ 其次，金币的引入改变了中世纪英国的货币体系，使得金银复

---

① George C. Brooke, *English Coins: from the Seventh Century to the Present Day*, p. 110; C. H. V. Sutherland, *English Coinage 600 – 1900*, p. 65.
② P. Spufford, *Money and Its Use in Medieval Europe*, pp. 183, 277.
③ P. Spufford, *Money and Its Use in Medieval Europe*, p. 323.
④ Richard Britnell, "Uses of Money in Medieval Britain", in Diana Wood, ed., *Medieval Money Matters*, p. 25.
⑤ P. Spufford, *Money and Its Use in Medieval Europe*, p. 323.
⑥ M. Allen, "Silver Production and the Money Supply in England and Wales, 1086 – c. 1500", *Economic History Review*, Vol. 64, No. 1, 2011, p. 127.
⑦ M. M. Postan & Edward Miller, *Cambridge Economic History of Europe*, Vol. 2, p. 855.

本位制代替了存在 500 余年的银本位制，而这种新的货币体系不仅能促进国内大型贸易的发展，扩大国内货币的使用范围，而且也能满足国际贸易发展的需求，增强与欧洲大陆之间的商业联系。①

大约在 14 世纪的中后期，英国的货币体系逐渐得以完善。当时形成了金币、银币和小面额货币为主的三个层次的货币体系，这三种不同类型的货币适应不同的经济行为，金币适用于国内大规模的批发贸易和国际贸易，银币适用于国内市场中的中等规模的交易和工资的支付，而小面额货币适用于零售贸易。② 货币流通的三个层面并没有严格规定，而是在具体的支付中是相互兼容的。③ 它们之间既可以相互兑换，也可以在支付中同时使用。总之，中世纪晚期，英国的货币流通经历了从单一面额货币到多种面额货币并存的转变，这在客观上反映了国内货币使用的显著增加以及与欧洲大陆之间商业联系的增强。④

综上所述，中世纪英国货币化的过程早在盎格鲁—撒克逊晚期就已经开启，在 12 世纪末至 14 世纪初货币流通量增加的基础上，货币化得到进一步的发展，不仅人均货币量增加，货币的使用范围也在扩大；在黑死病之后，由于人口的下降，人均货币量反而出现了上升，货币化的程度进一步加深。同时，由金币、银币和小面额货币构成的货币流通体系为贸易的发展提供便利，也在客观上加速了贸易发展的货币化趋势；而乡村中的农民为了缴纳地租逐渐进入市场，并开始从中获利，农民使用货币的现象亦十分普遍，而小面额货币的大量流通和农民之间的债务反映了这一状况。

---

① C. H. V. Sutherland, *English Coinage 600 – 1900*, p. 84.
② John Munro, "Petty Coinage in the Economy of Late-Medieval Flanders: Some Social Considerations of Public Minting", in Eddy H. G. Van Cauwenberghe, ed., *Precious Metals, Coinage and the Changes of Monetary Structures in Latin-America, Europe and Asia (Late Middle Ages-Early Modern Times)*, p. 43; C. E. Challis, *A New History of the Royal Mint*, p. 148.
③ P. Spufford, *Money and Its Use in Medieval Europe*, p. 335.
④ C. H. V. Sutherland, *English Coinage 600 – 1900*, p. 84.

结　　语

　　中世纪英国货币问题的研究，应该包括政治层面和经济层面两大方面。就政治层面而言，主要是指国王对货币铸造的控制和发行，以及对货币流通中一系列问题的治理。自从973年埃德加进行货币改革开始，英国的铸币权已经集中于国王之手。之后，随着英国在政治上的统一，开始出现一种统一的货币，国王对于货币铸造权力的控制进一步加强。国王主要通过货币定期重铸的方式来控制货币铸造，通常2—3年就进行一次货币重铸，铸模在伦敦制造，然后再分发给不同铸币所的铸币师；同时，国王还严格规定了货币的重量和成色，任何人不得改变。但是到了斯蒂芬时期，由于政治上的混乱和货币的贬值，导致重铸的时间间隔不再固定。因此，1158年，即位之初的亨利二世进行了货币改革，结束了在英国存在近300年的定期重铸的制度，但是仍坚持"英国只允许本国货币流通"的原则。尽管货币定期重铸制度结束了，但是国王对货币的控制并未放松，铸模仍然由伦敦铸币所制造和分发，而且地方铸币所逐渐关闭，货币铸造开始集中到伦敦和坎特伯雷等几个大铸币所，这在客观上也便于货币铸造的管理；同时，国王通过征收铸币税的方式，即铸币所铸造1磅白银国王征收一定数额的税收方法，也在客观上加强了对铸币师和铸币所的控制。

　　同时，国王还对流通领域出现的一系列问题进行了治理。中世纪铸币技术水平较低，加之货币是由金银等贵金属铸造，导致了货币剪边和伪造之风盛行；同时，由于重量足、成色高，英国的货币受到西欧各国的欢迎。英国货币成为在欧洲大陆主要商业区流通的"国际性货币",这一方面使得英国货币的外流;另一方面也导致了欧洲大陆诸国君主的仿造,且这些劣质的货币随着贸易往来而流入英国,英国的货币出现短缺和贬值。为了解决这些问题,英王采取了多项举措,例如通过立法打击货币的伪造和剪边,并抵制货币的非法流入和输出。到了中世纪晚期,议会逐渐参与货币事务的管理之中,有益于货币流通的治理。这不仅使得英国的货币始终保持着较高的标准,尤其是货币的成色始终没有改变,也为英国王室的统治和军事征服提供了财政上的保障。

就中世纪英国货币的经济层面来说,主要包括货币对价格和工资的影响,货币与农民经济的变迁,货币流通的变化和构成与国内外贸易的发展。首先,货币供给充足时,价格和名义工资开始上涨,实际工资下降;而当货币供给短缺时,价格和名义工资下降,实际工资上涨。其次,英国的货币流通由金币、大额银币、小额银币和代币组成。金币用于大规模的国际贸易,银币主要用于国内中等以下的贸易,半便士、法寻和代币主要用于零售贸易,因此对于普通民众来讲,小面额货币尤为重要。最后,货币促进了农民经济的发展。在以往的观点中,中世纪的农民通常都是自给自足的,很少参与市场的买卖,也就是较少使用货币。但是随着资料发掘和研究,发现中世纪英国的农民处在"货币经济"之中,他们并未远离货币。最初他们是为了缴纳货币地租而被迫出售自家剩余的农牧产品,但是到后来为了获利而主动参与市场买卖。同时,对于那些无地或是少地的农户,往往依靠出卖自己的劳力来赚取工资,这些人更依赖市场,因为他们要用工资到市场上购买家庭日常所需。总之,到了中世纪的晚期,无论是拥有较多土地的农户,还是无地或是少地的农户,都与市场发生着密切联系。

市场的最初发展是为了满足社会经济的需求,而市场中商品的买卖需要大量的货币作为交换的媒介。如果没有充足的货币,大规模的商品买卖是不可能的。货币供应量的变化,往往与商品经济的发展相关联。例如12世纪末至14世纪初,英国的货币供应量处于上升的阶段,也是英国商品经济快速发展的时期。"从12世纪的最后25年开

结　语

始，并未诞生新的经济体制，但是货币流通的阀门被打开，推动商业引擎快速前进。"① 对于货币在社会经济发展中的作用，不同的学者做出了评价。其中就有人打了一个恰当的比喻，"如果贸易是中世纪经济发展的发动机，而货币则是润滑剂"②。没有货币（润滑剂），经济发展的这台机器将会放缓，或是停滞，更不可能长久地持续地运转。甚至有的学者认为，货币是"社会发展机制的巨大推动力"，如果没有充足的货币供给，中世纪晚期经济社会的发展和转型将不可能发生。③

综上所述，中世纪英国货币的铸造、发行与流通是一个复杂的问题，具体研究中涉及政治学、经济学、历史学和钱币学等多学科知识，因此驾驭起来存在一定的困难；同时，货币在中世纪英国封建制度和社会经济的变迁中起着重要的作用，但如何做到立足历史实际，对其作用加以客观评价，则不易把握。因此，这些都使得中世纪英国货币问题的研究存在着较大的困难，但是仍然有很多相关的问题可以作进一步的探讨。譬如，中世纪英国货币对威尔士、苏格兰等地的货币产生了怎样的影响？罗马的教皇是否支持英王严禁货币或是贵金属外流的政策？为了吸引更多的贵金属，英王采取鼓励商品出口的政策与近代英国推崇的重商主义存在着怎样的关系？

---

① N. J. Mayhew, "Modelling Medieval Monetisation", in R. H. Britnell & B. M. S. Campbell, eds., *A Commercialising Economy: England 1086 to c. 1300*, p. 73.

② Pamela Nightingale, "Communication through Capital and Trade: Money and the Rise of a Market Economy in Medieval Europe", in J. J. Contreni & S. Casciani, eds., *Word, Image, Number: Communication in the Middle Ages*, Florence: Edizioni del Galluzzo, 2002, p. 389.

③ S. M. H Bozorgnia, *The Role of Precious Metals in European Economic Development: from Roman Times to the Eve of the Industrial Revolution*, Westport: Greenwood Press, 1998, pp. 60 – 61.

附录 中世纪和现代早期英国的铸币量

表1　　　　1120—1462年伦敦、坎特伯雷铸币所的铸币量　　　　（单位：英镑）

时间	银币 伦敦	银币 坎特伯雷	时间
1220.7—1222.11	9088	34310	
1222.11—1225.3	无记录		
1225.3—1226.7	—	21881	
1226.7—1229.3	—	23510	
1229.3—1234.7	无记录		
1234.7—1235.7	17975	20420	
1235.7—1236.7	18732	28532	
1236.7—1237.7	19323	35050	
1237.7—1238.2	7775	12726	
1238.2—1239.2	10944	17831	
1239.2—1240.2	9615	24768	
1240.2—1241.2	21756	29155	
1241.2—1242.2	12483	14828	
1242.2—1243.2	23321	16932	
1243.2—1244.2	37937	35109	
1244.2—1245.2	29497	19025	

附录　中世纪和现代早期英国的铸币量

续表

时间	银币 伦敦	银币 坎特伯雷	时间
1245.2—1246.4	24920	28600	
1246.4—1247.11	38985	28200	
1247.11—1248.11	73013	40258	
1248.11—1249.11	80559	41703	
1249.11—1250.7	35939	18394	
1250.7—1252.5	69569	37519	
1252.5—1254.11	84526	90159	
1254.11—1256.7	51689	66408	
1256.7—1257.6	28566	32733	
1257.6—1257.10	9244	14236	
1257.10—1258.12	28294	34882	
1258.12—1259.11	19250	32412	
1259.11—1261.3	26745	31636	
1261.3—1261.12	24107	36763	
1261.12—1262.1	2158	640	
1262.1—1263.1	26381	24209	
1263.1—1264.1	34910	18837	
1264.1—1264.7	6613	820	
1264.7—1265.7	5435	—	
1265.7—1265.11	17074	14876	
1265.11—1266.7	19172	12126	
1266.7—1270.12	70982	26002	
1270.12—1272.11	18756	643	
1272.11—1273.11	6599	1074	1272.12—1274.6
1273.11—1274.6	10315	—	
1274.6—1275.6	7960	355	1278.4—1278.7
1275.6—1278.11	60663	455	1278.7—1278.11
1279.4—1279.11	93847	—	

续表

时间	银币 伦敦	银币 坎特伯雷	时间
1279.11—1280.1	14051	—	
1280.1—1280.5	10529（便士） 36410（半便士） 5123（法寻）	35640	1280.1—1280.10
1280.5—1280.10	104207（便士） 2724（半便士） 3038（法寻）	—	
1280.10—1281.2	30806（便士） 871（半便士） 2258（法寻）	2702	1280.10—1281.3
1281.2—1281.4	1964（便士） 228（半便士） 1195（法寻）	2605	1281.3—1281.5
1281.4—1281.7	30335（便士） 284（半便士） 1418（法寻）	—	
1281.7—1281.9	10450（便士） 972（半便士） 699（法寻）	17617	1281.5—1281.9
1281.9—1283.10	78992	25402	1281.9—1282.11
1283.10—1285.5	38052	15447	1282.11—1283.11
1285.5—1286.8	73112（便士） 496（半便士） 152（法寻）	23795	1283.11—1285.5
		29870	1285.5—1286.8
1286.8—1287.6	43426（便士） 253（半便士） 46（法寻）	29049	
1287.6—1287.11	26234（便士） 158（半便士） 170（法寻）	17364	

附录 中世纪和现代早期英国的铸币量

续表

时间	银币 伦敦	银币 坎特伯雷	时间
1287.11—1288.11	37149（便士） 213（半便士） 81（法寻）	15258	
1288.11—1290.4	15977（便士） 122（半便士） 451（法寻）	5468	1288.11—1290.7
1290.4—1290.7	4536（便士） 61（半便士） 122（法寻）	—	
1290.7—1291.7	1691（便士） 203（半便士） 537（法寻）	921	1290.7—1291.7
1291.9—1292.9	4253（便士） 91（半便士）	780	1291.7—1292.9
1292.9—1293.9	2460（便士） 61（半便士） 51（法寻）	749	
1293.9—1294.9	5154（便士） 1225（法寻）	91	
1294.9—1295.9	5711（便士） 20（半便士） 982（法寻）	37	1294.9—1296.9
1295.9—1296.9	3605（便士） 284（半便士） 780（法寻）	—	
1296.9—1297.9	5863（便士） 111（半便士） 810（法寻）	—	
1297.9—1298.10	1124（便士） 182（半便士） 729（法寻）	—	
1298.10—1299.9	13203（便士） 253（法寻）	—	

续表

时间	银币 伦敦	银币 坎特伯雷	时间
1299.9—1300.9	108165（便士） 192（法寻）	22619	1299.11—1300.9
	布里斯托尔	13578	1300.5—1300.10
	切斯特	1468	1300.7—1300.11
	艾克赛特	3918	1300.6—1300.12
	纽卡斯尔	5275	1300.6—1300.9
	约克和赫尔	17992	1300.4—1300.12
1300.9—1301.9	40490（便士） 375（半便士） 1285（法寻）	10666	1300.9—1301.9
	纽卡斯尔	12666	1300.9—1301.9
1301.9—1302.9	5518（便士） 1600（半便士）	3108	
	纽卡斯尔	3007	
1302.9—1303.9	4577（便士） 61（半便士） 1175（法寻）	3827	
1303.9—1304.9	15734（便士） 51（半便士） 1458（法寻）	15501	
1304.9—1305.9	69864（便士） 30（半便士） 1326（法寻）	36015	
1305.9—1306.9	63758（便士） 41（半便士） 1164（法寻）	32833	
1306.9—1307.9	89569（便士） 30（半便士） 557（法寻）	54897	
1307.9—1308.9	70754（便士） 830（法寻）	46451	

附录 中世纪和现代早期英国的铸币量

续表

时间	银币 伦敦	银币 坎特伯雷	时间
1308.9—1309.9	97837（便士） 91（半便士） 860（法寻）	43671	
1309.9—1310.9	21927（便士） 30（半便士） 1559（法寻）	26273	
1311.10—1311.10	— 474（便士）	5157	1310.9—1311.9
1311.10—1312.9	13325（便士） 402（法寻）	4959	1311.10—1312.9
1312.9—1313.9	7120（便士） 20（半便士） 293（法寻）	7022	
1313.9—1314.9	30623（便士） 456（半便士）	— 36109	1313.9—1314.2 1314.2—1314.9
1314.9—1315.9	11367（便士） 41（半便士） 780（法寻）	20978	
1315.10—1316.9	449（便士） 253（半便士） 446（法寻）	2610	
1316.9—1317.9	7044（便士） 81（半便士） 800（法寻）	15081	
1317.10—1318.9	13185（便士） 132（半便士） 223（法寻）	21751	
1318.10—1319.9	8729（便士） 10（半便士） 314（法寻）	17883	
1319.10—1320.9	8577（便士） 20（半便士） 152（法寻）	16060	

续表

时间	银币 伦敦	银币 坎特伯雷	时间
1320.10—1321.9	9325（便士） 243（法寻）	5618	
1321.10—1322.10	1189（便士） 141（法寻）	3811	
1322.10—1323.9	804（便士） 10（半便士） 223（法寻）	1090	
1323.10—1324.9	1635（便士） 122（法寻）	—	
1324.10—1325.9	10（半便士） 107（法寻）	—	
1325.10—1326.9	142（法寻）	—	
1326.10—1327.9	61（便士） 178（法寻）	—	
1327.9—1328.9	152（法寻）	—	
1328.9—1329.9	392（便士） 16（半便士） 323（法寻）	145	
1329.9—1330.9	61（便士） 5（半便士） 432（法寻）	—	
1330.10—1331.1	铸币所关闭	—	
1331.1—1331.9	10（半便士） 500（法寻）	638	
1331.9—1332.9	10（半便士） 406（法寻）	—	
1332.9—1333.9	664（法寻）	—	
1333.9—1334.9	387（法寻）	—	
1334.9—1335.9	192（半便士） 515（法寻）	—	
1335.9—1336.9	1382（半便士） 1907（法寻）	—	

附录 中世纪和现代早期英国的铸币量

续表

时间	银币		时间
	伦敦	坎特伯雷	
1336.9—1337.9	395（半便士） 926（法寻）	—	
1337.9—1338.9	711（半便士） 780（法寻）	—	
1338.9—1339.9	1367（半便士） 510（法寻）	—	
1339.9—1340.9	1278（半便士） 659（法寻）	—	
1340.9—1341.9	790（半便士） 341（法寻）	—	
1341.9—1342.9	5048（半便士） 317（法寻）	—	
1342.9—1343.9	14452（半便士） 301（法寻）	—	
1343.9—1344.12	3486（半便士） 21（法寻）	—	

注：在1220—1344年间，当坎特伯雷铸币所铸造货币的时间与伦敦铸币所相同时不做标识，不同时标在第四列"时间"处。

资料来源：C. E. Challis, *A New History of the Royal Mint*, Cambridge: Cambridge University Press, 1992, pp. 673 - 683。

表2　　1344—1460年伦敦和坎特伯雷等铸币所铸金量　　（单位：英镑）

时间	金币和银币		时间
	金币（英镑）	银币（英镑）	
伦敦			
1344.1—1344.7	31949	23534（便士）	
1344.7—1344.9	7378	13586（便士）	
1344.9—1345.9	9970	24757（便士）	
	—	坎特伯雷	
	—	1902（便士）	

187

续表

时间	金币和银币		时间
	金币（英镑）	银币（英镑）	
伦敦			
1345.9—1346.9	8325	5040（便士） 2079（半便士） 688（法寻）	
坎特伯雷			
1346.10—1346.12	—	239（便士） 106（便士）	
伦敦			
1346.9—1346.11	8197	501（便士） 327（半便士） 83（法寻）	
1346.11—1347.9	28396	883（便士） 2592（半便士） 346（法寻）	
1347.9—1348.9	43299	1531（便士） 6676（半便士） 253（法寻）	
1348.9—1349.1	3403	1879（半便士） 24（法寻）	
1349.1—1349.6	7698	2413（半便士） 81（法寻）	
1349.6—1350.4	28645	53（便士） 4865（半便士） 4（法寻）	
1350.4—1350.9	7653	4796（半便士） 4（法寻）	
1350.9—1351.1	695	2844（半便士）	
1351.1—1351.6	795	4988（半便士） 30（法寻）	
1351.6—1351.10	94087	17365	
1351.10—1352.3	24836	27918	

附录　中世纪和现代早期英国的铸币量

续表

时间	金币和银币		时间
	金币（英镑）	银币（英镑）	
1352.3—1352.6	25567	25680	
1352.6—1352.11	22206	3299	
1352.11—1353.5	6116	44987	
1353.5—1353.12	47725	67327	
1353.12—1354.9	124508	46736	
1354.9—1355.4	36547	17527	
约克			
1353.7—1354.12	—	23452	
1354.12—1355.5	—	2365	
伦敦			
1355.4—1355.5	15546	6078	
1355.5—1355.12	32658	24689	
1355.12—1356.11	8278	28330	
1356.11—1357.4	3591	7552	
1357.4—1357.9	73655	10586	
1357.9—1358.9	112167	12315	
1358.9—1359.9	97988	10423	
1359.9—1360.9	62909	6143	
1360.9—1361.9	207869	6020	
1361.9—1362.9	131141	14164	
1362.9—1363.9	37746	3148	
1363.9—1364.9	20487	2840	
加莱			
1363.2—1364.4	5230	3348	
1364.4—1365.4	10247	487	

续表

时间	金币和银币		时间
	金币（英镑）	银币（英镑）	
伦敦			
1364.9—1365.9	15657	1485	
1365.9—1366.9	16519	—	
1366.9—1367.9	11116	—	
加莱			
1365.4—1366.4	95806	—	
1366.4—1368.3	113960	—	
1368.3—1368.8	9100	—	
伦敦			
1367.9—1368.9	25203	2194	
1368.9—1369.9	72715	1535	
1369.9—1370.9	22205	1945	
加莱			
1368.8—1370.10	51923	—	
1370.10—1371.10	15463	—	
伦敦			
1370.9—1371.9	15446	801	
1371.9—1372.9	2826	174	
1372.9—1373.9	14597	453	
加莱			
1371.10—1373.11	70086	—	
1373.11—1374.6	9128	—	
1374.6—1374.11	1854	—	
伦敦			
1373.9—1374.9	9642	466	
1374.9—1375.9	10414	4168	

附录 中世纪和现代早期英国的铸币量

续表

时间	金币和银币		时间
	金币（英镑）	银币（英镑）	
加莱			
1374.11—1375.7	1653	—	
1375.7—1375.11	1469	—	
伦敦			
1375.9—1376.7	5645	2915	
1376.7—1377.9	4101	225	
加莱			
1375.11—1381.5	29769	—	
1381.5—1384.1	90	—	
1384.1—1387.1	无铸造货币的活动		
伦敦			
1377.9—1384.9	34163	8849	
1384.9—1387.9	34373	3272	
加莱			
1387.1—1390.1	32537	—	
记录丢失			
伦敦			
1388.1—1389.9	27369	354	
1389.9—1390.9	24409	2243	
1390.9—1391.9	23034	2736	
1391.9—1392.12	25427	410	
1392.12—1393.9	13036	222	
加莱			
1390.1—1393.1	6618	—	
1393.1—1394.1	22184	—	
1394.1—1395.10	19680	—	

续表

时间	金币和银币		时间
	金币（英镑）	银币（英镑）	
伦敦			
1393.9—1395.9	27109	368	
1395.9—1396.9	8058	212	
1396.9—1398.9	34351	1469	
加莱			
1395.10—1397.10	10564	—	
1397.10—1399.8	363	—	
伦敦			
1398.9—1399.10	16636	1432	
1399.10—1402.9	21992	859	
1402.9—1403.9	4486	162	
加莱			
1399.8—1401.9	12745	—	
1401.9—1403.3	2597	—	
1403.3—1404.3	301	—	
伦敦			
1403.9—1404.9	4716	451	
1404.9—1405.9	3329	87	
1405.9—1406.9	5413	101	
1406.9—1407.9	2989	80	
1407.9—1408.9	2176	8	
记录丢失			
1411.11—1412.11	149871	2912	
1412.11—1413.9	138826	5464	
1413.9—1417.9	313508	069	
1417.9—1419.3	47759	3158	
1419.4—1420.8	40800	1902	

附录　中世纪和现代早期英国的铸币量

续表

时间	金币和银币		时间
	金币（英镑）	银币（英镑）	
	记录丢失		
1420.9—1420.9	2524	319	
1420.9—1422.3	98474	3326	
1422.4—1424.9	329114	10386	
	加莱		
1422.7—1424.1	60612	1439	1422.7—1422.9
	—	7080	1422.10—1423.9
	—	2252	1423.10—1424.1
	约克		
1423.8—1424.8	42310	496	1423.9—1424.8
	伦敦		
1424.9—1425.9	57767	2419	
1425.9—1427.4	51306	4054	
	加莱		
1424.2—1427.12	35590	101618	1424.2—1428.1
1427.4—1427.9	12704	898	
1427.9—1428.9	28198	1746	
1428.9—1430.3	25481	4342	
1430.4—1431.9	21683	4222	
	加莱		
1428.5—1431.8	6018	134491	1428.2—1431.8
	—	39274	1431.10—1432.9
	伦敦		
1431.9—1433.9	19056	3493	
1433.9—1434.9	10582	855	
1434.9—1435.6	5000	786	
1435.6—1436.9	8427	546	

续表

时间	金币和银币		时间
	金币（英镑）	银币（英镑）	
加莱			
1436.2—1436.3	—	2655	
伦敦			
1436.9—1437.9	5663	820	
1437.9—1438.9	5252	2216	
1438.9—1439.12	9094	6433	
1439.12—1441.4	8423	4127	
加莱			
1439—1440？	—	585	
伦敦			
1441.4—1443.9	11522	794	
1443.9—1444.9	4062	234	
1444.9—1445.9	2700	311	
1445.9—1445.12	628	63	
1445.12—1446.6	3944	3788	
1446.6—1447.6	1465	133	
1447.6—1449.10	3414	1052	
1449.10—1450.9	5951	6953	
1450.9—1452.4	6918	16184	
1452.4—1453.4	4367	6135	
1453.4—1454.4	2064	5408	
1454.4—1456.3	2492	8205	
1456.3—1457.9	2137	9993	

续表

时间	金币和银币		时间
	金币（英镑）	银币（英镑）	
1457.9—1458.9	1414	5491	
1458.9—1459.9	324	4655	
1459.9—1460.9	1887	10564	

注：（1）在1220—1344年间，当坎特伯雷铸币所铸造货币的时间与伦敦铸币所相同时不做标识，不同时标在第四列"时间"处。

（2）在1344—1460年间，当银币和金币所铸时间相同时不做标识，时间不同时，第一列时间指金币铸造时间，第四列时间指银币铸造时间。

资料来源：C. E. Challis, *A New History of the Royal Mint*, Cambridge：Cambridge University Press，1992，pp. 673-683。

表3　　1462—1670年英国伦敦铸币所的铸币量　　（单位：英镑）

时间	金币	银币	时间
1462.9—1464.8	4891	17828	
1464.9—1466.9	278774	103753	
1466.9—1468.10	记录丢失		
1468.10—1469.9	46001	15277	
1469.9—1470.9	56693	19536	
1470.9—1471.4	记录丢失		
1471.5—1471.9	23674	11895	
1471.9—1472.9	48444	20102	
1472.9—1473.9	37778	13455	
1473.9—1474.9	34607	11245	
1474.9—1475.9	29591	13474	
1475.9—1476.5	10166	3606	
1476.5—1477.9	40551	7897	
1477.9—1478.9	25224	3924	
1478.9—1479.9	23567	5092	

续表

时间	金币	银币	时间
1479.9—1480.9	31222	3657	
1480.9—1481.9	17865	1830	
1481.9—1482.9	17280	3208	
1482.9—1483.9	10498	6007	
1483.9—1484.9	16539	13327	
1484.9—1485.9	8741	4642	
1485.9—1486.9	10624	7693	
1486.9—1487.9	7763	3563	
1487.9—1488.9	9082	4972	
1488.9—1489.9	5361	5108	
1489.9—1494.9	记录丢失		
1494.9—1495.9	23764	9227	
1495.9—1496.9	13192	4330	
1496.9—1497.9	17211	8458	
1497.9—1498.9	19534	14449	
1498.9—1499.9	22096	25057	
1499.9—1500.9	18113	19856	
1500.9—1501.9	24964	20664	
1501.9—1502.9	29570	18658	
1502.9—1503.9	28622	14575	
1503.9—1504.9	36282	25897	
1504.9—1505.9	47523	45148	
1505.9—1506.9	95553	38514	
1506.9—1507.9	85608	30302	
1507.9—1508.9	122692	23987	
1508.9—1509.9	119251	9242	
1509.9—1510.9	69153	3190	
1510.9—1511.9	50488	1149	

附录　中世纪和现代早期英国的铸币量

续表

时间	金币	银币	时间
1511.9—1512.9	26926	10383	
1512.9—1513.9	73147	13563	
1513.9—1514.9	31940	5422	
1514.9—1515.9	41988	1024	
1515.9—1516.9	53529	181	
1516.9—1517.9	记录丢失		
1517.9—1518.9	45894	1002	
1518.9—1519.9	54930	454	
1519.9—1520.9	36279	65	
1520.9—1521.9	27078	1486	
1521.9—1522.9	14687	14238	
1522.9—1523.9	9141	17561	
1523.9—1526.9	记录丢失		
1526.9—1527.9	122036	30832	1526.10—1527.6
1527.9—1528.9	30930		
1528.9—1529.9	13396	213200	1527.6—1530.5
1529.9—1530.9	9911		
1530.9—1531.9	8046	90911	1530.5—1533.3
1531.9—1533.2	记录丢失		
1533.3—1534.10	27311	46053	
1534.11—1536.9	记录丢失		
1536.9—1537.9	26252	42519	
1537.9—1540.5	78218	13012	1537.9—1538.4
1540.6—1540.9	记录丢失		
1540.9—1541.9	11648	155635	1538.4—1542.4
1541.9—1542.9	记录丢失		1542.4—1542.9
1542.9—1543.9	6922	5801	

续表

时间	金币	银币	时间
1543.9—1544.3	5417	5418	
1526—1544	20157	—	
1542.7—1544.3	15595	52927	
1544.6—1545.3	165931	149287	
1545.4—1546.3	372179	440213	
1546.4—1547.3	263165	453616	
1547.4—1547.9	215725	119114	
1547.10—1548.9	174375	259906	
1548.10—1549.9	69678	582779	
1549.10—1550.9	34762	378338	
1550.10—1551.7	2778	288299	
1551.10—1552.3	3597	41640	
1552.4—1553.12	记录丢失		
1553.12—1554.12	22068	79199	
1554.12—1555.12	36900	76349	
1555.12—1558.12	—	—	
1559.1—1560.7	25636	31312	
1560.12—1561.10	10271	22185	1560.10—1560.11
1561.11—1562.10	75819	742233	1560.12—1561.10
	—	194440	1561.11—1562.11
1563.1—1565.8	37333	95509	
1565.10—1566.3	32634	33672	
1566.5—1567.1	15373	77232	
1567.2—1567.6	6850	44300	
1567.7—1569.4	40175	186400	
1569.5—1570.2	11311	103130	
1570.3—1571.12	23411	118522	
1572.4—1573.10	21022	167027	

附录 中世纪和现代早期英国的铸币量

续表

时间	金币	银币	时间
1573.11—1574.5	8143	63336	
1574.5—1578.7	14525	219381	
1578.10—1580.5	20261	174213	
1580.6—1581.12	33517	143494	
1582.8—1583.1	35697	79033	
1583.2—1584.1	41972	188490	
1584.2—1585.1	37563	209196	
1585.2—1586.1	33481	165135	
1586.2—1587.1	20451	60924	
1587.2—1588.1	7889	44748	
1588.2—1589.1	24969	34350	
1589.2—1590.1	16745	40743	
1590.2—1591.1	12653	62470	
1591.2—1592.1	28125	101442	
1592.2—1597.1	73915	939502	
1597.2—1599.9	21395	57503	
1599.10—1601.7	40973	27279	
1601.7—1603.3	23029	198059	
1603.5—1604.11	31940	491635	
1604.11—1605.5	137475	159489	
1605.6—1607.3	299133	456591	
1607.4—1608.3	138167	153082	
1608.4—1609.3	128778	74453	
1609.4—1610.3	77513	22731	
1610.4—1611.3	38623	20920	
1611.4—1612.3	73522	20105	
1612.4—1613.3	302245	6423	
1613.4—1614.3	326378	15357	

续表

时间	金币	银币	时间
1614.4—1615.3	168895	1801	
1615.4—1616.3	252718	12322	
1616.4—1617.3	263528	1465	
1617.4—1618.3	153612	216	
1618.4—1619.3	149290	470	
1619.4—1620.3	136690	—	
1620.4—1621.2	163445	296	
1621.2—1622.3	163944	20754	
1622.4—1623.7	170497	33923	
1623.7—1624.3	242894	47323	
1624.4—1625.3	926735	103501	
1625.4—1626.3	605949	72323	
1626.4—1627.3	455140	52355	
1627.4—1628.3	235466	9924	
1628.4—1629.3	138220	4834	
1629.4—1630.3	198215	3630	
1630.4—1631.3	337258	5050	
1631.4—1632.3	145899	67545	
1632.4—1633.3	105290	153997	
1633.4—1634.3	86450	189687	
1634.4—1635.3	86939	273077	
1635.4—1636.3	96618	131495	
1636.4—1637.3	97534	401679	
1637.4—1638.3	74046	525101	
1638.4—1639.3	72510	370312	
1639.4—1640.3	39232	417549	
1640.4—1641.3	60899	497511	
1641.4—1642.11	107155	1642407	

附录 中世纪和现代早期英国的铸币量

续表

时间	金币	银币	时间
1642.11—1645.5	135315	2181188	
1645.5—1646.3	34518	825707	
1646.4—1647.3	43519	751110	
1647.4—1649.5	55909	97377	
1649.5—1651.12	34505	31570	
1651.12—1653.11	38010	351727	
1653.12—1657.11	23111	334929	
1657.12—1659.9	790	12989	
1659.10—1660.5	1032	20739	
1660.7—1660.12	4522	1683	
1661	4138	23201	
1662	31186	496678	
1663	1231	305078	
1664	53011	44333	
1665	87452	61722	
1666	65218	37144	
1667	125685	53107	
1668	198022	124940	
1669	116588	44305	
1670	121833	143043	

注：当钱币和金币所铸时间相同时不做标识，不同时第四列时间指银币铸造时间。

资料来源：C. E. Challis, *A New History of the Royal Mint*, Cambridge：Cambridge University Press, 1992, pp. 684 – 690。

参考文献

中文参考资料

侯建新:《现代化第一基石:农民个人力量增长与中世纪晚期社会变迁》,天津社会科学院出版社1991年版。

蒋孟引主编:《英国史》,中国社会科学出版社1988年版。

李铁生:《古希腊罗马币鉴赏》,北京出版社2001年版。

马克垚:《封建经济政治概论》,人民出版社2010年版。

马克垚:《西欧封建经济形态研究》,中国大百科全书出版社2009年版。

马克垚:《英国封建社会研究》,北京大学出版社2005年版。

施诚:《中世纪英国财政史研究》,商务印书馆2010年版。

谢丰斋:《英国市场发育导论:12—14世纪的"扩张"时期》,世界知识出版社2004年版。

杨杰:《从下往上看:英国农业革命》,中国社会科学出版社2009年版。

[比]亨利·皮朗:《中世纪欧洲经济社会史》,乐文译,上海人民出版社2001年版。

[德]马克斯·韦伯:《经济通史》,姚曾廙译,上海三联书店2006年版。

[法]让·里瓦尔:《货币史》,任婉筠、任驰译,商务印书馆2001年版。

[美]彼得·纽曼等主编:《新帕尔格雷夫货币金融大辞典》第2卷,黄卫平等译,经济科学出版社2000年版。

[美]查尔斯·P. 金德尔伯格：《西欧金融史》，徐子健等译，中国金融出版社2007年版。

[美]约翰·肯尼斯·加尔布雷思：《货币简史》，苏世军、苏京京译，上海财经大学出版社2010年版。

[美]约瑟夫·熊彼特：《经济分析史》第1卷，杨敬年译，商务印书馆1991年版。

[意]马利齐奥·维琴齐尼：《货币史：便利的交换体系》，龚春雷译，四川人民出版社2002年版。

[英]W. J. 阿什利：《英国经济史及学说》，幼狮文化事业公司1974年版。

[英]阿·莱·莫尔顿：《人民的英国史》，谢链造等译，生活·读书·新知三联书店1976年版。

[英]埃瓦尔德·琼杰：《世界铸币百科全书》，刘森译，中国金融出版社1999年版。

[英]亨利·斯坦利·贝内特：《英国庄园生活：1150—1400年农民生活状况研究》，龙秀清等译，上海人民出版社2005年版。

[英]克里斯托弗·戴尔：《转型的时代：中世纪晚期英国的经济与社会》，莫玉梅译，社会科学文献出版社2010年版。

[英]肯尼思·O. 摩根主编：《牛津英国史》，王觉非等译，商务印书馆1993年版。

[英]洛德·埃夫伯里：《世界钱币简史》，刘森译，中国金融出版社1991年版。

[英]约翰·F. 乔恩：《货币史：从公元800年起》，李广乾译，商务印书馆2002年版。

[英]约翰·克拉潘：《简明不列颠经济史：从最早时期到1750年》，范定九，王祖廉译，上海译文出版社1980年版。

[英]约翰·罗：《论货币和贸易》，朱泱译，商务印书馆1986年版。

[英]约翰·梅纳德·凯恩斯：《货币论》，何瑞英译，商务印书馆1986年版。

[英]约翰·希克斯：《经济史理论》，厉以平译，商务印书馆1999

年版。

外文参考书目

印刷文献

A. E. Bland, ed., *English Economic History: select documents*, London: G. Bell and Sons, Ltd., 1914.

B. W. Clapp, *Documents in English Economic History*, London: G. Bell, 1976.

Charles Johnson, *The De Moneta of Nicholas Oresme and English Mint Documents*, London: Thomas Nelson and Sons, 1956.

D. C. Douglas, *English Historical Documents*, Vol. 1 – Vol. 5, London: Routledge, 1996.

Emilie Amt, *Medieval England 1000 – 1500: A Reader*, Peterborough: Broadview Press, 2001.

Roy C. Cave & Herbert H. Coulson, *A Source Book for Medieval Economic History*, New York: Biblo and Tannen, 1965.

Royal Numismatic Society (Great Britain), *The Numismatic Chronicle and Journal of the Royal Numismatic Society*, Vol. 1 – 20, 1842 – 1903.

Stephen MartinLeake, *An Historical Account of English Money, from the Conquestto the Present Time*, London: Printed for W. Meadows, 1745.

Stephen Martin Leake, *An Historical Account of English Money*, London, 1793.

The Statutes of the Realm, Vol. 1 & 2, Buffalo: William S. Hein, 1993.

著作

Adriaan E. Verhulst, *The Carolingian Economy*, Cambridge: Cambridge University Press, 2002.

Albert Edgar Feavearyear, *The Pound Sterling: A History of English Money*, Oxford: Clarendon Press, 1931.

Anna Gannon, *The Iconography of Early Anglo-Saxon Coinage: Sixth to Eighth Centuries*, Oxford: Oxford University Press, 2003.

参考文献

Antoin E. Murphy, *Monetary Theory 1601 – 1758*, Vol. 1, New York: Routledge, 1997.

Arthur Eli Monroe, *Monetary Theory before Adam Smith*, New York: Kelley, 1966.

Barrie Cook & Gareth Williams, *Coinage and History in the North Sea World c. 500 – 1250*, Leiden: Brill, 2006.

B. W. Clapp, H. E. S. Fisher & A. R. J. Juřica, *Documents in English Economic History: England from 1000 to 1760*, London: G. Bell & Sons Ltd, 1977.

C. E. Blunt, *Coinage in Tenth-century England: From Edward the Elder to Edgar's Reform*, Oxford: Oxford University Press, 1989.

C. E. Challis, *A New History of the Royal Mint*, Cambridge: Cambridge University Press, 1992.

Charles Oman, *The Coinage of England*, London: Pordes, 1967.

Christian D. Liddy, *War, Politics and Finance in Late Medieval English Towns: Bristol, York and the Crown, 1350 – 1400*, Woodbridge: Boydell, 2005.

Christopher Dyer, *Lords and Peasants in a Changing Society: the Estates of the Bishopric of Worcester, 680 – 1540*, Cambridge: Cambridge University Press, 1980.

Christopher Dyer, *Standards of Living in the Later Middle Ages: Social Change in England, c. 1200 – 1520*, Cambridge: Cambridge University Press, 1989.

Christopher Harper-Bill & Nicholas Vincent, *Henry II: New Interpretations*, Woodbridge: Boydell Press, 2007.

C. H. V. Sutherland, *English Coinage 600 – 1900*, London: Batsford, 1973.

D. C. Coleman, *The Economy of England 1450 – 1750*, London: Oxford University Press, 1977.

Dennis O. Flynn, *Precious Metals, Coinage, and the Changes of Monetary Structures in Latin-America, Europe, and Asia: Late Middle Ages, Ear-

ly Modern Times, Leuven: Leuven University Press, 1989.

Dennis O. Flynn, *World Silver and Monetary History in the 16th and 17th Centuries*, Vermont: Ashgate Publishing Company, 1996.

Diana Wood, *Medieval Economic Thought*, Cambridge: Cambridge University Press, 2002.

Diana Wood, *Medieval Money Matters*, Oxford: Oxbow Books, 2004.

D. M. Metcalf, *An Atlas of Anglo-Saxon and Norman Coin Finds, c. 973 – 1086*, London: Royal Numismatic Society, 1998.

E. A. Kosminsky, *Studies in the Agrarian History of England in the Thirteenth Century*, Oxford: Basil Blackwell, 1956.

Edward Miller & John Hatcher, *Medieval England: Rural Society and Economic Change, 1086 – 1348*, London: Longman, 1978.

Edward Miller & John Hatcher, *Medieval England: Towns, Commerce, and Crafts, 1086 – 1348*, London: Longman, 1995.

Edward Miller, *The Agrarian History of England and Wales*, Vol. 3, Cambridge: Cambridge University Press, 1991.

Edwin S. Hunt & James M. Murray, *A History of Business in Medieval Europe, 1200 – 1550*, Cambridge: Cambridge University Press, 1999.

Edwyn Anthony, *An Enquiry into and an Explanation of Decimal Coinage and the Metric System of Weights and Measures*, London: G. Routledge, 1904.

E. E. Rich & C. H. Wilson, *Cambridge Economic History of Europe*, Vol. 4, Cambridge: Cambridge University Press, 1967.

E. Lipson, *The Economic History of England*, Vol. 1, London: A. & C. Black, 1945.

F. Mollwo Perkin, *The Metric and British Systems of Weights, Measures, and Coinage*, London: Whittaker, 1907.

George C. Brooke, *English Coins: from the Seventh Century to the Present Day*, London: Spink, 1976.

George MacDonald, *The Evolution of Coinage*, Cambridge: Cambridge University Press, 1916.

Glyn Davies, *A History of Money: From Ancient Times to the Present Day*, Cardiff: University of Wales Press, 1994.

Gwen Seabourne, *Royal Regulation of Loans and Sales in Medieval England*, Woodbridge: Boydell Press, 2003.

Harry Alvin Miskimin, *Cash, Credit and Crisis in Europe, 1300 – 1600*, London: Variorum Reprints, 1989.

Harry A. Miskimin, *Money and Power in Fifteenth-Century France*, New Haven: Yale University Press, 1984.

H. C. Darby, *Domesday England*, Cambridge: Cambridge University Press, 1976.

H. E. Hallam, *The Agrarian History of England and Wales*, Vol. 2, Cambridge: Cambridge University Press, 1988.

Henry Noel Humphreys, *The Coinage of the British Empire*, London: Nathaniel Cooke, 1854.

James M. Powell, *Medieval Studies: An Introduction*, Syracuse: Syracuse University Press, 1992.

J. A. Raftis, *The Estates of Ramsey Abbey: A Study in Economic Growth and Organization*, Toronto: Pontifical Institute of Mediaeval Studies, 1957.

J. C. Holt, *Domesday Studies*, Woodbridge: Boydell Press, 1987.

Jean Favier, *Gold & Spices: The Rise of Commerce in the Middle Ages*, New York: Holmes & Meier, 1998.

J. F. Richards, *Precious Metals in the Later Medieval and Early Modern Worlds*, Durham: Carolina Academic Press, 1983.

J. L. Bolton, *The Medieval English Economy 1150 – 1500*, London: Dent, 1980.

J. McIver Weatherford, *The History of Money: from Sandstone to Cyberspace*, New York: Three Rivers Press, 1997.

Joel Kaye, *Economy and Nature in the 14th Century: Money, Market Exchange and the Emergence of Scientific Thought*, Cambridge: Cambridge University Press, 1998.

John Day, *The Medieval Market Economy*, Oxford: B. Blackwell, 1987.

John F. Chown, *A History of Money: from A. D. 800*, London: Routledge, 1994.

John Hatcher, *Modelling the Middle Ages: the History and Theory of England's Economic Development*, Oxford: Oxford University Press, 2001.

John Hatcher, *Plague, Population, and the English Economy, 1348 – 1530*, London: Macmillan, 1977.

John Munro, A *Bullion Flows and Monetary Policies in England and the Low Countries, 1350 – 1500*, London: Variorium, 1992.

Kindleberger, Charles Poor, A *Financial History of Western Europe*, New York: Oxford University Press, 1993.

Lawrin Armstrong, Ivana Elbl & Martin M. Elbl, *Money, Markets and Trade in Late Medieval Europe*, Leiden: Brill, 2007.

Lisa Jefferson, *Wardens' Accounts and Court Minute Books of the Goldsmith's Mistery of London, 1334 – 1446*, Rochester: Boydell Press, 2003.

Ludwig von Mises, *The Theory of Money and Credit*, London: Jonathan Cape Thirty Bedford Square, 1953.

Marshall Faintich, *Astronomical Symbols on Ancient and Medieval Coins*, Jefferson: McFarland, 2008.

Maryanne Kowaleski, *Local Markets and Regional Trade in Medieval Exeter*, Cambridge: Cambridge University Press, 1995.

M. A. S. Blackburn, *Anglo-Saxon Monetary History*, Leicester: Leicester University Press, 1986.

M. A. S. Blackburn & David N. Dumville, *Kings, Currency, and Alliances: History and Coinage of Southern England in the Ninth Century*, Rochester: Boydell Press, 1998.

Michael Dolley, *The Norman Conquest and the English Coinage*, London: Spink & Son, 1966.

M. Mate, *Trade and Economic Developments, 1450 – 1550: the Experience of Kent, Surrey and Sussex*, Woodbridge: Boydell Press, 2006.

M. M. Postan, *Cambridge Economic History of Europe*, Vol. 1, Cambridge: Cambridge University Press, 1966.

M. M. Postan & Edward Miller, *Cambridge Economic History of Europe*, Vol. 2, Cambridge: Cambridge University Press, 1987.

M. M. Postan, *Essays on Medieval Agriculture and General Problems of the Medieval Economy*, Cambridge: Cambridge University Press, 2008.

M. M. Postan, *Medieval Trade and Finance*, Cambridge: Cambridge University Press, 1973.

M. M. Postan, *The Medieval Economy and Society: An Economic History of Britain, 1100 – 1500*, London: Weidenfeld & Nicolson, 1972.

M. M. Postan, *The Medieval Economy and Society*, Harmondsworth: Penguin, 1975.

专著

Nesta Evant, *The East Anglian Linen Industry: Rural Industry and Local Economy, 1500 – 1850*, Aldershot: Gower Publishing Company, 1985.

Nigel Saul, *The Oxford Illustrated History of Medieval England*, Oxford: Oxford University Press, 1997.

N. J. Mayhew & P. Spufford, *Later Medieval Mints*, Oxford: B. A. R. International Series, 1988.

N. J. Mayhew, *Sterling: The History of A Currency*, London: Penguin Books, 2000.

Norman Angell, *The Story of Money*, New York: Frederick A. Stokes Company, 1929.

Pamela Nightingale, *Trade, Money, and Power in Medieval England*, Aldershot: Ashgate Variorum, 2007.

P. D. A. Harvey, *The Peasant Land Market in Medieval England*, Oxford: Clarendon Press, 1984.

Philip Grierson & Mark Blackburn, *Medieval European Coinage*, Vol. 1, Cambridge: Cambridge University Press, 1986.

Philip Grierson, *The Coins of Medieval Europe*, London: Seaby, 1991.

Phillipp R. Schofield, *Peasant and Community in Medieval England 1200 – 1500*, New York: Palgrave Macmillan, 2003.

Pierre Vilar, *A History of Gold and Money, 1450 – 1920*, London: Humanities Press, 1976.

P. J. Withers & Bente Withers, *The Halfpennies and Farthings of Edward III & Richard II*, Llanfyllin: Galata Print, 2005.

P. R. Schofield & N. J. Mayhew, *Credit and Debt in Medieval England, c. 1180 – c. 1350*, Oxford: Oxbow Books, 2002.

P. Spufford, *Handbook of Medieval Exchange*, London: Offices of the Royal Historical Society, 1986.

P. Spufford, *Money and Its Use in Medieval Europe*, Cambridge: Cambridge University Press, 1988.

Reginald Lennard, *Rural England, 1086 – 1135: A Study of Social and Agrarian Conditions*, Oxford: Clarendon Press, 1959.

Reginald L. Poole, *The Exchequer in the Twelfth Century*, Oxford: Clarendon Press, 1912.

R. H. Britnell & B. M. S. Campbell, *A Commercialising Economy: England 1086 to c. 1300*, Manchester: Manchester University Press, 1995.

R. H. Britnell, *The Commercialisation of English Society, 1000 – 1500*, Cambridge: Cambridge University Press, 1993.

R. H. M. Dolley, *Anglo-Saxon Coins*, London: Methuen, 1961.

Richard Bonney, *The Rise of the Fiscal State in Europe, c. 1200 – 1815*, Oxford: Oxford University Press, 1999.

Richard Britnell & John Hatcher, *Progress and Problems in Medieval England*, Cambridge: Cambridge University Press, 1996.

Richard Hodges, *Primitive and Peasant Markets*, Oxford: B. Blackwell, 1988.

Richard Mortimer, *Angevin England, 1154 – 1258*, Oxford: Blackwell, 1994.

Robert Sabatino Lopez, *The Shape of Medieval Monetary History*, London: Variorum Reprints, 1986.

Rogers Ruding, *Annals of the Coinage of Britain and Its Dependencies*,

Vol. 1 & 2, London: Printed for Lackington, Hughes, Harding, Mavor, and Jones, 1819.

R. Welldon Finn, *The Norman Conquest and Its Effects on the Economy: 1066–86*, Hamden: Archon Books, 1971.

S. D. Church, *King John: New Interpretations*, Woodbridge: Boydell Press, 1999.

S. H. Rigby, *Englsih Society in the Later Middle Ages*, Houndmills: Macmillan Press, 1995.

Simon Coupland, *Carolingian Coinage and The Vikings: Studies on Power and Trade in the 9th Century*, Aldershot: Ashgate/Variorum, 2007.

Simon Goudsmit, *The Limits of Money: three Perceptions of Our Most Comprehensive Value System*, Delft: Eburon, 2004.

Sir John Craig, *The Mint: A History of the London Mint from A. D. 287 to 1948*, Cambridge: Cambridge University Press, 1953.

S. M. H Bozorgnia, *The Role of Precious Metals in European Economic Development: from Roman Times to the Eve of the Industrial Revolution*, Westport: Greenwood Press, 1998.

Sydney Knox Mitchell, *Taxation in Medieval England*, Hamden: Archon Books, 1971.

John Raithby, *The Statutes of the Realm*, Vol. 1 & 2, Buffalo: William S. Hein, 1993.

T. H. Lloyd, *The English Wool Trade in the Middle Ages*, Cambridge: Cambridge University Press, 1977.

Thomas J. Sargent & François R. Velde, *The Big Problem of Small Change*, Princeton: Princeton University Press, 2002.

Tony Abramson, *Studies in Early Medieval Coinage*, Vol. 2, Woodbridge: Boydell Press, 2009.

Tony Abramson, *Two Decades of Discovery*, Woodbridge: Boydell & Brewer, 2008.

论文

A. Hughes, C. G. Crump & C. Johnson, "The Debasement of the Coinage Under Edward Ⅲ", *The Economic Journal*, Vol. 7, No. 26 (Jun., 1897).

Andre Lapidus, "Metal, Money, and the Prince: John Buridan and Nicholas Oresme after Thomas Aquinas", *History of Political Economy*, Vol. 29, No. 1, 1997.

Andrew M. Watson, "Back to Gold-and Silver", *The Economic History Review*, New Series, Vol. 20, No. 1 (Apr., 1967).

Aquilla Smith, "On the Irish Coins of Edward the Fourth", *The Transactions of the Royal Irish Academy*, Vol. 19, 1843.

A. R. Bridbury, "Thirteenth Century Prices and The Money Supply", *Agricultural History Review*, Vol. 33, 1985.

Arthur J. Rolnick, Francois R. Velde & Warren E. Weber, "The Debasement Puzzle: An Essay on Medieval Monetary History", *The Journal of Economic History*, Vol. 56, No. 4 (Dec., 1996).

Arthur Nussbaum, "Basic Monetary Conceptions in Law", *Michigan Law Review*, Vol. 35, No. 6 (Apr., 1937).

A. S. Walker, "The Calais Mint, A. D. 1347 – 1470", *British Numismatic Journal*, Vol. 16, 1921 – 1922.

Bryce D. Lyon, "The Money Fief under the English Kings, 1066 – 1485", *The English Historical Review*, Vol. 66, No. 259 (Apr., 1951).

Carlo M. Cipolla, "Currency Depreciation in Medieval Europe", *The Economic History Review*, New Series, Vol. 15, No. 3 (1963).

C. C. Patterson, "Silver Stocks and Losses in Ancient and Medieval Times", *The Economic History Review*, New Series, Vol. 25, No. 2 (May, 1972).

C. Dyer, "Peasants and Coins: the Uses of Money in the Middle Ages", *British Numismatic Journal*, Vol. 67, 1997.

C. E. Blunt & J. D. Brand, "Mint output of Henry Ⅲ", *The British Numismatic Journal, Vol. 39, 1970.

C. E. Challis, "Currency and the Economy in Mid-Tudor England", *The Economic History Review*, New Series, Vol. 25, No. 2 (May, 1972).

C. E. Challis, "The Debasement of the Coinage, 1542 – 1551", *The Economic History Review*, New Series, Vol. 20, No. 3 (Dec., 1967).

C. G. Crump & A. Hughes, "The English Currency Under Edward I", *The Economic Journal*, Vol. 5, No. 17 (Mar., 1895).

Conyers Read, "Profits on the Recoinage of 1560 – 1", *The Economic History Review*, Vol. 6, No. 2 (Apr., 1936).

C. W. C. Oman, "The Tudors and the Currency, 1526 – 1560", *Transactions of the Royal Historical Society*, New Series, Vol. 9, 1895.

David B. Quinn, "Guide to English Financial Records for Irish History 1461 – 1558, with Illustrative Extracts, 1461 – 1509", *Analecta Hibernica*, No. 10 (Jul., 1941).

David Holman, "Iron Age Coinage and Settlement in East Kent", *Britannia*, Vol. 36, 2005.

D. C. Skemer, "King Edward I's Articles of Inquest on the Jews and Coin-Clipping, 1279", *Historical Research*, Vol. 72, 1999.

Debra Glassman & Angela Redish, Explorations, "Currency Depreciation in Early Modern England and France", *Economic History*, Vol. 25, No. 1 (Jan., 1988).

D. L. Farmer, "Some Price Fluctuations in Angevin England", *The Economic History Review*, New Series, Vol. 9, No. 1 (1956).

D. M. Metcalf, "Continuity and Change in English Monetary History, c. 973 – 1086", *The British Numismatic Journal*, part I, Vol. 50, 1980.

D. M. Metcalf, "Continuity and Change in English Monetary History, c. 973 – 1086", *The British Numismatic Journal*, part II, Vol. 51, 1981.

D. M. Metcalf, "How Large was the Anglo-Saxon Currency?", *The Economic History Review*, New Series, Vol. 18, No. 3, 1965.

D. Sellwood, "Medieval Minting Techniques", *British Numismatic Jour-*

nal, Vol. 31, 1962.

E. A. Kosminsky, "Services and Money Rents in the Thirteenth Century", *The Economic History Review*, Vol. 5, No. 2 (Apr., 1935).

Edward Ames, "The Sterling Crisis of 1337 – 1339", *The Journal of Economic History*, Vol. 25, No. 4 (Dec., 1965).

Edward Miller, "The English Economy in the Thirteenth Century: Implications of Recent Research", *Past & Present*, No. 28 (Jul., 1964).

Edwin J. Hipkiss, "English Silver Recently Acquired", *Bulletin of the Museum of Fine Arts*, Vol. 49, No. 275 (Feb., 1951).

E. H. Phelps Brown and Sheila V. Hopkins, "Seven Centuries of Building Wages", *Economica*, New Series, Vol. 22, No. 87 (Aug., 1955).

E. H. Phelps Brown & Sheila V. Hopkins, "Seven Centuries of the Prices of Consumables, Compared with Builders' Wage Rates", *Economica*, New Series, Vol. 23, No. 92 (Nov., 1956).

F. O. Arnold, "The Coinage of Edward V", *The British Numismatic Journal*, Vol. 22, 1934 – 1937.

F. Purvey, "The Pence, Half-pence and Farthings of Richard II of the Mints of London, York and Durham", *The British Numismatic Journal*, Vol. 31, 1962.

Frank Perlin, "Review: Monetary Revolution and Societal Change in the Late Medieval and Early Modern Times-A Review Article", *The Journal of Asian Studies*, Vol. 45, No. 5 (Nov., 1986).

G. C. Brooke, "An English Gold Coin of the Seventh Century", *The British Museum Quarterly*, Vol. 3, No. 4 (Mar., 1929).

G. C. Brooke, "Finds of English Coins at Durham and Borth (Cardigan)", *The British Museum Quarterly*, Vol. 5, No. 3 (Dec., 1930).

G. C. Brooke, "The Medieval Moneyers", *British Numismatic Journal*, Vol. 21, 1931 – 1933.

G. Davies, "The Single Currency in Historical Perspective", *British Numismatic Journal*, Vol. 69, 1999.

George Selgin, "Salvaging Gresham's Law: The Good, the Bad, and the Illegal", *Journal of Money, Credit and Banking*, Part 1, Vol. 28, No. 4 (Nov., 1996).

Gerhard Joseph, "Chaucer's Coinage: Foreign Exchange and the Puns of the 'Shipman's Tale'", *The Chaucer Review*, Vol. 17, No. 4 (Spring, 1983).

Gerhard Schmidt, "The Latin Element in the English Currency System", *Journal of the Warburg and Courtauld Institutes*, Vol. 3, No. 3/4 (Apr. - Jul., 1940).

Glyn Redworth, "Philip I of England, Embezzlement, and the Quantity Theory of Money", *The Economic History Review*, New Series, Vol. 55, No. 2 (May, 2002)

H. A. Parsons, "Remarks on the Silver Coinage of Henry VI", *The British Numismatic Journal*, Vol. 22, 1934 - 1937.

Harry A. Miskimin, "Monetary Movements and Market Structure: Forces for Contraction in Fourteenth- and Fifteenth-Century England", *The Journal of Economic History*, Vol. 24, No. 4 (Dec., 1964).

H. W. Morrieson, "The Influence of War on the Coinage of England", *The British Numismatic Journal*, Vol. 4, 1907.

Jennifer I. Kermode, "Money and Credit in the Fifteenth Century: Some Lessons from Yorkshire", *The Business History Review*, Vol. 65, No. 3, Financial Services (Autumn, 1991)

J. H. Round, "The Colchester Mint in Norman Times", *The English Historical Review*, Vol. 18, No. 70 (Apr., 1903).

J. Moore McDowell, "The Devaluation of 1460 and the Origins of the Irish Pound", *Irish Historical Studies*, Vol. 25, No. 97 (May, 1986).

John A. Davies & Tony Gregory, "Coinage from a 'Civitas': A Survey of the Roman Coins Found in Norfolk and Their Contribution to the Archaeology of the 'Civitas Icenorum'", *Britannia*, Vol. 22 (1991).

John Day, "The Great Bullion Famine of the Fifteenth Century", *Past &*

Present, No. 79 (May, 1978).

John Gillingham, "Chronicles and Coins as Evidence for Levels of Tribute and Taxation in Late Tenth and Early Eleventh-Century England", *The English Historical Review*, Vol. 105, No. 417 (Oct., 1990).

John Gillingham, "The Most Precious Jewel in the English Crown: Levels of Denegeld and Heregeld in the Early Eleventh Century", *The English Historical Review*, Vol. 104, No. 411 (Apr., 1989).

John Henry Norman, "Silver and Gold Coinage of England from the Conquest to the Present Time", *Journal of the Royal Statistical Society*, Vol. 53, No. 4 (Dec., 1890).

John Munro, "An Aspect of Medieval Public Finance: The Profits of Counterfeiting in the Fifteenth-Century Low Countries", *Revue belge de numismatique*, Vol. 118, 1972.

John Munro, "An Economic Aspect of the Collapse of the Anglo-Burgundian Alliance, 1428 – 1442", *The English Historical Review*, Vol. 85, No. 335 (Apr., 1970).

John Munro, "The Medieval Origins of the Financial Revolution: Usury, Rentes, and Negotiability", *The International History Review*, Vol. 25, No. 3 (Sep., 2003).

John Munro, "Wage Stickiness, Monetary Changes, and Real Incomes in Late-Medieval England and the Low Countries, 1300 – 1500: Did Money Matter?", *Research in Economic History*, Vol. 21, 2003.

John U. Nef, "Silver Production in Central Europe, 1450 – 1618", *The Journal of Political Economy*, Vol. 49, No. 4 (Aug., 1941).

J. R. Collis, "Functional and Theoretical Interpretations of British Coinage", *World Archaeology*, Vol. 3, No. 1, Technological Innovations (Jun., 1971).

J. R. Maddicott, "Trade, Industry and the Wealth of King Alfred: Reply", *Past & Present*, No. 135 (May, 1992).

Kathleen Biddick, "Medieval English Peasants and Market Involvement",

The Journal of Economic History, Vol. 45, No. 4 (Dec., 1985).

Kevin B. Bales, "Nicole Oresme and Medieval Social Science: The 14th Century Debunker of Astrology Wrote an Early Monetary Treatise", *American Journal of Economics and Sociology*, Vol. 42, No. 1 (Jan., 1983).

L. A. Lawrence, "Notes on the Coinage of Edward Ⅳ, Suggested by a Recent Find of Coins", *The British Numismatic Journal*, Vol. 1, 1903 – 1904.

L. A. Lawrence, "The Long Cross Coinage of Henry Ⅲ and Edward Ⅰ", *The British Numismatic Journal*, Vol. 9 – 11, 1912 – 1915.

Leo Mildenberg, "Numismatic Evidence", *Harvard Studies in Classical Philology*, Vol. 91, 1987.

M. Allen, "Medieval English Die-Output", *British Numismatic Journal*, Vol. 74, 2004.

M. Allen, "Silver Production and the Money Supply in England and Wales, 1086 – c. 1500", *Economic History Review*, Vol. 64, No. 1, 2001.

M. Allen, "The Archbishop of York's Mint after the Norman Conquest", *Northern History*, Vol. 41, No. 1 (Mar., 2004).

M. Allen, "The English Coinage of 1153/4 – 1158", *The British Numismatic Journal*, Vol. 76, 2006.

M. Allen, "The Proportions of the Denominations in English Mint Outputs, 1351 – 1485", *The British Numismatic Journal*, Vol. 77, 2007.

M. Allen, "The Volume and Composition of the English Silver Currency, 1279 – 1351", *British Numismatic Journal*, Vol. 70, 2000.

M. Allen, "The Volume of the English Currency, 1158 – 1470", *The Economic History Review*, New Series, Vol. 54, No. 4 (Nov., 2001).

Marc Bloch, "Le Problème de l'or au Moyen Age", *Annales d'histoire économique et sociale*, Vol. 5, No. 19 (Jan. 31, 1933).

Mark Curteis, "An Analysis of the Circulation Patterns of Iron Age Coins from Northamptonshire", *Britannia*, Vol. 27, 1996.

Michael Dolley, " Mediaeval Coin-Hoards from the Ulster Mearing",

Clogher Record, Vol. 7, No. 2 (1970).

Michael Dolley, "Medieval British and Irish Coins as Dating Evidence for the Archaeologist", *World Archaeology*, Vol. 1, No. 2, Techniques of Chronology and Excavation (Oct., 1969).

Michael Dolley & W. A. Seaby, "The Thirteenth-Century Anglo-Irish Coins in the Kirial Find from Denmark", *The Journal of the Royal Society of Antiquaries of Ireland*, Vol. 103, 1973.

Michael Prestwich, "Early Fourteenth-Century Exchange Rates", *The Economic History Review*, New Series, Vol. 32, No. 4 (Nov., 1979).

Michael Prestwich, "Edward I's Monetary Policies and Their Consequences", *The Economic History Review*, New Series, Vol. 22, No. 3 (Dec., 1969).

M. Mate, "A Mint of Trouble, 1279 to 1307", *Speculum*, Vol. 44, No. 2 (Apr., 1969).

M. Mate, "High Prices in Early Fourteenth-Century England: Causes and Consequences", *The Economic History Review*, New Series, Vol. 28, No. 1 (Feb., 1975).

M. Mate, "Monetary Policies in England, 1272 – 1307", *The British Numismatic Journal*, Vol. 41, 1972.

M. Mitchiner & A. Skinner, "English Tokens, c. 1200 to 1425", *British Numismatic Journal*, Vol. 53, 1983.

M. Mitchiner & A. Skinner, "English Tokens, c. 1425 to 1672", *British Numismatic Journal*, Vol. 54, 1984.

M. M. Postan, "Credit in Medieval Trade", *The Economic History Review*, Vol. 1, No. 2 (Jan., 1928).

M. M. Postan & J. Z. Titow, "Heriots and Prices on Winchester Manors", *Economic History Review*, Vol. 11, No. 3, 1959.

M. M. Postan, "[Money, Population and Economic Change in Late Medieval Europe]: Note", *The Economic History Review*, New Series, Vol. 12, No. 1, 1959.

M. M. Postan, "Some Economic Evidence of Declining Population in the Later Middle Ages", *Economic History Review*, Vol. 2, No. 3, 1950.

M. M. Postan, "The Rise of a Money Economy", *The Economic History Review*, Vol. 14, No. 2 (1944).

Nathan Sussman, "The Late Medieval Bullion Famine Reconsidered", *The Journal of Economic History*, Vol. 58, No. 1 (Mar., 1998).

N. Biggs, "Coin-Weights in England-up to 1588", *British Numismatic Journal*, Vol. 60, 1990.

N. J. Mayhew, "Money and Prices in England from Henry Ⅱ to Edward Ⅲ", *Agricultural History Review*, Vol. 35, 1987.

N. J. Mayhew, "Numismatic Evidence and Falling Prices in the Fourteenth Century", *The Economic History Review*, New Series, Vol. 27, No. 1 (Feb., 1974).

N. J. Mayhew, "Population, Money Supply, and the Velocity of Circulation in England, 1300 – 1700", *The Economic History Review*, New Series, Vol. 48, No. 2 (May, 1995).

Nora Milnes, "Mint Records in the Reign of Henry Ⅷ", *The English Historical Review*, Vol. 32, No. 126 (Apr., 1917).

Oxford University Press, "The Coinage of the Three Edwards", *The English Historical Review*, Vol. 12, No. 48 (Oct., 1897).

Pamela Nightingale, "Monetary Contraction and Mercantile Credit in Later Medieval England", *The Economic History Review*, New Series, Vol. 43, No. 4 (Nov., 1990).

Pamela Nightingale, "Some London Moneyers and Reflections on the Organization of English Mints in the Eleventh and Twelfth Centuries", *Numismatic Chronicle*, Vol. 142, 1982.

Paul Latimer, "The English Inflation of 1180 – 1220: Reconsidered", *Past & Present*, No. 171 (May, 2001).

P. Claughton, "Production and Economic Impact: Northern Pennine (English) Silver in the 12th Century", *Proceedings of the 6th Interna-*

tional Mining History Congress (Hokkaido, 2003).

P. D. A. Harvey, "The English Inflation of 1180 – 1220", *Past & Present*, No. 61 (Nov., 1973).

P. Grierson, "The Monetary Pattern of Sixteenth-Century Coinage: The Prothero Lecture 1970", *Transactions of the Royal Historical Society*, Fifth Series, Vol. 21, 1971.

Philip Arestis and Peter Howells, "The 1520 – 1640 'Great Inflation': An Early Case of Controversy on the Nature of Money", *Journal of Post Keynesian Economics*, Vol. 24, No. 2 (Winter, 2001 – 2002).

Philip De Jersey, "Exotic Celtic Coinage in Britain", *Oxford Journal of Archaeology*, Vol. 18, No. 2 (May, 1999).

Philip Grierson, "Mint Output in the Tenth Century", *The Economic History Review*, New Series, Vol. 9, No. 3 (1957).

Philip Grierson, "The Volume of Anglo-Saxon Coinage", *The Economic History Review*, New Series, Vol. 20, No. 1 (Apr., 1967).

P. H. Sawyer, "The Wealth of England in the Eleventh Century", *Transactions of the Royal Historical Society*, Fifth Series, Vol. 15, 1965.

P. Withers & B. Withers, "The Halfpence and Farthings of Henry Ⅵ: a re-assessment", *The British Numismatic Journal*, Vol. 74, 2004.

P. W. P. Carlyon-Britton, "A Numismatic History of the Reigns of William Ⅰ and Ⅱ (1066 – 1100)", Part Ⅱ, *The British Numismatic Journal*, Vol. 4, 1907.

R. B. Outhwaite, "The Trials of Foreign Borrowing: The English Crown and the Antwerp MoneyMarket in the Mid-Sixteenth Century", *The Economic History Review*, New Series, Vol. 19, No. 2, 1966.

R. H. Britnell, "The Proliferation of Markets in England, 1200 – 1349", *The Economic History Review*, New Series, Vol. 34, No. 2 (May, 1981).

R. H. M. Dolley, "A Hoard of Tenth-Century Anglo-Saxon Coins from Glendalough", *The Journal of the Royal Society of Antiquaries of Ireland*,

Vol. 90, No. 1, 1960.

R. H. M. Dolley, "A Notable Gift of Anglo-Saxon Coins by the Pilgrim Trust", *The British Museum Quarterly*, Vol. 20, No. 3 (Mar., 1956).

R. H. M. Dolley, "Medieval Gold Coins from the Lockett Collection", *The British Museum Quarterly*, Vol. 21, No. 2 (Jul., 1957).

R. H. M. Dolley, "The Cotton Collection of Anglo-Saxon Coins", *The British Museum Quarterly*, Vol. 19, No. 4 (Dec., 1954).

R. H. M. Dolley, "The 'Lost' Hoard of Tenth-Century Anglo-Saxon Silver Coins from Dalkey", *The Journal of the Royal Society of Antiquaries of Ireland*, Vol. 91, No. 1, 1961.

Richard H. Bowers, "From Rolls to Riches: King's Clerks and Moneylending in Thirteenth-Century England", *Speculum*, Vol. 58, No. 1 (Jan., 1983).

Robert Sabatino Lopez, "Back to Gold, 1252", *The Economic History Review*, New Series, Vol. 9, No. 2, 1956.

Robert W. Wallace, "The Origin of Electrum Coinage", *American Journal of Archaeology*, Vol. 91, No. 3 (Jul., 1987).

Ronald D. Ware, "Monetary Movements and Market Structure-Forces for Contraction in Fourteenth- and Fifteenth-Century England: Discussion", *The Journal of Economic History*, Vol. 24, No. 4 (Dec., 1964).

R. S. Kinsey, "Anglo-Saxon Law and Practice Relating to Mints and Moneyers", *British Numismatic Journal*, Vol. 29, 1958 – 1959.

S. Lyon, "Silver Weight and Minted Weight in England c. 1000 – 1320, with a Discussion of Domesday Terminology, Edwardian Farthings, and the Origin of English Troy", *British Numismatic Journal*, Vol. 76, 2006.

S. R. H. Jones, "Devaluation and the Balance of Payments in Eleventh-Century England: An Exercise in Dark Age Economics", *The Economic History Review*, New Series, Vol. 44, No. 4 (Nov., 1991).

S. R. H. Jones, "Transaction Costs, Institutional Change, and the Emergence of a Market Economy in Later Anglo-Saxon England", *The Economic History Review*, New Series, Vol. 46, No. 4 (Nov., 1993).

Stephen M. Stigler, "Eight Centuries of Sampling Inspection: The Trial of the Pyx", *Journal of the American Statistical Association*, Vol. 72, No. 359 (Sep., 1977).

T. F. Reddaway, "The King's Mint and Exchange in London 1343 – 1543", *The English Historical Review*, Vol. 82, No. 322 (Jan., 1967).

T. G. Webb Ware, "Dies and Designs: the English Gold Coinage 1465 – 1485", Part I, *The British Numismatic Journal*, Vol. 55, 1985.

T. H. Lloyd, "Early Elizabethan Investigations into Exchange and the Value of Sterling, 1558 – 1568", *The Economic History Review*, New Series, Vol. 53, No. 1 (Feb., 2000).

Thomas J. Sargent & Bruce D. Smith, "Coinage, Debasements, and Gresham's Laws", *Economic Theory*, Vol. 10, No. 2 (Aug., 1997).

Timothy J. Reiss & Roger H. Hinderliter, "Money and Value in the Sixteenth Century: The Monete Cudende Ratio of Nicholas Copernicus", *Journal of the History of Ideas*, Vol. 40, No. 2 (Apr. – Jun., 1979).

Victoria Hoyle, "The Bonds that Bind: Money Lending Between Anglo-Jewish and Christian Women in the Plea Rolls of the Exchequer of the Jews, 1218 – 1280", *Journal of Medieval History*, Vol. 34, 2008.

W. C. Robinson, "Money, Population and Economic Change in Late Medieval Europe", *The Economic History Review*, New Series, Vol. 12, No. 1, 1959.

W. Cunningham, "The Commercial Policy of Edward III", *Transactions of the Royal Historical Society*, New Series, Vol. 4, 1889.

W. C. Wells, "Notes on the Long Cross coinage of Henry III, 1247 – 1250", *The British Numismatic Journal*, Vol. 22, 1934 – 1937.

William Beveridge, "Wages in the Winchester Manors", *The Economic History Review*, Vol. 7, No. 1 (Nov., 1936).

William J. Courtenay, "Token Coinage and the Administration of Poor Relief during the Late Middle Ages", *Journal of Interdisciplinary History*, Vol. 3, No. 2, Economics, Society, and History (Autumn, 1972).

W. J. Andrew, "A Numismatic History of the Reign of Stephen A. D. 1135 – 1154", *The British Numismatic Journal*, Vol. 8, 1911.

Y. S. Brenner, "The Inflation of Prices in Early Sixteenth Century England", *The Economic History Review*, New Series, Vol. 14, No. 2, 1961.

Y. S. Brenner, "The Inflation of Prices in England, 1551 – 1650", *The Economic History Review*, New Series, Vol. 15, No. 2, 1962.

学位论文

Dorothy Sharon Sellers Macdonald, *Parliament and Monetary Affairs in Late Medieval England*, Unpublished Ph. D Thesis of University of Minnesota, 1985.

后　　记

书稿为本人的博士论文，虽有调整，但具体内容基本保持原貌。在博士论文付梓之际，回望自己的学习和工作之路，感触良多。

首先，感谢我的博士生导师徐浩教授。2009年入学后，在徐老师的帮助下我选择中世纪英国的货币作为研究对象，2012年顺利毕业并进入河南师范大学教书。非常感谢老师的指导，中世纪英国货币是一个可以长期从事研究的选题，这也使我在毕业之后的10年里一直围绕博士论文所涉及的问题进一步的阅读和思考，并发表多篇论文。同时，也要感谢徐老师对我工作和生活的关心，老师鼓励的话语是我继续前进的动力。

其次，感谢我的硕士生导师刘景华教授。在刘老师的引领下，我开始对中世纪西欧的历史产生浓厚兴趣，并立志从事学术研究。博士毕业后的第三年重回刘老师门下在职从事博士后工作，在刘老师的指导下最终以"优秀"等级完成博士后出站报告。

再次，感谢参加本人博士毕业答辩的彭小瑜教授、张绪山教授、赵文洪研究员、俞金尧研究员和王亚平教授，感谢天津师范大学历史文化学院和中国人民大学历史系给本人讲授过课程的老师们。感谢中国社会科学杂志社的周学军老师、《贵州社会科学》的翟宇老师、《中国农史》的沈志忠老师。感谢曾在我成长和工作的不同阶段给予帮助的所有人。

后　记

最后，感谢"河南省高校科技创新人才支持计划（人文社科类）"的资助。

感谢家人的默默支持，爱人岳红廷女士通情达理、勤俭持家，是我能安心工作的坚强后盾。

崔洪健

2023 年 3 月于河南新乡